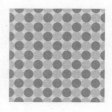

河合塾
SERIES

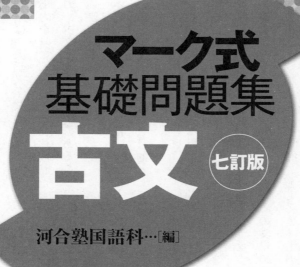

マーク式基礎問題集 古文

七訂版

河合塾国語科…[編]

河合出版

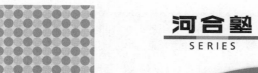

はじめに

この問題集は、大学入学共通テスト、あるいは私大入試の「古文」における客観式（マーク式）の設問への対応力を身につけるために作成したものである。この種の設問への対応力は、古語力・文法力・文章読解力・古文常識力が必要であることは言うまでもないが、それ以外にも選択肢をしっかりと見抜く能力が必要となる。

そこで本書では、古語力・文法力を確認し、統合的な読解力を高めながら、客観式（マーク式）の設問への対応力を身につけることを目的として設問を作成・編集した。

第Ⅰ部（知識・技能確認編）では、基本的な古語・文法のドリル問題を配置した。ここは、今まで学習してきているであろう、古語と文法の基礎を確認できるものとなっている。この段階での躓《つまず》きが多い人は、再度、古語の習得と文法の復習をすることが必要である。

第Ⅱ部（基礎レベル演習編）では、少し短めの文章の問題を用意した。大学入学共通テストや私大入試の本文と比べると、物足りなく簡単に感じるかもしれない。しかし、古文が苦手な受験生は、まずこのレベルのものを軽く解けるようになることを目標としよう。最初から、本番並みの長いものや難しいものに手を出して、挫折してしまうより、まずは少しやさしめのものを、しっかりと読み、解く力を身につける方が現実的である。

第Ⅲ部（基礎レベル完成演習編）では、大学入学共通テストで出題される形式を意識して作成した問題をそろえてある。ただし、本文はやや短く、設問も少しやさしめとなっている。

第Ⅰ部から第Ⅲ部へと進めて学習していけば、本番の問題を解く力が身についていることが実感できるだろう。

ここで身につけた力をもとに、さらに練習を続けてほしい。そのための問題集として、『共通テスト総合問題集・国語』や『共通テスト過去問レビュー・国語』が共通テスト対策用としてあるし、私大入試のためには、『中堅私大古文演習』『「有名」私大古文演習』『首都圏「難関」私大古文演習』『入試精選問題集・古文』『入試によく出る古文の徹底演習』（いずれも河合出版刊）があるので、そちらも利用して、さらなる実戦力を身につけるようにしてほしい。

問題解法の着眼点《設問攻略の視点》

共通テストや私大入試における主要な設問のタイプとその解法を挙げる。それぞれの設問について、攻略の着眼点をおさえておこう。

解釈型問題の着眼点

☆解釈型には、短い語句を問う語意型と、やや長めの文の逐語訳などを問う解釈型とがある。共通テストでも定番のものであり、私大入試では頻出の設問形式である。

1 **語意型**…一語もしくは短語句の意味を問うもので、古語や語法をポイントとしたものである。

《攻略の視点》

a 重要古語や語法をしっかりと意識する。

b 単純に覚えている訳語だけで解答できる場合と、文脈に照らして意味を判断して解答する場合とがあり、傍線部と選択肢とをきちんと対照させる。

c 時に、重要古語でないものが問われる場合もあるが、その場合、出題箇所の文脈は、紛らわしくない素直なものであることが多いので、語句の前後をしっかりと読む。

d 基本的な単語力は必須である。五〇〇～七〇〇を目標にしっかりと覚える。

2 **解釈型**…現代語訳・口語訳・解釈として問われる。選択肢は単純な逐語訳である場合と、補いや言い換えをしたものとがある。

《攻略の視点》

a 傍線部を品詞分解して、問われている古語や語法を確認する。

b 古語と語法を意識して逐語訳をする。とくに、敬語動詞は選択肢を判別する際の最大のポイントとなるので、敬語の訳出箇所をきちんと見極める。

c 主体・客体などの補いがポイントとなっていることがある。これについては、主体客体判定型の着眼点を参照してほしい。

d 指示語や省略内容の補いがポイントとなることもある。文脈を丁寧に確認する。

文法型問題の着眼点

☆文字どおり文法をポイントとした問題で、助動詞・助詞を中心に問われる。助動詞・助詞の意味・用法などの知識は頭に入れておかなければならない。

《攻略の視点》

a　品詞分解として出題される場合は、助動詞・助詞の接続をポイントとしたものが中心になるので、助動詞・助詞の前後をきちんと確認する。

b　助動詞の意味・用法が問われることも多い。

c　動詞の活用の種類や活用形が問われることも多い。

d　敬語動詞の種類や敬語の本動詞と補助動詞の判別も問われる。

e　係り結びをもとにした、結びの語の活用形を判定するものも頻出である。

f　基本的な文法事項をポイントとした問題が出題されるので、基本的な文法知識のしっかりとした確認が必要となる。

＊共通テストにおいて、近年は直接的な文法問題は問われていない。傍線部の説明として問い、第一ポイントとして助動詞・助詞、あるいは敬語の判定が設定され、最終ポイントは文脈の内容説明という形式が多くなっている。

人物判定・主体客体判定型の着眼点

☆同一人物の判定や指示語による人物判定などで問われたり、主体や客体を答えさせるもので、受験生の苦手とする代表的な設問である。

《攻略の視点》

a　登場人物の整理が前提となる。リード文・注や設問の選択肢などに主な人物が示されている場合は、それを利用する。日記や随筆などでは、明示されていなくても「筆者・語り手」もその場面に登場していることを忘れてはならない。

b　登場人物の性別・年齢・官位・性格・血縁などを、リード文・注や本文に書かれている範囲でつかんで整理しておく。

c　歴史物語や軍記物語などで人物関係が入り組んでいる場合などは、系図などを作って自分なりにわかりやすくしておく。注で系図が示されている場合はそれを利用する。

d　リード文や本文の冒頭などには、全体の文脈をつかむきっかけとなる主体が示されていることが多いので、見逃さないこと。

e　接続助詞に注意して、主体の変わり目をおさえる。接続助詞「て・で・つつ」では主体が変わりにくく、「に・を・ば」では主体は変わりやすいというのが原則。しかし、例外も多いので、あくまでも参考程度のものである。

f　挿入句や条件句などのはさみこみに惑わされないようにする。

g　敬語の使われ方に差異がある場合は、主体を判定するヒントになる。ただし、その差異に気づかない程度であれば、敬語に使われ方を気にする必要はない。

＊共通テスト型の場合は、単独での出題は見られない。私大入試では頻出である。

和歌の内容把握型の着眼点

1　**修辞型**…和歌の重要な修辞が直接問われたり、内容把握の形をとりながら、修辞が選択肢の判別において第一ポイントとなっていたりする。

《攻略の視点》

a　もっとも問われやすいのは、掛詞である。

b　縁語も次に問われやすい。掛詞との関係で考えるのが基本である。

c　枕詞や序詞も出題対象になる。

d　倒置法・擬人法も修辞として正解になることがあるで、忘れてはいけない。

2　**解釈型**…和歌の解釈や和歌に込められた心情などを問うものである。

《攻略の視点》

a　前提として、その和歌の詠み手、そして和歌の詠まれた状況や心情をつかむ。

b　和歌を五・七・五・七・七に分ける。

c　品詞分解しつつ、和歌の句切れの有無を確認する。

d　各句を逐語訳する。その際に、掛詞などに気をつける。

e　前提と合わせて、具体的な和歌の内容をつかむ。

＊共通テスト型では、和歌に関する出題はほぼ必須である。修辞自体を単独で問うことはないが、和歌の内容を問うにあたって、修辞、とくに掛詞の理解が選択肢の正誤判断の第一ポイントとなることが多い。

説明型設問の着眼点

1　**内容説明型**…傍線部の内容を具体的に問うものである。

《攻略の視点》

a　基本的には傍線部に具体的な内容を補った解釈である。

b　だから、傍線部の逐語訳をベースに、文脈に即した具体的な内容がしっかり反映されているかどうかが選択肢の正誤判断の大切なポイントである。

2 **理由説明型**…傍線部の理由・原因を問うものである。

《攻略の視点》

a まずは傍線部を解釈して、どういう事柄の原因・理由が問われているのかを確認する。

b 原因・理由を直接的に示す表現に着目し、その箇所や前後の内容を把握する。

c 傍線部の直前・直後の会話部に着目し、会話の内容を把握する。

d 以上の箇所の内容と選択肢とを照合し、内容がしっかり反映されているかどうかを吟味する。

3 **心情説明型**…登場人物の行動などに表れる心情を問うものである。

《攻略の視点》

a まずは傍線部を解釈し、そこに表れる心情表現に注意して、基本となる心情をつかむ。

b その傍線部にいたるまでの状況をつかむ。

c 傍線部直前・直後の会話・心中部に着眼し、内容を把握するとともに、心情表現をおさえる。

d 和歌がある場合は、その和歌を解釈して心情をつかむ。

e 注に古歌の引用が示されている場合は、その古歌の解釈と傍線部の内容や、傍線部にいたる状況とを合わせて考える。

f 以上の箇所の内容と選択肢とを照合し、内容がしっかり反映されているかどうかを吟味する。

要約型設問の着眼点

☆要約・内容合致・主題・主旨などで問われるものである。また、本文全体からうかがえる登場人物の説明などという形で問われることもある。

☆共通テストにおいては、異なる本文を並列させて比較させる設問や、本文中の引き歌に関して、他の出典をからめて問う設問なども出題されている。後者の場合、教師と生徒との対話形式で出題されたりするが、これらは、学習指導要領にある方針に従った出題で、いわゆる「複数テキスト」型問題、あるいは「言語活動」型問題と称されるものである。

《攻略の視点》

a 選択肢の内容を確認し、それが本文のどの部分に該当するのかを検討する。話題の流れに沿って選択肢が作られているから、該当しそうな本文の箇所を見つけ、その部分の内容と選択肢とを厳密に照合して正誤を判断する。

b 注意すべきことは、主観を交えて本文を勝手に深読みしないことである。あくまでも選択肢の内容そのものが本文に書かれているかどうかを確かめることが大切である。

目次

第Ⅲ部　基礎レベル完成演習編

付録

第Ⅰ部
知識・技能確認編

1　昔、若き男、(ア)けしうはあらぬ女を思ひけり。さかしらする親ありて、(イ)思ひもぞつくとて、この女をほかへおひやらむとす。さこそいへ、まだおひやらず。人の子なれば、まだ心いきほひなかりければ、とどむるいきほひなし。女もいやしければ、(ウ)すまふ力なし。さるあひだに、思ひはいやまさりにまさる。にはかに、親、この女をおひうつ。男、血の涙を流せども、とどむるよしなし。ゐていでていぬ。

（伊勢物語）

問1　傍線部(ア)「けしうはあらぬ女」・(イ)「思ひもぞつく」・(ウ)「すまふ力なし」の意味として最も適当なものを選べ。

(ア)「けしうはあらぬ女」
① たいそう貧しい女
② この上なくうつくしい女
③ はなはだしくけなげな女
④ 悪くはないまあまあの女
⑤ 異様で見苦しい女

(イ)「思ひもぞつく」
① きっと愛情がわくはずだ
② 愛情が深まっては困る
③ 愛想が尽きるといけない
④ 思いつきでしかない
⑤ 気の迷いによるものだ

(ウ)「すまふ力なし」

① 辞退する気はない
② 出て行く気力もない
③ 暮らして行く財力がない
④ 生活の糧が手に入らない
⑤ 抵抗する力がない

問2 波線部「ゐていでていぬ」の文法的説明として正しいものを選べ。

① 四単語から成っている。
② 五文節から成っている。
③「ゐ」はワ行上一段活用動詞の連用形である。
④「いで」はダ行下二段活用動詞の未然形である。
⑤「いぬ」はナ行下二段活用動詞の終止形である。

【解答】

問1 (ア) ④ (イ) ② (ウ) ⑤ 問2 ③

【解説】

問1 (ア) 「けしうはあらぬ」は、シク活用形容詞「けし」の連用形のウ音便「けしう」＋係助詞「は」＋ラ行変格活用動詞「あり」の未然形「あら」＋打消の助動詞「ず」の連体形「ぬ」から成る慣用句。「悪くはない。まあまあだ」の意味である。**正解は④**。

(イ) 「思ひもぞつく」の「もぞ」に着目する。「もぞ」は係助詞「も」と「ぞ」から成っていて、多く懸念の意味を表す。「〜と困る。〜と大変だ。〜といけない」の訳となる。ここは「思いが付く」つまり「愛情が深くなる」と「困る」の意味となっている。**正解は②**。

(ウ) 「すまふ」は、ハ行四段活用動詞で「抵抗する。辞退する」の意味。ここは「すまふ力なし」で「抵抗する力がない」の意味である。**正解は⑤**。

問2 波線部は「ゐ＋て＋いで＋て＋いぬ」と五つの単語に分解できる。文節に分けると「ゐて＋いでて＋いぬ」の三文節になる。「ゐ」はワ行上一段活用動詞「ゐる」の連用形で、ここは「率いる。連れる」の意味。「いで」は「出で」でダ行下二段活用動詞「出づ」の連用形。「いぬ」はナ行変格活用動詞「往ぬ（去ぬ）」の終止形。よって、**正解は③**。波線部は「連れて出て去る」つまり「連れて出て行ってしまう」の意味となる。

【解釈例】

昔、若い男が、悪くはないまあまあの女を愛した。さしでがましいことをする親がいて、（その女に対する息子の）愛情が深まっては困ると思って、この女を他所へ追い払おうとする。そうはいうけれども、まだ追い払いきれない。（男は）親がかりの身であるので、まだ（意志を通す）気力がなかったので、（女を）引き留める気力がない。女も（身分が）卑しいので、抵抗する力がない。そうしているうちに、（男の女を）愛する（男の）気持ちは一段とまさる。突然、親が、この女を追い払う。男は、（深い悲しみのために）血の涙を流すけれども、（女を）留める方法がない。（親は人を使ってこの女を）連れて出て行ってしまう。

2

亭子院《ていじのゐん》に、御息所《みやすんどころ》たちあまた御曹司《みざうし》してすみ給ふに、年ごろありて、河原院のいとおもしろくつくられたりけるに、京極の御息所ひとところの御曹司をのみしてわたらせ給ひにけり。春のことなりけり。とまり給へる御曹司ども、いとおもひのほかにさうざうしきことをおもほしけり。

（大和物語）

問1　傍線部(ア)「あまた御曹司してすみ給ふ」・(イ)「年ごろありて」・(ウ)「さうざうしきことをおもほしけり」の意味として最も適当なものを選べ。

(ア)「あまた御曹司してすみ給ふ」

① すてきなお部屋を設けてお通いになる
② 多くお部屋を設けてお住みになる
③ 美しくお部屋を設けて暮らしなさる
④ きちんとしたお部屋を設けて心澄ましなさる
⑤ 少しお部屋を設けて済ましなさる

(イ)「年ごろありて」

① 長年の思いが叶《かな》って
② 数年前に
③ 適齢期が過ぎて
④ 何年か経《た》って

⑤　老年期に

(ウ)「さうざうしきことをおもほしけり」

①　物足りなく寂しいことをお思いになった
②　煩わしくやっかいなことをお思いになった
③　うるさくどうしようもないことをお思いになった
④　面倒でためらってしまうことをお思いになった
⑤　所在なく退屈なことをお思いになった

問2　波線部「とまり給へる」の文法的説明として正しいものを選べ。

①　三文節から成っている。
②　「る」は尊敬の助動詞「る」の終止形である。
③　「る」は存続（完了）の助動詞「り」の連体形である。
④　「給へ」は尊敬の補助動詞で、亭子院への敬意を表している。
⑤　「給へる」は下二段活用動詞「給ふ」の連体形である。

【解答】

問1 (ア) ②　(イ) ④　(ウ) ①　問2 ③

【解説】

問1

(ア) 「あまた」は「多く。たくさん」の意味の副詞。「御曹司」は「お部屋」の意味の名詞。「給ふ」は動詞「すみ」の直後にあるので、尊敬の補助動詞。「多くお部屋をしてお住みになる」が逐語訳となる。「お部屋をして」というのは「お部屋を設けて。お部屋を構えて」の意味である。**正解は②**。

(イ) 「年ごろ」は「長年。数年。何年もの間」の意味の名詞。ここは「何年か経って」の意味である。**正解は④**。

(ウ) 「さうざうしき」はシク活用形容詞「さうざうし」の連体形で、「物足りない。寂しい」の意味。「おもほし」はサ行四段活用動詞「おもほす」の連用形で、「思ふ」の尊敬語。「物足りなく寂しいことをお思いになった」が逐語訳となる。**正解は①**。

問2

波線部は「とまり＋給へ＋る」と単語に分解できる。「とまり」はラ行四段活用動詞「とまる」の連用形、「給へ」はハ行四段活用動詞「給ふ」の已然形（命令形）で尊敬の補助動詞、「る」は存続（完了）の助動詞「り」の連体形である。「給へ」は「御曹司ども」（ここでは「御息所たち」のこと）への敬意である。また、文節とは意味の上でひとまとまりになる単位のことで、一つの自立語とそれに付いた付属語から成る。ここは「とまり」という自立語に、付属語である補助動詞「給へ」と、同じく付属語である助動詞「る」が付いた形であるから、「とまり給へる」で一文節である。ただし、「給へ」を動詞、つまり自立語としてとらえ、二文節だとする考えもある。よって、**正解は③**。

【解釈例】

亭子院に、御息所（＝帝の奥様）たちが多くお部屋を設けてお住みになるが、何年か経って、河原院がたいそう趣深く作られていたところ、京極の御息所お一人のお部屋だけを設けて（、お一人だけがそちらに）お渡りになってしまった。春のことであった。（亭子院に）お残りになっている御曹司（にいらっしゃる御息所）の方々が、たいそう思いがけなく物足りなく寂しいことをお思いになった。

3　（かぐや姫の噂《うわさ》を聞いた五人の貴公子が求婚のためにやって来た。そこで、翁《おきな》がかぐや姫に言うことには）「この人々の年月を経て、(ア)かうのみいましつつのたまふことを、思ひさだめて、一人一人に逢《あ》ひ奉り給ひね」と言へば、かぐや姫のいはく、「よくもあらぬかたちを、深き心も知らで、(イ)あだ心つきなば、後くやしきこともあるべきをと思ふばかりなり。(ウ)世のかしこき人なりとも、深き心ざしを知らでは、逢ひがたしとなむ思ふ」と言ふ。

（竹取物語）

問1　傍線部(ア)「かうのみいましつつ」・(イ)「あだ心つきなば」・(ウ)「世のかしこき人なりとも」の意味として最も適当なものを選べ。

(ア)「かうのみいましつつ」

① ここのままお座りになって
② これほどまでに居すわられては
③ ここにこうしていますとはいえ
④ このようにばかりお越しになっては
⑤ ただもうこのようにおっしゃっては

(イ)「あだ心つきなば」

① 猜疑《さいぎ》心を持ったなら
② 無常観に目覚めたら

③　浮気心が生じたなら
④　風流心がなくなったら
⑤　諦観《ていかん》の境地に至ったなら

(ウ)「世のかしこき人なりとも」
①　世間で評判の人であるということで
②　世の中のすぐれた人であるとしても
③　この世で畏れ多い人であるけれども
④　この世の中の立派な人であるのなら
⑤　この世では高貴な人だということで

問2　波線部a「ね」・b「ぬ」・c「べき」の文法的意味の組合せとして正しいものを選べ。
①　a　完了　b　完了　c　可能
②　a　打消　b　打消　c　適当
③　a　完了　b　打消　c　当然
④　a　打消　b　完了　c　命令
⑤　a　完了　b　打消　c　意志

【解答】

問1 (ア) ④ (イ) ③ (ウ) ② 問2 ③

【解説】

問1

(ア) 傍線部は「かう＋のみ＋いまし＋つつ」と単語に分解できる。「かう」は指示副詞「かく」のウ音便で「このように」の意味。「のみ」は強意の副助詞。「いまし」はサ行変格活用動詞「います」の連用形で、ここは「来」の尊敬語。「つつ」は反復継続の接続助詞。「このようにばかりお越しになっては」と逐語訳できる。貴公子たちが訪れてくることを言っている。**正解は④**。

(イ) 「あだ心」は「浮気な心。移り変わりやすい心」の意味。**正解は③**。

(ウ) 「かしこき」はク活用形容詞「かしこし」の連体形。「かしこし」は「畏れ多い。尊い」（＝畏し）または「すぐれている」（＝賢し）の意味。「とも」は逆接の仮定条件の接続助詞。選択肢は、接続助詞「とも」の訳出で決定できる。**正解は②**。

問2

aは、ハ行四段活用動詞「給ふ」の連用形「給ひ」に付いて、文末にあることから、完了（強意）の助動詞「ぬ」の命令形と判断できる。

bは、ラ行変格活用動詞「あり」の未然形「あら」に付いて、直後の名詞「かたち」を修飾していることから、打消の助動詞「ず」の連体形と判断できる。

c「べき」は、文脈から考えて「当然（～はずだ。～にちがいない）」と訳す当然の意味である。

よって、**正解は③**。

【解釈例】

「この人々が（長い）年月を経て、このようにばかりお越しになってはおっしゃることを、よく考えて決めて、（その方々のうちの）一人と契りを結び申し上げてしまいなさい」と言うと、かぐや姫が言うことは、「（私は）よくもない容貌なのに、（その方々の）深い心も知らないで、浮気心が生じたなら、後で悔しいこともあるにちがいないのにと思うだけである。世の中のすぐれた人であるとしても、深い愛情を知らないでは、契りを結ぶことは難しいと思う」と言う。

4　「(ア)いざ給へ、まろがまかる所へ。こことても、(イ)まろならぬ人の見えばこそあらめ。かく出でてまかりありくほど、つれづれと待ち給ふほど、苦しうおはしますらむ。かくてあしうもようもまかりありかむ(a)と思へど、人の馬・牛、飼はせても使はば、親のために、さる下衆《げす》の母と言はれ給はむ(b)ことと思ふ。さらによきこと、はたかたかるべし。同じくは人も見ぬ山にこもりて人に知られじとなむ思ふ。心には、片時にも通はむ(c)、飛ぶ鳥につけても奉らむ(d)と思へど、それ、えさもあらず。いざ給へ、まろがまかる所へ。(ウ)さてものし給はば、木の実一つにてもやすく参らせむ。まかりありくこともやすまむ(e)」。

（うつほ物語）

問1　傍線部(ア)「いざ給へ」・(イ)「まろならぬ人の見えばこそあらめ」・(ウ)「さてものし給はば」の意味として最も適当なものを選べ。

(ア)「いざ給へ」

①　さあ差し上げよう
②　さあください
③　さあいらっしゃい
④　さあ召し上がれ
⑤　さあ参上しましょう

(イ)「まろならぬ人の見えばこそあらめ」

① 私ではない人が現れると困るだろう
② 私ではない人に見られるならいいけれど
③ 私以外の人に知られるかもしれない
④ 私以外の人が現れるならともかく
⑤ 私以外の人が知ることにきっとなるだろう

(ウ)「さてものし給はば」

① そのままここにいらっしゃるので
② そうしていらっしゃるなら
③ それでもお残りになるというなら
④ ところでここに残りなさるのは
⑤ なんともして生きてくださるのなら

問2 波線部a〜eの「む」の中で、文法的意味の異なるものを一つ選べ。

① a ② b ③ c ④ d ⑤ e

【解答】

問1 (ア) ③ (イ) ④ (ウ) ② 問2 ②

【解説】

問1

(ア) 「いざ給へ」は、慣用句で「さあいらっしゃい」の意味である。「いざさせ給へ」という形もある。正解は③。

(イ) 傍線部は「まろ＋なら＋ぬ＋人＋の＋見え＋ば＋こそ＋あら＋め」と単語に分解できる。「まろ」は一人称の代名詞で「私」の意味。「なら」は断定の助動詞「なり」の未然形、「ぬ」は打消の助動詞「ず」の連体形。「人」は名詞。ここの「の」は主格の用法の格助詞。「見え」はヤ行下二段活用動詞「見ゆ」の未然形。「ば」は未然形に付いて順接の仮定条件を表す接続助詞。「こそ」は係助詞。「あら」はラ行変格活用動詞「あり」の未然形。「め」は推量の助動詞「む」の已然形。「未然形＋ば＋こそ＋あら＋め」で「〜ならともかく。〜ならよいけれども（そうではない）」などと訳す慣用表現となっている。ここは「私以外の人が現れるならともかく」の意味となる。正解は④。

(ウ) 傍線部「さてものし給はば」は、「さて＋ものし＋給は＋ば」と単語に分解できる。「さて」は「そうして。そのまま。なんとまあ」の意味。「ものし」はサ行変格活用動詞「ものす」の連用形だが、「ものす」は代動詞としてさまざまな動作を表すので、具体的に何をするのかを補って訳す必要がある。ここは、「いざ給へ……」に続いているので、「来」か「あり」の代用と考えるのがよいだろう。「給は」はハ行四段活用動詞「給ふ」の未然形で、動詞の直後にあることから尊敬の補助動詞。「ものし給ふ」

の形で「いらっしゃる」などと訳す。「ば」は未然形に接続して順接の仮定条件を表す接続助詞だから、逐語訳すると「そうしていらっしゃるなら」となる。**正解は②。**

問2　助動詞「む」の文法上の意味を判定する問題。助動詞「む」の意味は、基本的には文脈で判定する。ただし、仮定・婉曲の意味の場合は、「む＋体言・助詞（格助詞・係助詞・副助詞）」という形から判定できる。

a・c・d・eは、いずれも文脈から、意志の意味である。bは、直後に体言「こと」があることから、仮定・婉曲の意味と判定できる。**正解は②。**

【解釈例】

「さあいらっしゃい、私が出かける所へ。ここ（にいる）といっても、私以外の人が現れるならともかく（、実際は誰も現れない）。このように（私がここを）出て歩き回っている時は、（母は）所在なくお待ちになる間、つらくていらっしゃるだろう。こうして悪くもよくも出歩こうと思うけれども、人の馬・牛を、飼わせて使うなら（＝人が馬や牛を飼うのに、その世話をする人として使われたら）、親のために、そのような身分の低い母と（世間で）言われなさるようなことと思う。けっしてよい生活は、やはりめったにないにちがいない。同じことなら誰も見ない山に籠もって人に知られないでいようと思う。気持ちとしては、片時にも通おう、飛ぶ鳥につけても（手に入れた食べ物を）差し上げようと思うけれども、それも、そうもできない。さあいらっしゃい、私が出かける所へ。そうしていらっしゃるなら、木の実一つであっても簡単に差し上げられるだろう。（私が）出歩くことも休もう」。

5　（大殿が）おはして、遣戸《やりど》を引き開け給ふより宣《のたま》ふやう、「いなや、この落窪《おちくぼ》の君の、あなたに宣ふことに従はず、(ア)あしかんなるはなぞ。親なかんめれば、(イ)いかでよろしう思はれにしがなとこそ思はめ。かばかり急ぐに、ほかの物を縫ひて、ここの物に手ふれざらむや。何の心ぞ」とて、「夜のうちに縫ひ出ださずは、子とも見じ」と宣へば、女、(ウ)いらへもせで、つぶつぶと泣きぬ。おとど、さ言ひかけて帰り給ひぬ。

（落窪物語）

問1　傍線部(ア)「あしかんなるはなぞ」・(イ)「いかでよろしう思はれにしがな」・(ウ)「いらへもせで」の意味として最も適当なものを選べ。

(ア)「あしかんなるはなぞ」

① よろしくないのはどういうことだ
② けしからんとかいうのはなぜだ
③ 無作法であるようだと聞いているぞ
④ 遠慮をしないのはよくないことだ
⑤ 言うことを聞かないのは不都合なことだよ

(イ)「いかでよろしう思はれにしがな」

① どうしてよく思われることがあるものか

② なぜふつうに思われることがよいことか

③ なにゆえふつうに思われることがあってよいか

④ どうしてもよろしく思われてほしいものよ

⑤ なんとかして悪くないように思われたいなあ

(ウ)「いらへもせで」

① 手を触れもしないで

② 身動きもしなくて

③ じっと座っていて

④ 返事もしないで

⑤ 向き合うこともなくて

問2 波線部a「より」・b「め」・c「じ」の文法的意味として正しいものをそれぞれ選べ。

① 経由　② 即時　③ 打消意志　④ 打消推量　⑤ 推量　⑥ 適当

【解答】

問1　(ア)②　(イ)⑤　(ウ)④　問2　a②　b⑥　c③

【解説】

問1

(ア)「あしかん」はシク活用形容詞「あし」の連体形「あしかる」の撥音便。撥音便の直後の「なる」は伝聞・推定の助動詞「なり」の連体形である。「ラ変型活用語の連体形の撥音便＋なり」という形をおさえる。「なぞ」は「など」と同義で疑問の副詞。「悪いとかいうのはなぜだ」が逐語訳となる。**正解は②**。

(イ)副詞「いかで」は、意志・希望・願望表現と呼応すると「なんとかして」。どうにかして」の意味となる。ここも希望の終助詞「にしがな」と呼応している。「れ」は受身の助動詞「る」の連用形。「よろしう」はシク活用形容詞「よろし」の連用形ウ音便で、「悪くない。まあまあだ。ふつうだ」の意味である。「なんとかして悪くなく思われたいなあ」が逐語訳となる。**正解は⑤**。

(ウ)ここの「いらへ」は名詞で「返事。返答」の意味。「で」は打消の接続を表す接続助詞で「〜ないで。〜なくて」の意味。「返事もしないで」が逐語訳となる。**正解は④**。

問2

a　この格助詞「より」は、遣戸を開けることと「宣ふ」ことがほぼ同時であることを表す「即時（〜

やいなや。～とすぐに)」の意味である。**正解は②**。

b　この「め」は、助動詞「む」の已然形。「こそ～め」の形の時は、まず「適当・勧誘」の意味を考える。ここも「なんとかして悪くなく思われたいなあと思うのがよい」と訳せる。**正解は⑥**。

c　助動詞「じ」の終止形である。ここは「(おまえを私の)子とも思わないつもりだ」ということで、打消意志の意味である。**正解は③**。

【解釈例】

(大殿が)いらっしゃって、遣戸を引き開けなさるやいなやおっしゃることには、「いやもう、この落窪の君が、あちら(の北の方)のおっしゃることに従はず、けしからんとかいうのはなぜだ。親がいないようなのだから、なんとかして悪くないように思われたいなあと思うのがよい。これほど急いでいるのに、他の物を縫って、こちらの(頼んだ)ものに手を触れないことがあってよいものか。と言って、「今夜中に縫い終わらないなら、(私の)子とも思わないつもりだ」とおっしゃるので、女は、返事もしないで、ぽろぽろと(涙を流して)泣いた。大殿は、そのように話しかけてお帰りになった。

6 （光源氏は、）名のみ(ア)ことごとしう、(イ)言ひ消たれ給ふ咎《とが》多かんなるに、aいとど、かかる(ウ)すきごとどもを、末の世にも聞き伝へて、かろびたる名をや流さむと、忍び給ひけるかくろへごとをbさへ、語り伝へcけむ人のもの言ひさがなさよ。

（源氏物語・帚木）

問1 傍線部(ア)「ことごとしう」・(イ)「言ひ消たれ給ふ咎」・(ウ)「すきごとども」の意味として最も適当なものを選べ。

(ア)「ことごとしう」

① 荘厳で　② いまいましく　③ 仰々しく　④ きらびやかで　⑤ 優美で

(イ)「言ひ消たれ給ふ咎」

① 讃美《さんび》されなさらない罪
② 悪くおっしゃる罪
③ つい大切になさる罪
④ 気の毒がりなさる罪
⑤ 非難されなさる罪

(ウ)「すきごとども」

① 仕事　② 色事　③ 他人事　④ 世事　⑤ 無駄事

問2　波線部ａ「なる」・ｂ「さへ」・ｃ「けむ」の文法的意味として正しいものをそれぞれ選べ。

①　過去推量　②　過去の伝聞・婉曲　③　断定　④　存在　⑤　伝聞・推定

⑥　強意　⑦　類推　⑧　添加

【解答】

問1 (ア) ③ (イ) ⑤ (ウ) ②　問2 a ⑤ b ⑧ c ②

【解説】

問1

(ア) 「ことごとしう」は、シク活用形容詞「ことごとし」の連用形ウ音便で、「おおげさだ。仰々しい」の意味。**正解は③**。

(イ) 「言ひ消た＋れ＋給ふ＋咎」と単語に分解できる。「言ひ消た」は、タ行四段活用動詞「言ひ消つ」の未然形で、「否定する。非難する。言いかけて途中でやめる」の意味である。ここは「非難する」の意味。ここの「れ」は、受身の助動詞「る」の連用形。「給ふ」は、ハ行四段活用動詞「給ふ」の連体形で、尊敬の補助動詞。「咎」は、名詞で「罪」の意味。ここは、光源氏が、世間から非難されなさる罪深い事柄が数多くある、ということを表している。**正解は⑤**。

(ウ) 「すきごと」は名詞「好き事」で、「物好きな行為。好色なこと（＝色事）」の意味。**正解は②**。

問2

a 直前が、ク活用形容詞「多し」の連体形「多かる」の撥音便「多かん」になっているので、この「なる」は伝聞・推定の助動詞である。**正解は⑤**。

b 「さへ」は添加の副助詞で、「（その上）…まで（も）」の意味を表す。**正解は⑧**。

c　直後の名詞「もの言ひさがなさ」にかかるので、ここの助動詞「けむ」は連体形で、過去の伝聞・婉曲の用法である。「む」の仮定・婉曲の用法と同様、「けむ＋体言」という形の「けむ」は、過去の伝聞・婉曲の意味になることを覚えておくとよい。**正解は②**。

【解釈例】
（光源氏は、）名ばかりが仰々しく、（世間の人に）非難されなさる罪が多いとかいうのに、ますます、このような色事を、後世にも聞き伝えて、軽薄であるという評判を流すだろうかと、人目を避けなさっていた隠しごとをまでも、語り伝えたとかいう人の口さがないことよ。

7 （光源氏が病気療養のため、北山の聖《ひじり》を訪れた。）寺のさまも、いとあはれなり。峰高く、深き巌《いはほ》の中にぞ、聖入りゐたりける。のぼり給ひて、誰《たれ》とも知らせ給はず、(ア)いといたうやつれ給へれど、(イ)しるき御さまなれば、（聖）(ウ)「あな、かしこや。一日、召し侍りしにやおはしますらむ。今は、この世のことを思ひ給へねば、験方《げんかた》のおこなひも、捨て忘れて侍るを、いかで、かうおはしましつらむ」と、驚き騒ぎ、うち笑《ゑ》みつつ見奉る。いと尊き大徳《だいとこ》なりけり。

（源氏物語・若紫）

問1 傍線部(ア)「いといたうやつれ給へれど」・(イ)「しるき御さまなれば」・(ウ)「あな、かしこや」の意味として最も適当なものを選べ。

(ア)「いといたうやつれ給へれど」
① ますますとてもやつれなさっていますけれど
② かなりひどく疲れきっていらっしゃるけれど
③ たいそうひどく目立たなくなさっているけれど
④ はなはだしく悩ましくなさっているけれど
⑤ どうしようもなく痩せ細っていらっしゃるけれど

(イ)「しるき御さまなれば」
① はっきりしたご様子であるので
② 理想的なご様子であるので

③　きちんとしたご様子であるので
④　なんとも言えず美しいご様子であるので
⑤　上品で立派なご様子であるので

(ウ)「あな、かしこや」
①　まあ、遠くからいらしたことだなあ
②　いやいや、すぐれたことよ
③　おお、あちらにおられるのか
④　なんと、おそれ多いことよ
⑤　さあ、あちらにいらっしゃい

問2　波線部a～cの「給ふ」の文法的説明として正しいものを選べ。
①　a・b・cはいずれも尊敬の補助動詞。
②　a・b・cはいずれも謙譲の補助動詞。
③　a・bは尊敬の補助動詞、cは謙譲の補助動詞。
④　aは尊敬の補助動詞、b・cは謙譲の補助動詞。
⑤　a・cは尊敬の補助動詞、bは謙譲の補助動詞。

【解答】

問1 (ア) ③ (イ) ① (ウ) ④	問2 ③

【解説】

問1

(ア) 傍線部は「いと＋いたう＋やつれ＋給へ＋れ＋ど」と単語に分解できる。ポイントとなる語は「やつれ」である。「やつれ」はラ行下二段活用動詞「やつる」の連用形で、「目立たなくなる。地味になる」の意味である。ここは直前に「誰とも知らせ給はず」とあることから、光源氏が目立たなくなさっている、ということで、人目を避けて来ている様子を表している。**正解は③**。

(イ) 傍線部は「しるき＋御さま＋なれ＋ば」と単語に分解できる。ポイントとなる語は「しるき」である。ここの「しるき」は、ク活用形容詞「しるし（＝著《しる》し）」の連体形で、「はっきりしている。際立っている」の意味である。光源氏がいくら目立たない姿にしていても、そのすばらしさは際立っていて、光源氏であることがはっきりわかるご様子であるというのである。**正解は①**。

(ウ) 傍線部は「あな、＋かしこ＋や」と単語に分解できる。感動詞「あな」の直後には、形容詞・形容動詞の語幹が表れることが多い。ここの「かしこ」もそうで、ク活用形容詞「かしこし」の語幹である。光源氏の訪れに対して、北山の聖が「なんと、おそれ多いことよ」と恐縮しているのである。**正解は④**。

問2

a・b・cはいずれも動詞あるいは助動詞の直後にあることから、補助動詞である。補助動詞「給ふ」は、四段活用の尊敬の補助動詞（〜なさる。お〜になる）と、下二段活用の謙譲の補助動詞（〜ております）とがある。

aは、ハ行四段活用動詞「給ふ」の連用形「給ひ」で、尊敬の補助動詞。

bは、ハ行四段活用動詞「給ふ」の未然形「給は」で、尊敬の補助動詞。

cは、ハ行下二段活用動詞「給ふ」の未然形「給へ」で、謙譲の補助動詞。直後の「ね」が未然形接続の打消の助動詞「ず」の已然形であることから「給へ」が未然形だと判断できる。

よって、**正解は③**。

【解釈例】

（北山の聖のいる）寺の様子も、たいそうしみじみとした趣である。（修行のために）峰が高く、深い巌の中に、聖が入って座っていた。（光源氏が）上りなさって、（自分が）誰であるとも知らせなさらず、たいそうひどく目立たなくなさっているけれど、（光源氏であることが）はっきりしたご様子であるので、（聖が）「なんと、おそれ多いことよ。先日、（私を）お呼びになりました御方でいらっしゃるのだろうか。（私は）今はもう、この俗世のことを考えておりませんので、験方の修行も、捨て忘れていますのに、どうして、このようにいらっしゃっているのだろうか」と、驚き騒いで、微笑みながら拝見する。とても尊い大徳であった。

8 行幸《みゆき》近くなりぬとて、殿のうちをいよいよつくりみがかせ給ふ。よにおもしろき菊の根をたづねつつ掘りて参る。色々(ア)うつろひたるも、黄なるが見どころあるも、さまざまに植ゑたてたるも、朝霧の絶え間に見わたしたるは、げに老いもしぞきぬべき心地するに、なぞや、まして、思ふことの少しも(イ)なのめなる身なら X 、(ウ)すきずきしくももてなし、若やぎて、常なき世をもすぐして Y 。めでたきこと、おもしろきことを見聞くにつけても、ただ思ひかけたりし心の引くかたのみ強くて、もの憂く、思はずに、なげかしきことのまさるぞ、いと苦しき。

（紫式部日記）

問1 傍線部(ア)「うつろひたるも」・(イ)「なのめなる身」・(ウ)「すきずきしくももてなし」の意味として最も適当なものを選べ。

(ア)「うつろひたるも」
① 移し替えてあるのも
② 色変わりしているのも
③ 咲き乱れているのも
④ 散りかかっているのも
⑤ 枝ごと抜いてあるのも

(イ)「なのめなる身」
① 高貴な身　② 格別な身　③ 立派な身　④ 人並みの身　⑤ 一人前の身

(ウ)「すきずきしくももてなし」

① 思い悩んでいるようにも振る舞い
② わずらわしそうにも振る舞い
③ 風情を解しているようにも振る舞い
④ 厚かましそうにも振る舞い
⑤ 親しみやすそうにも振る舞い

問2 空欄 X ・ Y に入る語句の組合せとして正しいものを選べ。

① X ざらば　Y ざらまし
② X ねば　Y ざらまし
③ X なば　Y ましか
④ X ませば　Y ましか
⑤ X ましかば　Y まし

【解答】

問1 (ア) ② (イ) ④ (ウ) ③ 問2 ⑤

【解説】

問1

(ア) ポイントは「うつろひ」である。「うつろひ」はハ行四段活用動詞「うつろふ」の連用形で、「移り変わる。色あせる。色づく。心変わりする」の意味がある。ここは、「うつろひたる(＝色変わりしている花)も」、「黄なるが見どころある(花)も」あって、菊の花がさまざまに植えてあることが記されている。**正解は②**。

(イ) ポイントは「なのめなる」である。「なのめなる」はナリ活用形容動詞「なのめなり」の連体形で、「並一通りだ。並一通りでない」の意味がある。ここは「思ふこと」が「なのめなる」身であったら、「すきずきしくももてなし」「若やぎ」て過ごしただろうに、という文脈である。つまり自分の物思いが「並一通りな身」つまり「人並みの身」であったら、ということである。**正解は④**。

(ウ) ポイントは「すきずきしく」である。「すきずきしく」はシク活用形容詞「すきずきし」の連用形で、「風流を解している。物好きだ。好色めいている」の意味がある。ここは「人並みの身であるなら、風流を解している様子にも振る舞い、若々しく振る舞って無常の世をも過ごしただろうに」ということを表している。**正解は③**。

問2　二つの空欄の直後の「めでたきこと、おもしろきことを見聞くにつけても、ただ思ひかけたりし心（＝出家したいという気持ち）の引くかたのみ強くて、もの憂く、思はずに、なげかしきことのまさるぞ、いと苦しき」の内容と、二つの空欄を含む「まして～［Y］」の内容とが逆になっていることに気づくことと、空欄［X］の前が未然形になっていることとを合わせ考えて、空欄を含む部分が現実的な内容ではなく「もし～であったら、……ただろうに」という筆者が仮想している内容を表していることに気づきたい。反実仮想を表す「ましかば～まし」の⑤が正解となる。

【解釈例】

帝のお出ましが近くなったということで、御殿の内をますます（美しく）作り磨かせなさる。まことに趣深い菊の根を探し求めては掘って差し上げる。色とりどりに色変わりしているのも、黄色の菊で見所のある菊も、さまざまに植えてあるのも、朝霧の絶え間に見渡しているのは、ほんとうに老いも退散しそうな気持ちがするのに、どうして、まして、（自分の）思い悩むことが少しでも人並みの身であったら、風流を解している様子にも振る舞い、若々しく振る舞って、無常の世をも過ごしただろうに。すばらしいことや、趣深いことを見聞きするにつけても、ただ思いをかけていた心（＝出家したいという気持ち）が（私を）惹きつけることばかりが強くて、なんとなくつらく、思いがけず、嘆かわしいことのまさるのは、とても苦しい。

9

□　命を(ア)あだに聞きしかど君こひわぶる年はa経にけり

あるかなきかの身のはてに、時の間も思ひしづめbむかたなきかなしさの身にあまりぬるはてはては、まことにしのびもあへぬ(イ)うつし心もなき心地のみすれど、かぞふれば、ながらへにけるほども(ウ)心うし。

（たまきはる）

問1　空欄に入る枕詞として最も適当なものを選べ。

①　あしひきの　②　たまきはる　③　しろたへの　④　ちはやぶる　⑤　むばたまの

問2　傍線部(ア)「あだに聞きしかど」・(イ)「うつし心」・(ウ)「心うし」の意味として最も適当なものを選べ。

(ア)「あだに聞きしかど」

①　これが最後だと聞いていたけれど
②　浮ついたものだと聞いていたけれど
③　はかないものだと聞いていたけれど
④　ありがたいことだと聞いていたけれど
⑤　あぶないかもしれないと聞いていたけれど

(イ)「うつし心」

①　正気　②　浮気　③　意識　④　瞑想　⑤　落胆

(ウ)「心うし」

① むなしい　② わずらわしい　③ くやしい　④ つらい　⑤ つまらない

問3　波線部a「に」・b「む」の文法的意味の組合せとして正しいものを選べ。

① a 完了　b 推量
② a 断定　b 婉曲
③ a 完了　b 適当
④ a 断定　b 意志
⑤ a 完了　b 婉曲

【解答】

問1 ②　問2 (ア) ③　(イ) ①　(ウ) ④　問3 ⑤

【解説】

問1 枕詞を入れる問題である。空欄の直後の「命」を導く枕詞を選ぶ。
① 「あしひきの」は、「山・峰・岩・嵐」などを導く枕詞。
② 「たまきはる」は、「命」を導く枕詞。**よって、これが正解**。
③ 「しろたへの」は、「衣・袖・雪・雲」などを導く枕詞。
④ 「ちはやぶる」は、「神」を導く枕詞。
⑤ 「むばたまの」は、「黒・夜・闇・月・夢」などを導く枕詞。

問2 (ア) ポイントは「あだに」。「あだに」は、ナリ活用形容動詞「あだなり」の連用形で、「不実だ。浮気だ。はかない」の意味である。ここは「命がはかない」の意味で、**正解は③**。

(イ) 「うつし心」には、「移し心＝心変わり」と「現し心＝正気」という二種類の意味がある。ここは悲しさが身体を覆い尽くす果てに、「しのびもあへぬ（＝耐えることもできない）」つらさのために筆者が茫然《ぼうぜん》自失の状態になり、「うつし心もなき心地」がすると言っていることから、「現し心」の意味と判断できる。**正解は①**。

(ウ)「心うし」はク活用形容詞「心うし」の終止形。「心うし」は「つらい。いやだ。情けない」の意味である。**正解は④**。

問3

a 「に」は、「経にけり」の形となっている。ハ行下二段活用動詞「経《ふ》」の連用形に付き、直後に過去の助動詞「けり」があることから、完了の助動詞「ぬ」の連用形と判断できる。「連用形＋に＋たり・けり・き・けむ」の形の「に」は、完了の助動詞「ぬ」の連用形である。

b 「む」は、直後に名詞「かた」があることから、仮定・婉曲の助動詞「む」の連体形と判断できる。よって、**正解は⑤**。

【解釈例】

たまきはる……＝命ははかないものだと聞いていたけれど、我が君を恋しく思い、苦しむ年月は（こんなにも長く）経ってしまったものだなあ。

生きているのかいないのか（もわからない）身の果てに、片時も思い鎮めるようなすべのない悲しさがこの身体を覆い尽くしてしまった果てには、ほんとうに耐えることもできない正気もない気持ちがするけれど、指折り数えてみると、（ここまで）生き長らえてしまった年月も（身にしみて）つらい。

10 つくづくと思《おぼ》し続くるに[a]、(ア)あさましう心うきものは、人の心に[b]こそありけれ。世に[c]ある人の、あるは(イ)かなしき子におくれ、あるは女男《めをとこ》のあはれに[d]思ふにおくれ、あるは恥ぢがましきこと出《い》で来、あるは幸ひなくなどして、もとも(ウ)出家せんにあへぬべき人の思ひ立たぬは、ただかくにこそありけれ。かかれば、浄土にも生まれ、仏にもなる人は少なかりけりと思し知られさせ給ふ。

（栄花物語）

問1 傍線部(ア)「あさましう」・(イ)「かなしき子におくれ」・(ウ)「出家せんにあへぬべき人」の意味として最も適当なものを選べ。

(ア)「あさましう」

① きまり悪いぐらい
② うとましいばかり
③ 驚きあきれるほど
④ 思いやりがなく
⑤ 気の毒なほどに

(イ)「かなしき子におくれ」

① 貧しい子に後れを取り
② 美しい子に心ひかれ
③ 気の毒な子に同情し

④ 愛《いと》しい子に先立たれ
⑤ 寂しげな子に目を奪われ

(ウ)「出家せんにあへぬべき人」

① 出家するようなことが必ずしもよいと思わない人
② 出家するようなことをきっと全《まっと》うしそうな人
③ 出家するようなことについ心ひかれてしまう人
④ 出家するような人と会って話をしたい人
⑤ 出家するような人には負けられないと思う人

問2 波線部a～dの「に」の文法的説明の組合せとして正しいものを選べ。

① a 接続助詞　b 断定の助動詞　c 格助詞　d 形容動詞活用語尾
② a 格助詞　b 断定の助動詞　c 断定の助動詞　d 格助詞
③ a 接続助詞　b 断定の助動詞　c 断定の助動詞　d 形容動詞活用語尾
④ a 格助詞　b 格助詞　c 格助詞　d 接続助詞
⑤ a 接続助詞　b 格助詞　c 格助詞　d 形容動詞活用語尾

【解答】

問1　(ア)　③　(イ)　④　(ウ)　②　問2　①

【解説】

問1

(ア)「あさましう」は、シク活用形容詞「あさまし」の連用形ウ音便で、「驚きあきれるほどだ。情けない。見苦しい。興ざめだ」の意味である。選択肢の中では③しかない。よって、**正解は③**。

(イ)「かなしき子におくれ」のポイントは、「かなしき」と「おくれ」の二つである。「かなしき」はシク活用形容詞「かなし」の連体形で、「悲しい。かわいそうだ（＝悲し）」「かわいい。愛《いと》しい（＝愛し）」の意味である。「おくれ」は、ラ行下二段活用動詞「後《おく》る」の連用形で、「遅れる。先立たれる。劣る」の意味である。ここは「心うきもの」として、「かなしき子におくれ」というのだから、「愛しい子に先立たれ」の意味となる。よって、**正解は④**。

(ウ)「出家せんにあへぬべき人」のポイントは、「あへぬべき」である。「あへ」は、ハ行下二段活用動詞「敢《あ》ふ」の連用形で、「耐える。押し切ってする。最後まで～する。全うする」の意味である。「ぬ」は完了（強意）の助動詞「ぬ」の終止形、「べき」は当然または推量の助動詞「べし」の連体形で、「ぬべき」で「きっと～だろう。きっと～（し）そうだ。かならず～にちがいない」などと訳す。傍線部全体では「出家するようなことをきっと全うしそうな人」という意味になる。よって、**正解は②**。

問2

aは、連体形に付いて、直前の「つくづくと思し続くる」という文と、直後の「あさましう心うきものは、人の心にこそありけれ」という文をつなげていることから、順接の接続助詞「に」で「〜と」の意味である。

bは、「人＋の＋心＋に＋こそ＋あり＋けれ」の形となっていて、体言「心」に接続し、「に＋あり」で「である」の意味となるので、断定の助動詞「なり」の連用形である。

cは、bと同様、体言「世」＋「に＋ある」の形になっているが、ここは「世の中にいる」の意味なので、場所を表す格助詞である。

dは、「あはれに」で形容動詞「あはれなり」の連用形なので、形容動詞の活用語尾である。

以上から、**正解は①**となる。

【解釈例】

しみじみと思いつづけなさると、驚きあきれるほどつらいものは、人の心であったなあ。世の中にいる人が、あるいは愛しい子に先立たれ、あるいは女や男でしみじみと愛しく思う人に先立たれ、あるいは恥ずかしいことが生じ、あるいは幸いがなかったりなどして、いかにも出家するようなことをきっと全うしそうな人が（出家を）決意しないのは、ただこのようであったなあ。だから、浄土にも生まれ、仏にもなる人は少ないのだよと思い知りなさらずにはいられない。

第Ⅱ部
基礎レベル演習編

第1問 次の文章を読んで、後の問い（問1～6）に答えよ。（配点 45）

昔、男、陸奥《みち》（注1）の国に(ア)すずろに行きいたりにけり。そこなる女、京の人はめづらかにや a おぼえけむ、(イ)せちに思へる心なむありける。さてかの女、

A　なかなかに恋に死なずは桑子《くはこ》（注2）にぞなるべかりける玉《たま》の緒《を》（注3）ばかり

B 歌さへぞひなびたりける。(ウ)さすがにあはれとや思ひけむ、行きて b 寝にけり。

夜深《よぶか》く出でにければ、女、

夜も c 明けばきつ（注4）に d はめなでくたかけ（注5）のまだきに e 鳴きてせな（注6）をやりつる

といへるに、男、京へなむまかるとて、

栗原《くりはら》（注7）のあねはの松の人ならば都のつと（注8）にいざといはましを

といへりければ、C よろこぼひて、「思ひけらし（注9）」とぞいひをりける。

（『伊勢《いせ》物語《ものがたり》』による）

（注）1　陸奥の国 ―― 現在の東北地方。

2　桑子 ―― 蚕のことで、夫婦仲がよいことのたとえ。

3　玉の緒 ―― ここでは「（蚕の）短命」を言う。

4　きつにはめなで――「きつ」は水槽のことで、ここは「水槽にほうり込まないでおくものか」ということ。
5　くたかけ――鶏を罵って呼ぶ時の言葉。
6　せな――夫。
7　栗原のあねはの松――宮城県栗原市金成《かんなり》町姉歯《あねは》にあった有名な松のこと。
8　つと――みやげ。
9　思ひけらし――「思っていたらしい」の意味。

問1　傍線部(ア)～(ウ)の語句の解釈として最も適当なものを、次の各群の①～⑤のうちから、それぞれ一つずつ選べ。

(ア)　すずろに
① なんとなく
② むりやり
③ いきなり
④ かろうじて
⑤ しばらく

(イ) せちに思へる心
① つらいと思っている気持ち
② おもしろく思っている気持ち
③ 一途《いちず》に思っている気持ち
④ せつないと思っている気持ち
⑤ 慕わしく思っている気持ち

(ウ) さすがにあはれとや思ひけむ
① それなりに、ああかわいらしいと思っているのだろうか
② そういうわけで、ああいたましいと感じたのだろうか
③ それはそれとして、ああ趣があると思っているのだろうか
④ それにしても、ああけなげだと感じているのだろうか
⑤ そうはいってもやはり、ああいじらしいと思ったのだろうか

問2 波線部a～eの動詞の中に活用形の異なるものが一つあるが、それはどれか。正しいものを、次の①～⑤のうちから一つ選べ。
① a「おぼえ」　② b「寝」　③ c「明け」　④ d「はめ」　⑤ e「鳴き」

問3 Aは女の詠んだものであるが、この和歌の説明として最も適当なものを、次の①～⑤のうちから一つ選べ。
① どうせこの世では夫婦になれないのなら、無常なこの世にこれ以上生きていてもしかたがないと諦《あきら》めている。

② ほんとうは蚕に生まれるはずだった自分なのに、人間に生まれたことでせつない思いをするのだと嘆いている。

③ ふつうなら男と結ばれるのは幸せなはずだが、その後の悲しい別れを考えてかえって不安を感じている。

④ なまじっか恋に苦しんで生きながらえるぐらいなら、命が短くても夫婦仲のよいという蚕のようになればよかったと思っている。

⑤ さりげなく自分と男の関係を蚕の夫婦仲になぞらえることによって、これから訪れる幸福に胸を躍らせている。

問4 傍線部B「歌さへぞひなびたりける」はどういうことを言っているのか。その説明として最も適当なものを、次の①～⑤のうちから一つ選べ。

① 女は田舎の人間であるのに、詠んだ和歌だけは洗練されていて趣が感じられたということ。

② 女が田舎の人間であるというだけでなく、詠んだ和歌までもが田舎じみていたということ。

③ この土地の人はもちろん都人の男にさえ、この田舎風の和歌のよさはわからなかったということ。

④ この和歌が非常に気の利いたものであったということは、後になってからわかるということ。

⑤ 容姿、性格ともにすばらしい女なので、詠まれた和歌までも同様にすばらしいということ。

問5　傍線部C「よろこぼひて、『思ひけらし』とぞいひをりける」はどういうことを言っているのか。その説明として最も適当なものを、次の①～⑤のうちから一つ選べ。

① 男は、都に連れて帰るほどは女に魅力がないという意味の歌を送ったのだが、女は、それを理解できず、自分を愛してくれていたと勘違いして、喜んでいたということ。

② 男が、女に対して都に連れて帰りたいほどすばらしい女性だという意味の歌を送ったところ、女は、期待していたとおりだったとあらためて感激して、喜んでいたということ。

③ 男が、魅力的な女と出会ったということを都への土産話にしたいという意味の歌を詠んだことによって、男の気持ちを疑っていた女の疑念も晴れて、喜んでいたということ。

④ 男が、長寿の松にあやかって女と長く添い遂げたいという意味の歌を送ったところ、女は、自分も男と同じように思っていたと返事を送り、喜んでいたということ。

⑤ 男は、女がここの有名な松ほどすばらしければ都への土産話にもなるがという意味の歌を詠んだだけなのに、女は、男が都へ帰らず一緒に暮らしてくれると思い込み、喜んでいたということ。

問6　本文の内容と合致するものを、次の①～⑤のうちから一つ選べ。

① 都から陸奥へとやって来た男は、そこにいた女のことをめったにないほどすばらしいと思った。

② 男は、ほんのちょっとと思って立ち寄った女の家で寝過ごしてしまい、家を出るのが遅くなった。

③ 女は、男がまだ帰る時間でもないのに早々と帰ったことに対して、それを非難した歌を詠んだ。

④ 男は、女の乱暴ではあるが愛情のこもった歌に感動したが、後ろ髪を引かれる思いで京へ帰った。

⑤ 夜遅く出た月を見た女は、男と一緒にいられる時間の少なさを知り、不安に駆られて歌を詠んだ。

《解答解説2ページ》

第2問　次の文章を読んで、後の問い（問1〜6）に答えよ。（配点　45）

かくて源宰相《げんさいしやう》(注1)は、三条堀川《ほりかは》のほどに、広くおもしろき家に住み給《たま》ふ。上《うへ》(注2)に、時の上達部《かんだちめ》のかしづき給ひける一娘《ひとつむすめ》、十四歳にて婿《むこ》取られて、また思ふ人もなく、いみじき仲にて、「この世にはさらにもいはず、行く末(注3)にも、草木、鳥獣《けだもの》となるとも、友達(注4)とこそならめ」といひ契りて、住みわたり給ふに、男子《をのこご》一人、女子《をんなご》一人生み給ひぬ。女子は袖君《そできみ》、男子は真砂君《まさごきみ》といふ。真砂君をば、父君、A片時え見給はではあらず、撫《な》で養ひ給ふほどに、殿の内豊かに、家を造れること、金銀瑠璃《こんごんるり》の大殿に、上下《かみしも》の人植ゑたるごとして経給ふに、あて宮に(ア)思《おも》ほしつきてより、年ごろaの契りをも忘れ、かなしき妻子《めこ》bの上をも知らで、かの殿にこもりゐて、吹く風、鳥につけてもとぶらひ給はで、年月になりぬ。北の方、思ひ嘆き給ふこと限りなし。

如月《きさらぎ》ばかりになりぬ。殿cの内やうやく毀《こほ》れ、人少なになり、池に水草《みくさ》生へわたり、庭に草茂りゆく。木《こ》の芽、花の色も昔におぼえず、朝《あした》には、「もし人やおとづれ給ふ」と待ち暮らし、夜さりは、「影にや見ゆる」と頼みわたり、涙を流して(イ)ながめわたり給ふに、春dの雨つれづれと降る日、雨ごもりて、若君たち、父君を恋ひつつうち泣きてゐ給へるを、母君、あたらしくかなしと思ほえて、うぐひすeの巣に子を生みおきて雨にぬれたるを取らせて、かく書きて奉らせ給ふ。源宰相に、

「X　春雨にともにふる巣のもりうきはぬるる子どもを見るにぞありける

これに劣らぬ宿は見苦しうなん。さても、真砂(注5)は数知らずとか聞こゆめる」

とて、奉らせ給へり。宰相、(ウ)「げにいかに思ふらむ」と思ほえて、

「Y　住みなれし宿をぞ思ふうぐひすは花に心も移るものから

なほのどかにおぼしたれ。げにいかにと思ふものからなむ。真砂は数知らむ時にやとのたまへ」

とあり。北の方、見給ひて、涙を流し給ふ。

（『うつほ物語』による）

（注）1　源宰相 —— 藤原実忠《さねただ》。後出の「あて宮」と恋仲であった。

2　上に —— 北の方としては。

3　行く末 —— 来世。

4　友達 —— ここでは「連れ合い」の意味。

5　真砂は数知らずとか聞こゆめる —— 「真砂」は細かい砂のこと。砂はたくさんあると聞くが、同じ「真砂」でも息子の真砂君は父親に忘れられてかわいそうだと北の方が言っている。

問1　傍線部(ア)〜(ウ)の語句の解釈として最も適当なものを、次の各群の①〜⑤のうちから、それぞれ一つずつ選べ。

(ア)　思ほしつきてより

① 愛情が冷めてしまった以上
② 愛し始めなさった時以上に
③ 心を奪われなさってからは
④ 愛され始めなさってからは
⑤ 心を奪われ申し上げて以来

(イ)　ながめわたり給ふに

① 一面美しい庭の様子を見ているが
② ずっと物思いに沈み続けなさると
③ 一点をぼうっと見つめている中で
④ 幾首もの和歌をお詠みになっては
⑤ せつなく思わずにはいられないが

(ウ)　げにいかに思ふらむ

① きっとこれから先ずいぶんせつなく思うだろう
② それにしてもどれほど悲しく思ったことだろう
③ いったいどうしてつらく思っているのだろうか
④ ほんとうにどんなに恨めしく思っているだろう
⑤ ますます何があっても物思いをするに違いない

問2　波線部a～eの「の」の中に、一つだけ用法の異なるものがある。それはどれか。正しいものを、次の①～⑤のうちから一つ選べ。

①　a　年ごろの　　②　b　妻子の　　③　c　殿の　　④　d　春の
⑤　e　うぐひすの

問3　傍線部A「片時え見給はではあらず」の説明として最も適当なものを、次の①～⑤のうちから一つ選べ。

①　源宰相が息子の真砂君にわずかな間でも会わずにはいられなかったということ。
②　源宰相がいつも息子の真砂君の世話をしたくてしかたがなかったということ。
③　源宰相が二人の子どもたちになかなか会うことができなかったということ。
④　源宰相は二人の子どもたちを分け隔てなく面倒を見ていたということ。
⑤　息子の真砂君は父である源宰相のそばにいたくてしかたがなかったということ。

問4　Xの和歌の修辞法の説明として**誤っているもの**を、次の①～⑤のうちから二つ選べ。

①　「ふる」に「春雨が降る」の「降る」と、「古巣」の「古」とが掛けられている。
②　「もり」に「雨漏りがする」の「漏り」と、「古巣を守《も》る」の「守り」が掛けられている。
③　「うき」に「雨や涙で浮く」の「浮き」と、「つらい」の意味の「憂き」とが掛けられている。
④　「春雨にともにふる巣のもりうきは」は「ぬるる」を導く序詞となっている。
⑤　「ふる巣」「うき」「ぬるる」は「雨」の縁語となっている。

問5　Yの和歌の説明として最も適当なものを、次の①〜⑤のうちから一つ選べ。

① 鶯《うぐいす》が、住み慣れた古巣をも別の花をも愛せると詠むことで、源宰相が自分も一度に何人もの女性を大切にできると詠んでいる。

② 穏やかな「春」に関連する「鶯」「花」を詠み込むことで、源宰相がふさぎ込んでいる妻の心を明るくしようと努めている。

③ 「花に心も移るものから」では、男の性質は本来移り気なものなので特に悲しむことではないと源宰相が妻を諭している。

④ 「住みなれし宿をぞ思ふ」は、源宰相の「妻や子どものことを忘れているわけではない」という気持ちを表している。

⑤ 句切れを作らず流暢《りゅうちょう》に詠まれているので、源宰相の妻や子どもに対する率直な謝罪の気持ちを読み取ることができる。

問6　本文の内容と合致するものを、次の①〜⑤のうちから一つ選べ。

① 源宰相ははじめ上達部の娘と結婚したが、源宰相には他に大切に思う女性もなく、二人は仲むつまじい間柄であった。

② あて宮に心の移った源宰相は、北の方のもとに通うこともなくなり、自邸に閉じこもるようになった。

③ 寒い冬になると庭も荒れ、人の訪れもなくなり、邸《やしき》も破損し、北の方は悲しみで胸がいっぱいになった。

④ 北の方は、源宰相の心が離れた今、確かにつらいけれども子どもたちのために生きようと気持ち

を新たにした。

⑤ 父親に忘れられた息子がかわいそうだと言う北の方に対して、源宰相は息子を忘れたことなどないと反論した。

《解答解説8ページ》

第3問　次の文章を読んで、後の問い（問1～6）に答えよ。（配点　45）

故源《げん》（注1）大納言、宰相《さいしやう》におはしける時、京極（注2）の御息所《みやすんどころ》、亭子院《ていじのゐん》の御賀《が》（注3）つかうまつりたまふとて、A「かかることなむせむと思ふ。ささげ物、ひと枝ふた枝せさせてたまへ」と聞えたまひければ、髭籠《ひげこ》（注4）をあまたせさせたまうて、としこ（注5）にいろいろに染めさせたまひけり。敷物の織物ども、いろいろに染め、縒《よ》り、組み、なにかとみなあづけてせさせたまひけり。その物どもを、ながつきつごもりに、みな急ぎはててけり。さて、そのかんなづきついたちの日、この物急ぎたまひける人のもとにおこせたりける。

B　ちぢの色にいそぎし秋はすぎにけりいまは時雨《しぐれ》になにを染めまし

その物急ぎたまひける時は、(ア)まもなく、これよりもかれよりも、いひかはしたまひけるを、それよりのちは、そのこととやなかりけむ、消息《せうそこ》もいはで、しはすつごもりになりにければ、としこ、

C　かたかけ（注6）の舟にや乗れる白浪《しらなみ》のさわぐ時のみ思ひ出づる君

となむいへりけるを、その返しをもせで年こえにけり。さて、きさらぎばかりに、柳（注7）のしなひ、(イ)ものよりけに長きなむ、この家にありけるを折りて、

D　青柳《あをやぎ》の糸うちはへてのどかなる春日しもこそ思ひ出でけれ

とてなむやりたまへりければ、(ウ)いとになくめでて、のちまでなむ語りける。

（『大和物語《やまとものがたり》』による）

（注）1　故源大納言――源清蔭《きよかげ》。

2　京極の御息所――藤原褒子《ほうし》。左大臣藤原時平《ときひら》の娘。亭子院（宇多《うだ》法皇）の妃。

3　御賀――ここは、亭子院の六十歳のお祝いのこと。

4　髭籠――細く割った竹などで編んで作り、編み残した先端が髭のようになっている籠。

5　としこ――藤原千兼《ちかね》の妻。千兼の妹は源清蔭の妻。

6　かたかけ――舟に片帆をかけること。

7　柳のしなひ――柳の枝。

問1　傍線部(ア)～(ウ)の語句の解釈として最も適当なものを、次の各群の①～⑤のうちから、それぞれ一つずつ選べ。

(ア)　まもなく

①　絶え間なく
②　たちどころに
③　やがて
④　もうじき
⑤　次第に

(イ) ものよりけに長きなむ

① 場合によっては妙に長いもの
② 木によってはかなり長い間
③ 普通の物より少し長いもの
④ ふだんよりもずっと長い間
⑤ ほかの物より一段と長いもの

(ウ) いとになくめでて

① 似るものがないほどすばらしくて
② たいそうこの上もなく感心して
③ ますます限りなく感動して
④ 驚きあきれるほどに賞美して
⑤ これ以上ないほどに寵愛《ちょうあい》して

問2　波線部「そのこととやなかりけむ、消息もいはで」についての説明として正しくないものを、次の①〜⑤のうちから一つ選べ。

① 「けむ」は過去推量の助動詞の連体形である。
② 「そのこととやなかりけむ」は挿入句だと考えられる。
③ 係助詞が二つ用いられている。
④ 「で」は未然形接続の助詞で、打消の意味である。
⑤ 「なかり」は四段活用動詞の連用形である。

問3　傍線部A「かかること」とは何を指しているか。その説明として最も適当なものを、次の①～⑤のうちから一つ選べ。

① としこが故源大納言の長寿の祝いをすること。
② 京極の御息所が亭子院の長寿の祝いをすること。
③ 亭子院が京極の御息所の長寿の祝いをすること。
④ 宰相がとしこの長寿の祝いをすること。
⑤ 故源大納言が京極の御息所の長寿の祝いをすること。

問4　Bの和歌の説明として**誤っているもの**を、次の①～⑤のうちから一つ選べ。

① 「時雨」は晩秋から初冬にかけて降ったりやんだりする雨のことである。
② 緑の葉は「時雨」に当たると紅葉するという考え方が踏まえられている。
③ 「秋」に「飽き」が掛けられていて、宰相に飽きられてしまったとしこの悲しみが詠まれている。
④ 過ぎ去った秋が時雨で木々の葉を染め終えたように、としこも染め物を染め終えたと詠んでいる。
⑤ 「なにを染めまし」の「まし」は決断しかねる意を表していて「何を染めようかしら」という意味である。

問5　C・Dの和歌の説明として最も適当なものを、次の①～⑤のうちから一つ選べ。

① Cはとしこの和歌で、二人の将来は頼りないものだと宰相に不安な気持ちを伝えたのに対し、Dでは、宰相が二人の仲は春の日差しのように穏やかなものだと応じている。

② Cはとしこの和歌で、会いに来てくれないことがせつないと宰相に伝えたのに対し、Dでは、宰相がのんびりと焦らず気長に待っていてほしいと応じている。

③ Cはとしこの和歌で、忙しい時しか思い出してくれないと宰相に恨み言を言ったのに対し、Dでは、宰相が忙しくない時にもちゃんと思い出すと応じている。

④ C・D二首ともとしこの和歌で、Cは片帆の舟で荒波を乗り越えるような今がつらいと宰相に伝え、Dで、穏やかだった昔の春を懐かしく思い出すと詠んでいる。

⑤ C・D二首ともとしこの和歌で、慌ただしく手の借りたい時だけ声を掛けてくる宰相をやんわりと責め、Dで、忙しくない時にも声を掛けてほしいとたたみかけている。

問6　本文の内容と合致するものを、次の①～⑤のうちから一つ選べ。

① としこは京極の御息所から依頼された織物などを秋の終わりに準備し終えてしまった。

② 宰相が亭子院への献上の品について相談すると、としこは髭籠がよいと即座に答えた。

③ 亭子院への献上の品ができあがるまでは宰相と京極の御息所は連絡を取り合っていた。

④ 宰相は依頼した品がとしこから届いた後、春の半ばまで手紙を送ることをしなかった。

⑤ 「かたかけの」の和歌と「青柳の」の和歌のおもしろさを人々は長く語り合った。

《解答解説14ページ》

第4問　次の文章を読んで、後の問い（問1～6）に答えよ。（配点　45）

村上の御時、枇杷《びは》の大納言延光《のぶみつ》、蔵人《くらうど》の頭《とう》にて(ア)御おぼえにおはしけるに、少しも御気色《けしき》たがひたることもおはせで、過ぎ給ひけるに、快《こころよ》からぬ御気色の見えければ、あやしくおそれ思ほして籠《こも》り居《ゐ》給へりけるほどに、召しありければ、急ぎ参りておはしけるに、「年頃はおろか a ならず頼みて過ぐしつるに、口惜しきことは、藤原の雅材《まさき》といふ学生《がくしやう》(注1)の、作りたる詩《ふみ》のいとほしみあるべかりけるをば、など蔵人になるべき由《よし》をば奏《そう》せざりけるぞ。A いと頼むかひなく」と仰せられければ、ことわり申す限りなくて、やがて仰せ下されけるに、御倉《みくら》(注2)の小舎人《こどねり》、家を尋ねかねて、通ふところありと聞きつけて、そのところに至りて、蔵人になりたる由告げければ、その家主《いへあるじ》の女《むすめ》の男《をとこ》、所(注3)の雑色《ざふしき》なりけるが、蔵人に望みかけたる折節にて、わが b なりぬると、喜びて、禄《ろく》など饗応《きやうよう》せむ料《れう》に、にはかに親しきゆかりども呼びて、営みける間に、小舎人、「雑色殿にはおはせず、秀才殿(注4)のならせ給へる c なり」といひければ、B あやしくなりて、家主、「いかなることぞ」と尋ねけるに、雑色が女《め》の姉か妹《おとうと》d かなる女の、まかなひなどしけるを、この秀才忍びて通ひつつ、局《つぼね》に住みわたりけるを、「かかる人こそおはすれ」と家の女《をむな》ども言ひければ、「よもそれは蔵人になるべきものにはあらじ。(イ)ひがごとならむ」と言ひければ、小舎人、「その人なり」と言ひけるに、雑色も家主も、恥ぢが e ましくなりて、「かかる者の通ふより、かかることは出《い》で来るなり」とて、夜のうちに、その局の忍び夫《づま》を追ひ出だしてけり。C そのことを、いかでか雲の上まできこしめしつけけむ、(ウ)「いとほしきことかな。さてはつかうまつらむ装《よそ》ひのしかるべきも、叶《かな》ひがたくやあらむ」とて、内蔵寮《くらづかさ》(注5)に仰せられて、内蔵《くら》の頭《かみ》整へて、さまざまの天《あま》(注6)の羽衣《はごろも》も賜《たま》はりてぞ参り仕《つか》へける。

（『今鏡《いまかがみ》』による）

（注）1 学生 ―― 大学寮や国学（郡司《ぐんじ》の子弟を教育する学校）で官吏となるための学問をする人。

2 御倉の小舎人 ―― 蔵人所に所属する下級職員。

3 所の雑色 ―― 蔵人所に所属し殿上の雑事に使われるもの。

4 秀才 ―― 学生の中で式部省が課す論文試験に合格したもの。

5 内蔵寮 ―― 宮中の倉庫のことなどを司《つかさど》る役所。内蔵の頭はその長官。

6 天の羽衣 ―― 天皇がお与えになった衣、ということ。

問1 傍線部(ア)～(ウ)の語句の解釈として最も適当なものを、次の各群の①～⑤のうちから、それぞれ一つずつ選べ。

(ア) 御おぼえにおはしける

① 人々から信頼されていらっしゃった
② 人々に手腕を買われておられた
③ 帝のことを常に尊敬しておられた
④ 帝の記憶に残っていらっしゃった
⑤ 帝が寵愛《ちょうあい》しなさる人でいらっしゃった

(イ) ひがごとならむ

① 運命であろう
② 間違いだろう
③ 予想外だろう
④ うわさだろう
⑤ 希望であろう

(ウ) いとほしきことかな

① 気の毒なことだなあ
② いつくしみが深いなあ
③ 意外なことであるなあ
④ なさけないことだなあ
⑤ おもしろいことだなあ

問2 波線部a～eの文法的な説明の組合せとして正しいものを、次の①～⑥のうちから一つ選べ。

① a 形容動詞の一部 b 動詞 c 断定の助動詞 d 断定の助動詞
e 動詞

② a 形容動詞の一部 b 動詞 c 断定の助動詞 d 動詞
e 断定の助動詞

③ a 形容動詞の一部 b 断定の助動詞 c 断定の助動詞 d 形容動詞の一部
e 動詞

④ a 断定の助動詞 b 断定の助動詞 c 伝聞・推定の助動詞 d 断定の助動詞

e　伝聞・推定の助動詞

⑤　a　断定の助動詞　b　形容動詞の一部　c　伝聞・推定の助動詞　d　動詞　e　伝聞・推定の助動詞

⑥　a　断定の助動詞　b　形容動詞の一部　c　伝聞・推定の助動詞　d　形容動詞の一部　e　断定の助動詞

問3　傍線部A「いと頼むかひなく」とあるが、その説明として最も適当なものを、次の①〜⑤のうちから一つ選べ。

①　すばらしい漢詩を作ることのできる雅材という学生の存在すら知らなかったことを、帝が申し訳なく思っているということ。

②　長年に渡って信頼してきた延光が、思いのほかに文学的素養の不足していることがわかり、帝が驚いているということ。

③　雅材の漢詩の力量が蔵人にしてもよいほどだったのに、それを伝えなかった延光のことを、帝が残念に思っているということ。

④　これほどすばらしい漢詩を作ることのできる雅材という学生を今まで重用しなかったことを、帝が後悔しているということ。

⑤　学識のある雅材の官職に就きたいという望みを、今まで気にも留めていなかった延光の迂闊《うかつ》さに帝が腹を立てているということ。

問4　傍線部B「あやしくなりて」とあるが、これは誰のどういう心情か。その説明として最も適当なものを、次の①〜⑤のうちから一つ選べ。

① 娘婿が蔵人になれると思ったのに、その存在さえ知らない「秀才殿」が蔵人になるのだと聞いて、不審に思っている家主の心情。

② 長い間蔵人になりたいという望みを持ち、今回やっとそれが叶うと思ったのに、自分の勘違いだとわかり落胆している娘婿の心情。

③ 雅材が蔵人になるのだという知らせを持って来たのに、家主やその娘婿が喜んでいる様子を見て不思議に思っている小舎人の心情。

④ 娘婿が蔵人になれるなどとは夢だと思っていたのに、突然小舎人がその知らせを持って来たことを奇妙に思っている家主の心情。

⑤ 「雑色」と「秀才」とで蔵人になることを競い合ってきたのに、小舎人から「秀才がなるのだ」と聞いて妬《ねた》んでいる娘婿の心情。

問5　傍線部C「そのことを、いかでか雲の上まできこしめしつけけむ」の解釈として最も適当なものを、次の①〜⑤のうちから一つ選べ。

① そのことを、なんとかして帝のお耳に入れたいものだ。

② そのことを、どうして帝がお聞きになったのだろうか。

③ そのことが、どうして世間に広まったのだろうか。

④ そのことを、どうやって世間に広めるのがよいだろうか。

⑤　そのことが、帝のお耳に入ることなどあるはずがない。

問6　本文の内容と合致しないものを、次の①～⑤のうちから一つ選べ。

①　日々平穏に過ごしていた延光だったが、帝に快からぬ様子が見えたので、おそれ多く思い引き籠もっていた。

②　小舎人は雅材の居場所を探しあぐねていたが、雅材には通う女性がいると聞きつけて、その家に行った。

③　小舎人は蔵人になったのは雑色殿ではなくて秀才殿だと、家主のまったく知らない人物のことを知らせた。

④　家主は、雑色殿が通ってきているのが失態の生じた原因だと腹を立て、雑色殿を家から追い出してしまった。

⑤　帝は、通っていた女の家から追い出されてしまった雅材に、出仕するのにふさわしい着物を与えた。

《解答解説20ページ》

第5問 次の文章は『源氏物語《げんじものがたり》』の一節である。光源氏（殿）は、亡き母親の実家で育てられていた息子の夕霧《ゆうぎり》を自邸に引き取り、大学寮（漢学などの学問所）に入学させた。以下の文章はそれに続くものである。これを読んで、後の問い（問1〜6）に答えよ。（配点 45）

うちつづき、入学(注1)といふことせさせたまひて、やがてこの院(注2)の内に御曹司《みざうし》つくりて、まめやかに、才《ざえ》深き師に預けきこえたまひてぞ、学問せaさせたてまつりたまひける。大宮(注3)の御もとにも、(ア)をさをさ参《まう》でたまはず。夜昼うつくしみて、なほ児《ちご》のやうにのみもてなしきこえたまへれば、かしこにてはえもの習ひたまはじとて、A静かbなる所に籠《こ》めたてまつりたまへるなりけり。「一月《ひとつき》に三たびばかりを、参りたまへ」とぞ、許しきこえたまひける。

つと籠《こも》りゐたまひて、いぶせきままに、殿をB「つらくもおはしますかな。かく苦しからでも、高き位に昇り、世に用cゐらるる人はなくやはある」と思ひきこえたまへど、(イ)おほかたの人柄まめやかに、あだめきたるところなくおはすれば、いとよく念じて、「いかでさるべき書どもとく読み果てて、まじらひもし、世にも出でたらむ」と思ひて、ただ四五月のうちに、史記(注4)などいふ書《ふみ》は読み果てたまひてけり。

今は寮試(注5)受けさせむとて、まづわが御前《おまへ》にて試みさせたまふ。例の大将(注6)、左大弁(注7)、式部大輔《たいふ》、左中弁などばかりして、御師の大内記《だいないき》(注8)を召して、史記のかたき巻々、寮試受けdむに、博士のかへさふべきふしぶしを引き出《い》でて、ひとわたり読ませたてまつりたまふに、至らぬe隈《くま》もなくかたがたに通はし読みたまへるさま、爪じ（注9）るし残らず、(ウ)あさましきまでありがたければ、さるべきにこそおはしけれと、C誰も誰も涙落としたまふ。

大将は、まして、「故大臣《おとど》（注10）おはせましかば」と聞こえ出でて、泣きたまふ。

（注）1 入学といふこと —— 大学寮入学の儀式。当時、上流貴族の子弟は、家柄だけで官位が進むのが普通であり、大学寮入学は珍しかった。

2 この院 —— 光源氏の邸宅。

3 大宮 —— 夕霧の母方の祖母。

4 史記 —— 司馬遷《しばせん》が著した中国の歴史書。

5 寮試 —— 大学寮の試験。

6 大将 —— 夕霧の伯父。

7 左大弁、式部大輔、左中弁 —— 漢詩文や中国の歴史を専門に学んだ人物が就く官職名。

8 大内記 —— 文書作成に従事する役人。文章に巧みな儒者が任じられる。

9 爪じるし —— 不審の箇所に爪で付ける印。

10 故大臣 —— 夕霧の母方の祖父。

問1　傍線部(ア)〜(ウ)の語句の解釈として最も適当なものを、次の各群の①〜⑤のうちから、それぞれ一つずつ選べ。

(ア)　をさをさ参でたまはず
① ほとんど参上なさらない
② めったに参内しません
③ あまりお行きにならない
④ けっして参詣なさらない
⑤ まったくお行きになりません

(イ)　おほかたの人柄まめやかに
① いつも人柄をほめられて
② なんとなく人柄が誠実で
③ もともとの人柄が優しくて
④ だいたいの人柄がまじめで
⑤ そもそも人柄が大らかで

(ウ)　あさましきまでありがたければ
① 自然と感謝せずにはいられないので
② 驚くほどたぐいまれですばらしいので
③ せつなくなるぐらい胸にしみるので
④ 言葉にならないほどおそれ多いので
⑤ 想像できないほど欠点がないので

問2　波線部a～eの文法的な説明の組合せとして正しいものを、次の①～⑤のうちから一つ選べ。

①　a　使役の助動詞　b　形容動詞の一部　c　受身の助動詞　d　婉曲の助動詞
　　e　打消の助動詞

②　a　使役の助動詞　b　断定の助動詞　c　自発の助動詞　d　意志の助動詞
　　e　打消の助動詞

③　a　使役の助動詞　b　形容動詞の一部　c　受身の助動詞　d　婉曲の助動詞
　　e　完了の助動詞

④　a　尊敬の助動詞　b　断定の助動詞　c　自発の助動詞　d　意志の助動詞
　　e　完了の助動詞

⑤　a　尊敬の助動詞　b　形容動詞の一部　c　受身の助動詞　d　婉曲の助動詞
　　e　完了の助動詞

問3　傍線部A「静かなる所に籠めたてまつりたまへるなりけり」とあるが、光源氏はどのように考えて夕霧を「静かなる所に籠め」たのか。その説明として最も適当なものを、次の①～⑤のうちから一つ選べ。

① 大学寮に入学し、勉強部屋まで用意したのだから、しっかり学問しないと意味がないと考えた。
② 学識豊かな学問の師匠に指導を頼む際に、大宮がいると気を遣って指導に集中できないと考えた。
③ 母親代わりの大宮の前では、夕霧がいつまでも幼子のように甘えるばかりで成長できないと考えた。
④ 祖母大宮の夕霧のかわいがりようが度を過ぎているので、夕霧の人格形成に支障が出ると考えた。
⑤ 大宮が孫の夕霧を溺愛することが勉学の妨げとなるとして、祖母から遠ざけた方がよいと考えた。

問4　傍線部B「つらくもおはしますかな」の説明として最も適当なものを、次の①～⑤のうちから一つ選べ。

① 夕霧が、勉学に精励しなければならない自分自身のことをかわいそうだと思っている。
② 夕霧が、こんなにも厳しく勉学に精励させる父の光源氏のことを薄情だと思っている。
③ 夕霧が、厳しい環境で勉学している自分を見守るしかない大宮を冷淡だと思っている。
④ 大宮が、これほどまで厳しく夕霧に勉学させる光源氏のことを冷徹だと思っている。
⑤ 大宮が、愛する孫が苦しい思いをしているのに何もできない自分を情けなく思っている。

問5　傍線部C「誰も誰も涙落としたまふ」の説明として最も適当なものを、次の①～⑤のうちから一つ選べ。

① 夕霧の寮試の試問の結果が良くなかったことに、思いがけないことだと落胆している。

② 夕霧の寮試の試問の結果が良くなかったので、この先どうなるのだろうと心配している。
③ 夕霧の寮試の試問の立派な成績に、これなら光源氏に劣らぬ出世ができると満足している。
④ 夕霧の寮試の試問の結果のすばらしさに、持って生まれたものだろうと感動している。
⑤ 夕霧の寮試の試問の結果のすばらしさに、これからの将来が楽しみだと期待している。

問6 本文の内容と合致するものを、次の①〜⑤のうちから一つ選べ。

① 大学寮に入学した夕霧が、大好きな祖母大宮に会うことができるのは、今となっては新年一月に三度だけである。
② 夕霧は、学問となると人が変わる父のあまりの厳しいやり方に、いけないとは思いながらも不信感を抱いている。
③ 夕霧は、これほど苦しい思いをしなくても世間に認められる者はいると思いながらも我慢して勉学に励んでいる。
④ 大将は、夕霧が春から夏にかけての短い間に史記などという漢籍を完全に暗記してしまったことに感動している。
⑤ 大将は、夕霧の祖父が存命であれば光源氏とは違う育て方をしたであろうと思うと少しばかり複雑な思いである。

《解答解説26ページ》

第6問　次の文章を読んで、後の問い（問1～6）に答えよ。（配点　45）

越中前司《ゑつちゆうのせんじ》盛俊《もりとし》は、山の手の侍《さぶらひ》大将aにてありけるが、今は落つともかなはじとや思ひけん、ひかへて敵《かたき》を待つところに、猪股小平六則綱《いのまたこへいろくのりつな》、よい敵と目をかけ、鞭《むち》・鐙《あぶみ》をあはせて馳《は》せ来たり、おしならべ、むずと組んでどうど落つ。猪股は八ケ国に聞こえたるしたたか者なり。鹿《か》の角《つの》の一、二のくさかり（注1）をばたやすうひつ裂きけるとぞ聞えし。越中前司は二三十人が力わざをするよし、人目bには見えけれども、内々は六七十人してあげおろす舟を、ただ一人しておしあげおしおろす程の大力《だいぢから》なり。されば猪股をとつて押さへてはたらかさず。猪股、下にふしながら、刀をぬかうとすれども、指はだかつて、刀の柄《つか》握るにも及ばず。ものを言はうとすれども、あまりに強う押さへられて声も出《い》でず。すでcに頸《くび》をかかれんとしけるが、力は劣つたれども、心は剛なりければ、猪股すこしも騒がず、しばらく息をやすめ、（ア）さらぬ体《てい》にもてなして申しけるは、「そもそも名乗つつるをば聞き給《たま》ひてか。敵を討つといふは、われも名乗つて聞かせ、敵にも名乗らせて頸をとつたればこそ大功《たいこう》なれ。名も知らぬ頸とつては、何にかし給ふべき」といはれて、Aげにもとや思ひけん、「これはもと平家の一門たりしが、身不肖《ふせう》なるによつて当時は侍になつたる越中前司盛俊といふ者なり。わ君は何者ぞ、名乗れ、聞かう」といひければ、「武蔵国《むさしのくに》住人、猪股小平六則綱」と名乗る。「つらつらこの世間《よのなか》の有様を見るに、源氏の御方は強く、平家の御方は負色《まけいろ》に見えさせ給ひたり。今は(イ)主《しゆう》の世にましまさばこそ、敵の頸取つて参らせて、勲功勧賞《くんこうけんじやう》にもあづかり給はめ。理《り》をまげて則綱たすけ給へ。御辺《ごへん》の一門何十人もおはせよ、則綱が勲功の賞に申しかへて助け奉らん」といひければ、B越中前司大きに怒つて、「盛俊身こそ不肖なれども、さすが平家の一門なり。源氏たのまうとは思はず。源氏また盛俊にたのまれうともよも思はじ。につくい君が申しやうかな」とて、やがて頸をかかんとしければ、猪股、「まさなや、降人《かうにん》の頸かくやうや候ふ」。越中前司、「さらば助けん」とてひき起こす。前は畠《はたけ》のやうに干あがつて、きはめて固かりけるが、うしろは水田《みづた》の(注2)ごみ深かりける畔《くろ》の上に、二人の者ども腰うちかけて息つぎゐたり。しばしあつて、黒革威《くろかはをどし》の鎧着て月毛《つきげ》なる馬に乗つたる武者一騎、馳せ来たる。越中前司あやしげにd見ければ、「あれは則綱が親しう候ふ人見の四郎と申す者で候ふ。則綱が候ふを見て、まうで来《く》ると覚え候ふ。苦しう候ふまじ」といひながら、あれが近づいたらん時に、越中前司に組んだらば、(ウ)さりとも落ちあはんずらんと思ひて待つところに、一段《いつたん》(注3)ばかり近づいたり。越中前司はじめは二人を一目づつ見けるが、次第に近うなりければ、馳せ来たる敵をはたとまもつて、猪股を見ぬひまに、力足をふんでつい立ち上がり、「ゑい」といひてもろ手をもつて、越中前司が鎧の胸板をばくつと突いて、うしろの水田へのけに突き倒す。起きあがらんとするところに、猪股上にむずと乗りかかり、やがて越中前司が腰の刀をぬき、鎧の草摺《くさずり》ひきあげて、柄もこぶしも通れ通れと三刀《みかたな》さいて頸をとる。さる程に人見の四郎落ちあうたり。Cかやうの時は論ずる事もありと思ひ、太刀の先につらぬき、高くさしあげ、大音声《だいおんじやう》をあげて、「この日ごろ、鬼神《おにかみ》と聞こえつる平家の侍越中前司盛俊をば、猪股の小平六則綱が討つたるぞや」と名乗つて、その日の高名の一の筆（注4）にぞ e 付きにける。

（『平家物語《へいけものがたり》』による）

（注）
1 くさかり —— 鹿の角の枝分かれした部位の名。
2 ごみ —— 泥水。
3 一段 —— 約一一メートル。
4 一の筆 —— 合戦の手柄を記録する時に筆頭に記すこと。

問1 傍線部(ア)～(ウ)の語句の解釈として最も適当なものを、次の各群の①～⑤のうちから、それぞれ一つずつ選べ。

(ア) さらぬ体にもてなして

① 立ち去りなどしないとうそぶいて
② 大事を伝えようともったいぶって
③ いかにも礼を尽くすと見せかけて
④ 苦しくなどない様子にふるまって
⑤ 無礼にならないように気を遣って

(イ) 主の世にましまさばこそ

① 自分自身がこの世に生きていて
② 自分自身の出世を強く望むので
③ 主君が生きのびておられてこそ
④ 主君が世間で認められていると
⑤ 主君が栄えていらっしゃるなら

(ウ) さりとも落ちあはんずらん

① 親しい間柄だと言っても、一緒になって戦いなどしないだろう
② 親しい間柄なのだから、まさか手柄を横取りなどしないだろう
③ 親しい間柄なのだから、いくらなんでも加勢してくれるだろう
④ 危急の時だから、自分のやり方をきっと理解してくれるだろう
⑤ 危急の時だから、状況がわからなくても油断していないだろう

問2　波線部a～eの「に」についての文法的説明の組合せとして正しいものを、次の①～⑤のうちから一つ選べ。

① a　断定の助動詞　b　格助詞　c　形容動詞の一部　d　形容動詞の一部　e　完了の助動詞
② a　断定の助動詞　b　断定の助動詞　c　格助詞　d　副詞の一部　e　断定の助動詞
③ a　断定の助動詞　b　格助詞　c　副詞の一部　d　形容動詞の一部　e　完了の助動詞
④ a　格助詞　b　断定の助動詞　c　形容動詞の一部　d　格助詞　e　断定の助動詞
⑤ a　格助詞　b　断定の助動詞　c　副詞の一部　d　副詞の一部　e　断定の助動詞

問3　傍線部A「げにもとや思ひけん」の説明として最も適当なものを、次の①～⑤のうちから一つ選べ。

① 敵を討つというのは互いに名乗り合ってから相手の首を取るのが手柄であると則綱から言われ、盛俊はその言葉に納得しているということ。
② 敵を討つというのは互いに名乗り合ってから相手の首を取るのが手柄であると則綱から言われ、盛俊はその言葉に疑問を感じているということ。
③ 戦いの場面で名前も知らない者の首を取っても何の手柄にもならないという則綱の言葉を聞き、盛

俊はその理屈に驚いているということ。

④　戦いの場面で名前も知らない者の首を取っても何の手柄にもならないという則綱の言葉を聞き、盛俊は自分の失敗を恥じているということ。

⑤　名乗ってもいない者の首を取るのは武士として卑怯だという則綱の言葉を聞き、盛俊は図星を指され逆に腹を立てているということ。

問4　傍線部B「越中前司大きに怒つて」とあるが、越中前司盛俊を怒らせた則綱の言葉の大意として最も適当なものを、次の①〜⑤のうちから一つ選べ。

①　あなたの一門の者がいくら大勢いるとしても、平家の敗色の濃い現状ではとても勝てるとも思えない。潔く負けを認めることが武士としての誇りであろう。

②　敗色濃厚な平家では、私の首を取っても意味はないだろうし、逆に私を助けてくれたならあなただけでなく、一門の者すべてその報いとして助けよう。

③　今は私があなたに首を取られそうな状況だが、ここで道理を曲げて私を助けてくれたなら、源氏にあなたの命乞いをし、その上生涯面倒見ようと思う。

④　現状は源氏が有利で平家の敗色が濃厚である。この状況の中で真剣に戦うのは得策ではないので、あなたの一門の者すべて引き連れて逃げるのがよい。

⑤　戦《いくさ》の結果というのは、運、不運によるところが大きい。平家に運がなかった今は運のある源氏を頼るのが得策というものである。

問5　傍線部C「かやうの時は論ずる事もあり」とあるが、これはどのようなことを表していると考えられるか。その説明として最も適当なものを、次の①～⑤のうちから一つ選べ。

① こんなだまし討ちのようなやり方では、人はとても納得しないだろう。
② せっかく仲間が来たのだから、自分の手柄を印象づけるのが得策である。
③ 証人となる人物がいる場合、手柄を確実にしておくことが賢明である。
④ 手柄を立てた時に他に味方がいる場合、そこに功名争いが起こることもある。
⑤ 今回のようにだまし討ちにしたような場合は、正当化することも必要だ。

問6　本文の内容と合致するものを、次の①～⑤のうちから一つ選べ。

① 盛俊は、自分の武士としての名誉などどうなってもかまわないと思い、平家方の敗色濃厚の中、源氏方と戦う強い覚悟を決めた。
② 則綱も盛俊と同じように世間でも評判の力自慢であったが、心優しい性格のため、戦の場面ではそれほどの活躍は見せなかった。
③ 首を切られる寸前であった則綱は、降参している者の首を取るなどあるものかと、盛俊の武将としての自尊心につけ込んで命拾いした。
④ 人見四郎は親友の則綱が苦境に立たされているのを知ると、自分の力が必要だろうと考え、矢も盾《たて》もたまらず馬に乗って駆けつけた。
⑤ 盛俊に押さえつけられていた則綱は、盛俊が近づいて来る人見四郎に注意を払い、則綱から視線をはずした隙《すき》にその場から逃げ出した。

《解答解説32ページ》

第7問

次の文章は『更級日記《さらしなにっき》』の一節である。作者は、祐子《ゆうし》内親王のもとに宮仕えに出ることになったが、初日は夜の間だけ出仕し、家に戻っていた。これを読んで、後の問い（問1〜6）に答えよ。（配点　45）

里びたる心地には、なかなか、定まりたらむ里住みよりは、をかしきことをも見聞きて、心もなぐさみやせむと思ふ折々ありしを、いとはしたなく悲しかるべきことにこそあべかめれと思へど、Aいかがせむ。

師走《しはす》になりて、また参る。局《つぼね》（注1）してこのたびは日ごろさぶらふ。上（注2）には時々、夜々《よるよる》も上《のぼ》りて、知らぬ人の中にうち臥《ふ》して、(ア)つゆまどろまれず、恥づかしうもののつつましきままに、忍びてうち泣かれつつ、暁には夜深《よぶか》く下《お》りて、日ぐらし、父の老いおとろへて、われを子としも頼もしからむかげのやうに思ひ頼み向かひゐたるに、B恋しくおぼつかなくのみおぼゆ。母亡（注3）くなりにし姪《めひ》どもも、生まれしより一つにて、夜は左右に臥し起きするも、あはれに思ひ出《い》でられなどして、(イ)心もそらにながめ暮らさる。立ち聞き、かいまむ（注4）人のけはひして、(ウ)いといみじくものつつまし。

十日ばかりありて、まかでたれば、父母、炭櫃《すびつ》に火などおこして待ちゐたりけり。車より下りたるをうち見て、「おはする時こそ人目も見え、さぶらひなどもありけれ、この日ごろは人声もせず、前に人影も見えず、いと心ぼそくわびしかりつる。かうてのみも、まろが身をば、いかがせむとかする」とうち泣くを見るもいと悲し。つとめても、「今日はかくておはすれば、内外《うちと》人多く、こよなくにぎはしくもなりたるかな」とうちいひて向かひゐたるも、いとあはれに、C何のにほひのあるにかと涙ぐましう聞こゆ。

（注）1　局――宮仕えをする際に与えられた部屋。

2　上――祐子内親王の御前。

3　母亡くなりにし姪ども――作者の姉の遺児たち。作者の姉は、二人目の子の出産時に亡くなった。

4　かいまむ――「かいまみる」と同じ。

問1　傍線部(ア)～(ウ)の語句の解釈として最も適当なものを、次の各群の①～⑤のうちから、それぞれ一つずつ選べ。

(ア)　つゆまどろまれず

①　まったく目を合わせることもできずに

②　何一つ言葉を交わせないで

③　けっしてうとうともしないで

④　少しも眠ることができないで

⑤　ますます気が気ではなくて

(イ)　心もそらにながめ暮らさる

① 心もそわそわと落ち着かずに気にかかっている
② ついぼんやりと物思いに沈んで一日を過ごす
③ 気もそぞろに空ばかりを眺めている
④ 天候のことまでも気にして暮らす
⑤ 一日じゅう空を眺めて想像にふけっている

(ウ)　ものつつまし

① なんとなく気が引ける
② 何かにつけて気がかりだ
③ 並々でなく不愉快だ
④ 何もかも趣がある
⑤ すこし遠慮される

問2　波線部「あべかめれ」の文法的説明として**正しくないもの**を、次の①～⑤のうちから一つ選べ。

① 三つの単語で構成されている。
② ラ行変格活用動詞「あり」の連体形が一つ用いられている。
③ 助動詞が二つ用いられている。
④ 撥音便の無表記形が二か所用いられている。
⑤ 命令形が一つ用いられている。

問3　傍線部A「いかがせむ」とあるが、作者はこのとき、宮仕えをすることに対してどのように思っているか。その心情の説明として最も適当なものを、次の①～⑤のうちから一つ選べ。

① 最初は、実家暮らしもなかなか悪くないので気が進まなかったが、今は狭い世界しか知らないことはよくないと思い直し、早く宮仕えを始めるべきだったと後悔している。

② 最初は、実家に閉じこもっているより見聞を広めて自己を向上させようと思ったが、今は耐えられないほどひどい仕打ちを受け、辞めようかどうしようか迷っている。

③ 最初は、変化のない実家での生活よりかえっておもしろそうだと思ったが、今はみっともなくつらいことだと気づいたものの、今さらどうしようもないと諦めている。

④ 最初は、外の世界で楽しい話を見聞きして、気持ちが塞ぎがちな父母の心も慰めようと思ったが、今は宮仕えしてもつらいことしかなく、どうしたらよいものかと困っている。

⑤ 最初は、決まった人としか話さない家での暮らしよりおもしろい話で内親王の心を慰めようと思ったが、今は中途半端な覚悟ではできないと考えを改め、やはり宮仕えは止めておこうと決意している。

問4　傍線部B「おぼつかなくのみおぼゆ」とあるが、作者は何をどのように感じているのか。その説明として最も適当なものを、次の①～⑤のうちから一つ選べ。

①　老い衰えた父が、作者を頼もしい庇護者《ひごしゃ》のように思っていたことを、気がかりに感じている。
②　老い衰えた父が、作者を影のようにいつも離れない存在だと思っていたことを、情けなく感じている。
③　老い衰えた父が、自分を幼子と決めつけ、頼りにならないと思っていたことを、心配に感じている。
④　老い衰えた父が、作者をあてにしていつも頼みごとをしてくることを、煩わしく感じている。
⑤　老い衰えた父が、作者を心配し、父を頼るように言っていたことを、なつかしく感じている。

問5　傍線部C「何のにほひのあるにかと涙ぐましう聞こゆ」とは作者のどのような様子を表しているか、その説明として最も適当なものを、次の①～⑤のうちから一つ選べ。

①　内親王がお出ましの時には大勢の人々で出迎えたものだが最近は人影もないと父母に指摘され、作者は自分に何ができるというのかと、やるせなさを感じて涙をこらえている。
②　内親王とともにいる時は大勢の人々に囲まれていても仕事を離れると一人ぼっちだと気づき、作者は自分にどんな幸せがあるのかと、むなしさに涙があふれている。
③　作者がいる時だけでも以前のように家来を増やしたいと父母が無理をするので、作者は自分に何の気遣いもいらないと、涙ぐましい父母の努力を申し訳なく思っている。
④　作者がいないと寂しいと父母が涙ながらに訴えるので、作者は自分のどこにそこまで思われるほどの取り柄があるのかと、父母の愛情を感じて涙がこみあげている。
⑤　作者がいないと家来が少しも働かないと父母に知らされ、自分はしっかり家来に指図もできない

のかと、老いた父母につらい思いをさせたことを反省して泣いている。

問6　本文の内容と合致しないものを、次の①〜⑤のうちから一つ選べ。

①　作者は、冬も終わりになって再び宮仕えに出た。

②　作者は、宮仕えに馴《な》れないために、人前で泣いてしまった。

③　作者は、姪たちが生まれたときから一緒に寝ていた。

④　宮仕えでは、立ち聞きやのぞき見をする人の気配を感じた。

⑤　里帰りをすると、父母が部屋を暖めて待っていてくれた。

《解答解説40ページ》

第8問

次の文章は『十六夜日記《いざよいにっき》』の一節である。作者の夫の藤原為家《ためいえ》は、代々続く歌道の家を受け継ぐ歌人であったが、死後、遺産相続をめぐって先妻の子為氏《ためうじ》と作者の子為相《ためすけ》の間に争いが起こり、作者は鎌倉へ訴訟に向かうことにした。これを読んで、後の問い（問1〜6）に答えよ。（配点　45）

頃はみ冬立つはじめの空なれば、降りみ降らずみ時雨《しぐれ》もたえず、嵐にきほふ木の葉さへ涙とともに乱れ散りつつ、事にふれて心細く悲しけれど、(ア)人やりならぬ道なれば、行きうしとてとどまるべきにもあらで、何となく急ぎ立ちぬ。

目離《めか》れせざりつる程だに荒れまさりつる庭も籬《まがき》も、ましてと見まはされて、慕はしげなる人々の袖のしづくも、慰めかねたる中にも、侍従《じじゅう》(注1)、大夫《たいふ》などの、あながちにうち屈《くん》じたるさま、Aいと心苦しければ、さまざまに言ひこしらへ、閨《ねや》のうちを見やれば、昔の枕(注2)のさながら変はらぬを見るも、今さら悲しくて、傍らに書きつく。

　とどめおく古き枕の塵《ちり》をだに我が立ち去らば誰《たれ》か払はむ

代々《よよ》に書きおかれける歌の草子どもの、奥書《おくがき》(注3)などして、(イ)あだならぬ限りを選《え》りしたためて、侍従の方へ送るとて、書きそへたる歌、

B　和歌(注4)の浦にかきとどめたる藻塩草《もしほぐさ》(注5)これを昔のかたみとは見よ

あなかしこ横波《よこなみ》(注6)かくな浜千鳥ひとかたならぬ跡を思はば

これを見て、侍従の返りごと、いととくあり。

C つひによもあだにはならじ藻塩草かたみを三代《みよ》(注7)の跡に残さば

(ウ)迷はまし教へざりせば浜千鳥ひとかたならぬ跡をそれとも

この返りごと、いとおとなしければ、心やすくあはれなるにも、昔の人に聞かせたてまつりたくて、また、

D うちしほたれぬ。

(注) 1 侍従、大夫 —— 作者の子である為相と為守《ためもり》。

2 昔の枕 —— 亡夫為家が生前に使っていた枕。

3 奥書 —— 書写本などの末尾につける文章。本の来歴や書写年月日などを記す。

4 和歌の浦 —— 現在の和歌山県にある歌枕。歌枕は、古来歌に詠まれた名所。

5 藻塩草 —— 海水から塩を作る際に用いる海藻。ここは、歌書の意を込める。

6 横波かく —— 「横波を受ける」という意味に、「横道に入る」の意を込める。

7 三代 —— 俊成《としなり》・定家《さだいえ》・為家の三代。

問1　傍線部(ア)〜(ウ)の語句の解釈として最も適当なものを、次の各群の①〜⑤のうちから、それぞれ一つずつ選べ。

(ア)　人やりならぬ道

①　人任せにしてきた道
②　人に頼りきってきた道
③　みずから進んで決めた道
④　自分ではどうしようもない道
⑤　人から命令された道

(イ)　あだならぬ限りを

①　敵対してない人が書いたものだけを
②　誠実に書いていないものだけを
③　新しくないものだけを
④　いいかげんでないものだけを
⑤　惜しくはないものだけを

(ウ)　迷はまし教へざりせば

①　教えてくれなかったら迷っただろうに
②　教えてあげようかどうか迷っている
③　教えてもらえたなら迷ったかしら
④　教えてくれないけれども迷わなかった
⑤　教えてくれたのに迷ってしまうだろう

問2　波線部「誰か払はむ」の文法的説明として正しいものを、次の①〜⑤のうちから一つ選べ。

①　「か」は反語を表す係助詞、「む」は推量の意の助動詞「む」の終止形である。
②　「か」は反語を表す係助詞、「む」は推量の意の助動詞「む」の連体形である。
③　「か」は疑問を表す係助詞、「む」は推量の意の助動詞「む」の連体形である。
④　「か」は疑問を表す係助詞、「む」は意志の意の助動詞「む」の終止形である。
⑤　「か」は強意を表す係助詞、「む」は意志の意の助動詞「む」の連体形である。

問3　傍線部A「いと心苦しければ」とあるが、なぜか。その説明として最も適当なものを、次の①〜⑤のうちから一つ選べ。

①　目を離さず大切に管理してきた庭が、留守をしている間にどうなるかと気がかりな上、息子たちが鎌倉に向かう作者の袖に泣いてすがりついてくるから。
②　作者を慕っている人たちが別れのつらさに涙を流す中でも、特に息子たちが作者との別れを前にひどく落ち込んでいるから。
③　女性の身で訴訟に行かなくてはならない作者を人々は哀れんで涙を流している上に、息子たちもどうせうまくいかないといじけているから。
④　亡き為家が大切にしていた庭もしだいに荒れていき、さらに作者も鎌倉に旅立つとなると、庭の管理をする人がいなくなるから。
⑤　庭の花々でさえ目を離せばどんどん荒れていくのだから、訴訟のためとはいえ、息子たちから目を離せばどうなるかわからないから。

問4　和歌B・Cの説明として**適当でないもの**を、次の①～⑤のうちから一つ選べ。

①　Bは、地名の「和歌の浦」に「歌道の家」の意を込めている。

②　Bは、「かき」が「掻き」と「書き」の掛詞である。

③　Bは、和歌の家に書き残して伝えられた歌の本を、亡き為家の形見と思って大切にしなさい、という内容である。

④　Cは、「三代」に「見よ」が掛けられている。

⑤　Cは、ついに母と別れる時が来てしまったと、為相が自身の悲しみを詠んだ歌である。

問5　傍線部D「うちしほたれぬ」にうかがわれる作者の心情の説明として最も適当なものを、次の①～⑤のうちから一つ選べ。

①　息子の歌の腕前が大人らしく成長したことを安心すると同時に、亡き夫に聞かせたかったと残念に思っている。

②　息子の返事があまりにも優しすぎて勢いがないので、亡き夫に聞かせたら何と言うだろうかと不安に思っている。

③　息子の返歌が、格調が高く趣も感じられるできばえだったので、昔の有名な歌人たちにも聞かせたいと熱望している。

④　息子と和歌の贈答をしていると、しみじみと悲しくなってきたので、やはり旅に出るのはやめようかと思っている。

⑤　息子の秀歌に、一人前の歌人としてもう大丈夫だと安心し、俊成・定家・為家にも聞かせて誇り

たいと思っている。

問6　本文の内容に合致するものを、次の①～⑤のうちから一つ選べ。

①　時雨が降りそうで降らない冬の初めに、作者は鎌倉へと出発した。

②　鎌倉への旅は、行きたくなければ行かなくてもよい程度のものだった。

③　旅立ちの前に見た夫の枕は、すっかり古びてしまっていた。

④　作者は息子のために、旅立ちに先立って歌書を新しく作り上げて送った。

⑤　作者は息子に「けっして和歌の本流から横道にそれるな」と和歌で伝えた。

《解答解説48ページ》

第9問　次の文章を読んで、後の問い（問1〜6）に答えよ。（配点　45）

かかるほどに、按察《あぜち》(注1)の更衣《かうい》の御腹の女三の宮、琴をなむをかしく弾き給《たま》ふと聞《きこ》しめして、帝、(注2)「(ア)いかでその宮の琴聞かむ。a参らせ給へ」と、御息所《みやすどころ》にたびたびのたまはせければ、母御息所いとうれしくおぼして、したてて b参らせ給へり。上、昼間のつれづれにおぼされけるに渡らせ給ひて、「いづら、宮は」と c聞こえ給へば、「こなたに」と聞こえ給へれば、ゐざり出《い》で給へり。十二三ばかりにて、いとうつくしげに気高きさまし給へり。け近き御けはひぞあらせまほしき。帝、Aいづれも御子のかなしさは分きがたうおぼしめされて、うつくしく d見奉らせ給ふに、「母御息所に(イ)おぼえ給へり」と御覧ずべし。御息所もきよげにおはすれども、もの老い老いしく、いかにぞやおはして、少し古体《こたい》なるけはひありさまして、見まほしきけはひやし給はざらむ。姫宮はまだいと若くおはすれば、あてやかにをかしくおはするに、御琴をいとをかしう弾き給へば、「聞き給ふや。これは、いかなる手を弾き給ふぞ」とのたまはすれば、母御息所、三尺の几帳《きちやう》を御身にそへ給へるを、几帳ながらゐざりより給ふほど、Bなま心づきなく御覧ぜらるるに、「『(注3)ものと何と道まかれば経をぞ一巻見つけたるを、取り広げて声をあげて読むものは、仏説の中の摩訶《まか》の般若《はんにや》の心経《しんぎやう》なりけり』と弾き給ふにこそ」とのたまふに、せんかたなくあやしうおぼされて、ともかくものたまはせぬほど、(ウ)いと恥づかしげなり。

（『栄花物語』による）

（注）1　按察の更衣――村上帝の妻。後の「母御息所・御息所」も同じ。
2　帝――第六十二代村上天皇。後の「上」も同じ。
3　『ものと何と道まかれば……摩訶の般若の心経なりけり』――琴にあわせて謡《うた》う仏教歌謡の歌詞のこと。「摩訶の般若の心経」は経の名。

問1　傍線部(ア)～(ウ)の語句の解釈として最も適当なものを、次の各群の①～⑤のうちから、それぞれ一つずつ選べ。

(ア)　いかでその宮の琴聞かむ
① なぜその宮の琴を聞かなくてはいけないのか
② どうしたらその宮の琴を聞けるのだろうか
③ なんとしてもその宮の琴を聞いてほしいのか
④ どうしてもその宮の琴を聞きたい
⑤ どのようにその宮の琴を聞くだろう

(イ)　おぼえ給へり
① よく思われております
② お思いになっています
③ 似ていらっしゃる
④ 大切に覚えていてくださる
⑤ 自然と思い出される

(ウ) いと恥づかしげなり
① とても恥ずかしがっている
② ひどく気後れした様子である
③ 少しばつが悪そうな感じだ
④ ちょっと照れくさそうである
⑤ ますますきまりが悪そうだ

問2 波線部a「給へ」・b「参ら」・c「聞こえ」・d「奉ら」の説明として正しい組合せを、次の①～⑤のうちから一つ選べ。

① a 尊敬の補助動詞　b 謙譲の動詞　c 尊敬の動詞　d 尊敬の補助動詞
② a 謙譲の補助動詞　b 謙譲の動詞　c 謙譲の動詞　d 謙譲の補助動詞
③ a 尊敬の補助動詞　b 尊敬の動詞　c 謙譲の動詞　d 尊敬の動詞
④ a 謙譲の補助動詞　b 尊敬の動詞　c 尊敬の動詞　d 尊敬の補助動詞
⑤ a 尊敬の補助動詞　b 謙譲の動詞　c 謙譲の動詞　d 謙譲の補助動詞

問3 傍線部A「いづれも御子のかなしさは分きがたうおぼしめされて」とはどういうことか。その説明として最も適当なものを、次の①～⑤のうちから一つ選べ。

① 自分の子どもはどの子も分け隔てなくいとおしいと思うということ。
② 帝の血を引く子どもというだけでどの子も立派に思えるということ。
③ 親は誰しも自分の子が悲しんでいるのを放っておけないということ。

④　いずれ女三の宮のかわいらしさがわかるだろうと思ったということ。
⑤　何一つこの女三の宮の悲しみは理解できないと思ったということ。

問4　傍線部Ｂ「なま心づきなく御覧ぜらるる」にうかがわれる帝の心情の説明として最も適当なものを、次の①～⑤のうちから一つ選べ。
①　御息所の常に几帳から離れない態度を、どことなく滑稽だと思っている。
②　御息所のもったいぶった態度を、なんとなく気に入らないと思っている。
③　御息所のあまりに恥ずかしがる態度を、母としてふさわしくないと思っている。
④　女三の宮の姿を人に見せまいとする御息所の態度を、不愉快に思っている。
⑤　女三の宮につきっきりで世話を焼く御息所の態度を、ほほえましく思っている。

問5　本文中における女三の宮の説明として**適当でないもの**を、次の①～⑤のうちから一つ選べ。
①　十二、三歳ぐらいで、まだ若い。
②　とてもかわいらしい容姿である。
③　人懐っこく、親しみを感じさせる雰囲気である。
④　上品で魅力のある容姿である。
⑤　琴を上手に演奏できる。

問6　本文の内容と合致するものを、次の①～⑤のうちから一つ選べ。
①　帝は、御息所の琴の演奏を聞きたいと何度も言った。
②　御息所は、自ら着飾って帝の前に参上した。
③　女三の宮は、御息所から呼ばれてもなかなか出てこなかった。
④　御息所は、美しくはあるが、老《ふ》けて古風な雰囲気であった。
⑤　風流な琴の曲に仏教の歌詞をつける御息所に対して帝は感動した。

《解答解説56ページ》

第10問　次の文章を読んで、後の問い（問1〜6）に答えよ。（配点　45）

鳥羽（注1）の宮、天王寺（注2）の別当にて、かの寺の五智光院《ごちくわうゐん》（注3）に御座ありける時、鎌倉（注4）の前《さき》の右大将参ぜ a られたりけり。三浦十郎左衛門義連《よしつら》・梶原景時《かぢはらかげとき》ぞ供には侍《はべ》りける。御対面の後、退出の時、尫弱《わうじやく》（注5）の尼一人いできたり、右大将に向かひて、ふところより文書を一枚とりいだしていはく、「和泉《いづみ》の国に相伝《さうでん》の所領の候《さぶら》ふを、人に押し取 b られて候ふを、沙汰し候へども、身の尫弱に候ふによりて事ゆかず候ふ。たまたま、君、御上洛候へば、申し入れ候はんと仕まつり候へども、申しつぐ人も候はねば、ただ直《ぢき》に見参に入り候はんとて参り候ふ」とて、その文書を捧げたりければ、大将みづからとりて見給《たま》ひけり。「文書のごとく、一定《いちぢやう》相伝の主にてあるか」と問はれければ、「いかでか偽りをば申しあげ候ふべき。御尋ね候はんに、さらにかくれあるまじ」と申しければ、義連に「硯《すずり》たづねて参れ」と仰せ c られて、尋ね出《い》だして参りたりければ、墨をすりて筆染めて、うち案じて、わが持ち給ひたりける扇に一首の歌を書き給ひける。

いづみなる信太《しのだ》（注6）の杜《もり》のあまさぎはもとの古枝《ふるえ》に立ちかへるべし

かく書きて、義連に「これに判加（注7）へて尼にとらせよ」とて、投げつかはしたりければ、義連、判加へて尼に（ア）たびてけり。年号月日にもおよばず、右大将自筆の御書下しなれば、（イ）子細にやおよぶ、もとのごとく、かの尼、領知しけるとぞ。

その後、右大臣家(注8)の時、件《くだん》の尼がむすめ、この扇の下文《くだしぶみ》(注9)をささげて沙汰に出でて侍りけるに、年号月日なきよし奉行いひけれども、かの自筆そのかくれなきによりて安堵《あんど》(注10)しにけり。件の扇、檜《ひ》の骨ばかりは彫《ゑ》りて、そのほかは細骨にてなん侍りける。(ウ)まさしく見たるとて、人の語り侍りしなり。

（『古今著聞集《ここんちょもんじゅう》』による）

（注）1　鳥羽の宮 —— 後白河天皇の皇子、定恵《じょうえ》。

2　天王寺の別当 ——「天王寺」は、大阪市にある四天王寺。「別当」とは、寺務を統括した僧。

3　五智光院 —— 四天王寺内にある建物。

4　鎌倉の前の右大将 —— 源《みなもとの》頼朝《よりとも》。

5　尫弱 —— 弱々しい様子。

6　信太の杜 —— 大阪府和泉市にあった森。

7　判 —— 花押《かおう》（署名の代わりに用いる個人の特殊な符号）。

8　右大臣家 —— 源《みなもとの》実朝《さねとも》。頼朝の子。

9　下文 —— 官庁が発行する証明書。ここは頼朝が書いたもの。

10　安堵 —— 安心してその土地に住むこと。

問1　傍線部(ア)〜(ウ)の語句の解釈として最も適当なものを、次の各群の①〜⑤のうちから、それぞれ一つずつ選べ。

(ア)　たびてけり
① 与えてしまった
② さしあげなさった
③ お与えになった
④ もらってしまった
⑤ お見せになった

(イ)　子細にやおよぶ
① なんとも言えない
② 詳細は聞かれない
③ 事情はわからない
④ 言うまでもない
⑤ 子孫までは及ばない

(ウ)　まさしく見たる
① かろうじて見た
② 間違いなく見た
③ 少しだけ見えた
④ 詳しく見た
⑤ たしかに見えた

問2 波線部a「られ」・b「れ」・c「られ」の文法的説明として正しい組合せを、次の①～⑤のうちから一つ選べ。

① a 尊敬の助動詞 b 受身の助動詞 c 尊敬の助動詞
② a 尊敬の助動詞 b 受身の助動詞 c 受身の助動詞
③ a 受身の助動詞 b 受身の助動詞 c 受身の助動詞
④ a 受身の助動詞 b 可能の助動詞 c 尊敬の助動詞
⑤ a 自発の助動詞 b 可能の助動詞 c 受身の助動詞

問3 右大将に文書を渡す際に、尼が言った内容として最も適当なものを、次の①～⑤のうちから一つ選べ。

① 和泉の国にある先祖伝来の土地を、武士たちが力ずくで奪う事件が多発していると噂《うわさ》されている。
② 土地を奪おうとする者に対し、皆が一丸となって抵抗しているが、自分は体が弱くて力になれない。
③ 以前、右大将がこの土地に来てくれた時にも窮状を訴えたが、いまだに状況がよくなっていない。
④ 人づてでは真実は伝わりにくいので、ぜひ右大将にはこの現状を直接見に来てほしい。
⑤ 取り次ぎの人がいないので、右大将に直接会って窮状を訴えようと思ってやって来た。

問4　傍線部「御尋ね候はんに、さらにかくれあるまじ」とは、どういうことか。その説明として最も適当なものを、次の①～⑤のうちから一つ選べ。

① 右大将が尋ねないので、問題はけっして解決しないだろう。
② 右大将が尋ねたら、犯人は逃げも隠れもできないだろう。
③ 右大将が調べるならば、少しも不審な点はないだろう。
④ 誰かが調べた時には、さらに悪事が見つかるだろう。
⑤ 尼がたとえ調べても、それ以上の進展はないだろう。

問5　本文中の和歌「いづみなる信太の杜のあまさぎはもとの古枝に立ちかへるべし」の説明として**適当でないもの**を、次の①～⑤のうちから一つ選べ。

① 尼の訴えに対して右大将が歌で返事としたものである。
② 「尼鷺《あまさぎ》」という鳥の名を意味する「あまさぎ」の「あま」に「尫弱の尼」の「尼」の意を響かせている。
③ 「もとの古枝」は、尼鷺の棲《す》む所を表すとともに、尼の古くから住む所を表している。
④ 故郷に帰ってまずは尼自身でなんとかするよう諭している。
⑤ 右大将が尼の言い分を聞き入れたという趣旨の歌である。

問6　本文の内容に合致するものを、次の①～⑤のうちから一つ選べ。

① 鳥羽の宮が頼朝のもとに会いに来ていた時に、尼が訪ねてきた。
② 頼朝はみずから和歌は書いたが、日付を記さず、署名捺印もしなかった。

③ 頼朝は義連に自筆の歌を投げて寄こし、義連は尼に歌と印鑑を投げ与えた。

④ 頼朝は、みずから手作りした美しい彫刻のほどこされた扇を尼に与えた。

⑤ 実朝の時代になると、頼朝の書いたものは記載内容の不備により効果がなくなった。

《解答解説62ページ》

第11問　次の文章を読んで、後の問い（問1～6）に答えよ。（配点　45）

昔、（注1）一条摂政《せつしやう》の御もとに、人々連歌侍りけるに、

A　秋はなほ（注2）夕まぐれこそただならね

といふ句の出《い》で来たりけるを、人々（注3）声をかして度々になり侍りけれど、付くる人も侍らざりけるに、摂政殿の御子に義孝《よしたか》少将とて、十三になり給《たま》ひけるが、

B　荻《をぎ》の上風《うはかぜ》萩《はぎ》の下露《したつゆ》

と付け給へりければ、殿、C大きに御感ありて、これをばうちこめてはあるべきとて、またの日、「この（注4）小冠《こくわん》、しかしか（ア）仕《つか》まつり侍り」とて、（注5）御堂殿へ、かくと聞こえ奉り給ふに、「子はよくいとほしき物aにて侍りけり」とばかり仰せられて、ことなる御言葉もなく、なほざりがてらに、「返す返す面白く侍り」とばかりぞ申させ給へりける。一条殿おぼしけるは、「年ほどよりもゆゆしくし給へbり」なんど、ねんごろならんcずらんとおぼしけるに、なほざりがてらの御返事にて侍りければ、Dよに本意《ほい》ならず思しめして、また、（注6）上東門院へかくと申さdせ給ふに、中務《なかつかさ》と聞こえし歌詠《うたよみ》の女房の、奉りの御返事に、いとこまかに、「ことにありがたくて、（注7）人丸、赤人が昔のめでたかりeし人々の再び生まれたるか」なんどまでE御返事ありけるに、中務の、私《わたくし》にかく

申し添へたり。

荻の葉に風おとづるる夕べには萩の下露おきぞましぬると侍りける。をかしきさまして侍り。(イ)まことやらん、その頃は、このことをば天下《あめのした》の(ウ)やさしきわざには申し侍りける。

（『撰集抄《せんじゅうしょう》』による）

（注）1 一条摂政――藤原伊尹《これただ》。
2 夕まぐれ――夕暮れ。
3 声をかして――声をあげて。
4 小冠――元服して間もない若者の意。ここは義孝のこと。
5 御堂殿――藤原道長。
6 上東門院――一条天皇の皇后彰子。道長の娘。
7 人丸、赤人――柿本人麻呂と山部赤人。ともに『万葉集』を代表する歌人で、「歌聖」と呼ばれた。

問1　傍線部(ア)〜(ウ)の語句の解釈として最も適当なものを、次の各群の①〜⑤のうちから、それぞれ一つずつ選べ。

(ア)　仕まつり侍り
① お仕えしています
② お詠みしております
③ 作ったのですよ
④ 参上しております
⑤ 成長いたしました

(イ)　まことやらん
① 本当にしよう
② 本当であろうか
③ 本当に送るだろう
④ 本当にその通りだ
⑤ 本当のはずがない

(ウ)　やさしきわざ
① 心優しい人
② 優美な技巧
③ わざとらしい優しさ
④ 甘い親心
⑤ 風流なこと

問2　波線部a～eの文法的説明として正しくないものを、次の①～⑤のうちから一つ選べ。

① a「に」は、断定の助動詞「なり」の連用形である。
② b「り」は、完了の助動詞「り」の終止形である。
③ c「ず」は、打消の助動詞「ず」の終止形である。
④ d「せ」は、尊敬の助動詞「す」の連用形である。
⑤ e「し」は、過去の助動詞「き」の連体形である。

問3　傍線部A「秋はなほ夕まぐれこそただならね」と、傍線部B「荻の上風萩の下露」は、上の句と下の句を異なる人物が詠んで一首の歌にする「連歌」の形式で詠まれたものである。傍線部A・Bの連歌の説明として最も適当なものを、次の①～⑤のうちから一つ選べ。

① Aの句の「秋はなほ」は、「夕まぐれ」を導く枕詞である。
② Aの句では、「こそ」と「ね」が係り結びで、「ね」は完了の助動詞である。
③ Aの句は、秋は夕暮れが何より趣があると詠んだものである。
④ Bの句の「荻」は一条摂政、「萩」は義孝少将をあらわしている。
⑤ Bの句は、Aの句の趣旨に対して、それを具体的な景物で反証を示したものである。

問4　傍線部C「殿、大きに御感ありて」とあるが、一条摂政はどのように思っているのか。その心情の説明として最も適当なものを、次の①～⑤のうちから一つ選べ。

① 息子がすばらしい句を詠んだので感動し、他の人にも広く知らせたいと思っている。
② 息子の句の未熟さに怒りをおぼえ、よそで和歌を学びなおさせようと思っている。
③ 参加者の中で最も優秀な句を付けた息子を誇らしく感じ、もっと多くの人に褒めてもらおうと思っている。
④ 息子の堂々とした詠みぶりに感激しつつも、大人が詠まないうちに詠んだ無礼を親として謝ってまわろうと思っている。
⑤ 息子の句を聞いてもどう評価したらよいかわからず、誰かに尋ねて判断してもらおうと思っている。

問5　傍線部D「よに本意ならず思しめして」とあるが、一条摂政がこのように思った理由の説明として最も適当なものを、次の①～⑤のうちから一つ選べ。

① 息子の句を「子どもらしくない」と敬遠されると思ったのに、道長は「子どもらしくて愛らしい」と評価したから。
② 息子の句を「大人よりかえって上手だ」と嫉妬されると思ったのに、道長は「親の贔屓目《ひいきめ》だ」と酷評したから。
③ 息子の句を「今年一番の出来映えだ」と絶賛されると思ったのに、道長は「どの子もそれぐらいは詠める」とあまり評価しなかったから。
④ 息子の句を「若いわりにはすばらしい」と褒めてくれると思ったのに、道長は適当に返事をした

だけだったから。

⑤　息子の句を「何度聞いてもおもしろい」と思ったのに、道長は子どもに過度な期待をかけないよう自重を促したから。

問6　傍線部E「御返事ありける」とあるが、「御返事」の内容として最も適当なものを、次の①～⑤のうちから一つ選べ。

①　義孝について、「柿本人麻呂や山部赤人の生まれ変わりか」とまで褒め称《たた》えている。

②　義孝の句について、「柿本人麻呂と山部赤人も驚くことだろう」とお世辞を述べた。

③　一条摂政について、「ご子息を柿本人麻呂や山部赤人に劣らぬすぐれた歌人によく育てた」と風流を愛する者として感謝している。

④　義孝の詠んだ句について、「柿本人麻呂か山部赤人がかつて詠んだ句が見つかったのか」と誤解している。

⑤　一条摂政に対し、「我が子を柿本人麻呂や山部赤人になぞらえるとは過大評価にも程がある」とあきれている。

《解答解説68ページ》

第12問　次の文章を読んで、後の問い（問1〜6）に答えよ。（配点　45）

関白殿、黒戸(注1)より出《い》でさせ給《たま》ふとて、女房の(ア)ひまなくさぶらふを、「あな、いみじのおもとたち(注2)や。A翁をいかに笑ひ給ふらむ」とて、分け出でさせ給へば、戸口近き人々、色々の袖口して、御簾《みす》引き上げたるに、B権大納言の御沓《くつ》とりてはかせ奉り給ふ、いとものものしくきよげによそほしげに、下襲《したがさね》(注3)の裾《しり》長く引き、所せくてさぶらひ給ふ。「(イ)あな、めでた。大納言ばかりに沓とらせ奉り給ふよ」と見ゆ。山の井の大納言、その(注4)御次々の、さならぬ人々、黒きもの(注5)をひき散らしたるやうに、藤壺《ふぢつぼ》(注6)の塀のもとより登花殿《とうくわでん》(注7)の前まで居《ゐ》並《な》みたるに、細やかに(ウ)いみじうなまめかしう、御佩刀《みはかし》(注8)などひきつくろはせ給ひて、やすらはせ給ふに、宮の大夫殿は、戸の前に立たせ給へれば、「居させ給ふまじきなめり」と思ふほどに、すこし歩み出でさせ給へば、ふと居させ給へりしこそ、「Cなほいかばかりの昔の御行ひのほどにか」と見奉りしに、いみじかりしか。

中納言の君(注9)の、忌日《きにち》(注10)とてくすしがり行ひ給ひしを、「給へ、その数珠《ずず》しばし。行ひして、めでたき身になaらむ」と借るとて、集まりて笑へど、なほいとこそめでたけれ。御前に聞こし召して、「仏になりたらbむこそは、これよりはまさらcめ」とて、うち笑ませ給へるを、まためでたくなりてぞ見奉る。大夫殿の居させ給へるを、かへすがへす聞こゆれば、「例の思ひ人」と笑はせ給ひし。まいて、Dこの後の御有様を見奉らせ給はましかば、ことわりと思し召されなまし。

（『枕草子《まくらのそうし》』による）

（注）1　黒戸――清涼殿《せいりょうでん》から後宮に通じる北廊。

2　おもとたち――ここでは、女房たちに親しみを込めて呼びかけた言葉。

3　下襲――正装の束帯姿の際に着用する衣。後ろ側の裾が長くなっている。

4　その御次々の、さならぬ人々――官位が大納言に続く、中宮の身内でない人々。

5　黒きものをひき散らしたるやう――正装の時に着用する黒色の上着を着た四位以上の貴族が数多くいる様子。

6　藤壺――清涼殿の西北にある飛香舎《ひぎょうしゃ》の別名。

7　登花殿――藤壺の東北にある殿舎の名。

8　御佩刀――正装の時につける刀剣。

9　中納言の君――中宮に仕える女房。

10　忌日とてくすしがり行ひ給ひし――人の命日ということで殊勝ぶって勤行したということ。

〔人物関係図〕

- 藤原兼家《かねいえ》
  - 道隆《みちたか》（関白殿）
    - 道頼《みちより》（山の井の大納言）
    - 伊周《これちか》（権大納言）
    - 中宮定子（御前）
  - 道長《みちなが》（宮の大夫殿・大夫殿）

問1　傍線部(ア)〜(ウ)の語句の解釈として最も適当なものを、次の各群の①〜⑤のうちから、それぞれ一つずつ選べ。

(ア)　ひまなくさぶらふ
① 絶え間なく働いている
② ぎっしりといらっしゃる
③ 隙間なくお控えしている
④ ぎりぎりになって揃《そろ》った
⑤ 怠らずにお仕えしている

(イ)　あな、めでた
① なんと、仰々しいこと
② まあ、失礼なこと
③ たいそう偉そうなこと
④ ああ、すばらしいこと
⑤ とても礼儀正しいこと

(ウ)　いみじうなまめかしう
① とても礼儀正しく
② 不吉なほど派手に
③ なんとも凜々《りり》しく
④ 妙に妖艶で
⑤ たいそう優美に

問2　波線部a「む」・b「む」・c「め」の文法的意味の説明として正しい組合せを、次の①～⑤のうちから一つ選べ。

①　a　意志　　b　仮定・婉曲　　c　適当・勧誘
②　a　意志　　b　仮定・婉曲　　c　推量
③　a　意志　　b　意志　　c　適当・勧誘
④　a　推量　　b　意志　　c　推量
⑤　a　推量　　b　仮定・婉曲　　c　適当・勧誘

問3　傍線部A「翁をいかに笑ひ給ふらむ」の発言の説明として最も適当なものを、次の①～⑤のうちから一つ選べ。

①「どうして老人をばかにして笑ってよいものか、いや、よくない」と、女房たちをたしなめている。
②「どうしたら老人に笑顔になってもらえるだろうか」と、女房たちに意見を求めている。
③「どんなにか私のことを心の中で笑っているだろう」と、自分を卑下して女房たちをからかっている。
④「どのように私のことを笑っていたのだろうか」と、女房たちの評価を気にしている。
⑤「どれほど私のことを笑顔にさせてくれるのだろう」と、女房たちの労をねぎらっている。

問4　傍線部B「権大納言の御沓とりてはかせ奉り給ふ」の説明として最も適当なものを、次の①～⑤のうちから一つ選べ。

①　伊周が、道隆の履き物を手に取って、道隆に履かせたということ。
②　伊周が、自分の履き物を手に取って、道隆に履かせたということ。
③　道隆が、自分の履き物を手に取って、伊周に履かせたということ。
④　女房が、道隆の履き物を手に取って、道隆に履かせたということ。
⑤　女房が、伊周の履き物を手に取って、伊周に履かせたということ。

問5　傍線部C「なほいかばかりの昔の御行ひのほどにか」とはどういうことか。その説明として最も適当なものを、次の①～⑤のうちから一つ選べ。

①　道長が、道隆の前でなかなかひざまずかなかったのは、どれほどの働きもしていないのに、道隆が関白になったことへの反発だろうということ。
②　道長が、道隆の前にもかかわらず座ってしまったのは、昔からの兄への甘えがあらわれたのだろうということ。
③　道隆が、遠慮して座らない道長を座らせたのは、兄弟として生まれついた前世からの縁の深さを感じてのことだろうということ。
④　道隆が、身分も年齢も下の道長の前でひざまずいたのは、人には言えない過去の行いが原因にあるのだろうということ。
⑤　道長が、最後には道隆の前でひざまずいたのは、道隆が前世で多くの仏道修行などによる善行を

積んだからだろうということ。

問6　傍線部D「この後の御有様を見奉らせ給はましかば、ことわりと思し召されなまし」の解釈として最も適当なものを、次の①〜⑤のうちから一つ選べ。

① もしも後の道長様のご活躍の様子を拝見しなさったならば、私の言っていたことももっともだとお思いになっただろうに。

② もしも来世での道長様のお姿をご覧になったならば、人の世の道理がどのようなものか、理解してくださっただろうに。

③ 道長様の今後の御出世の様子までもがご覧になれるわけではないので、一言ことわっておきたいと思います。

④ この先の道長様のご活躍の様子までは拝見できないので、私が言っていることの正しさもわからないでしょう。

⑤ あの後の道長様の礼儀正しい振る舞いを拝見しなさっていないので、不審に思われるのもごもっともでしょう。

《解答解説74ページ》

第Ⅲ部
基礎レベル完成演習編

第13問

次の文章は、『かざしの姫君』の一節である。姫君は草花を愛する女性であったが、ある日、庭の菊の花をながめていると、少将と名乗る男が現れて契りを結び、少将はその後も姫君のもとへ通うようになった。以下は、帝（本文では「君」）が姫君の父（本文では「中納言」）に菊を献上するように命じた夜、憔悴《しょうすい》した少将がやって来て突然別れを告げた場面から始まっている。これを読んで後の問い（問1〜4）に答えよ。（配点　45）

ややありて少将、涙のひまよりも、「今ははや立ち帰りなむ。(ア)あひかまへてあひかまへて思《おぼ》し召し忘れ給《たま》ふな。みづからも、御心ざし、いつの世に忘れ奉るべき」なんど言ひて、鬢《びん》(注1)の髪を切りて、下絵したる薄様(注2)に押し包みて、「もし思し召し出《い》でむ時は、これを御覧ぜさせ給へ」とて、姫君に参らせて、また「胎内にもみどり子(注3)を残し置けば、いかにもいかにもよきに育ておきて、忘れ形見とも思し召せ」とて、泣く泣く出で給へば、姫君も御簾《みす》のほとりまで忍び出でて見やり給へば、庭の籬《まがき》(注4)のあたりへたたずみ給ふかと思ひて、見え給はず。

かくてその夜も明けぬれば、中納言は菊を君へぞ奉らせ給ひけり。君、叡覧《えいらん》(注5)限りなし。

姫君は夕暮れを待ち給へども、少将は夢にも(イ)さらに見えざれば、いたはしや、姫君は、梢《こずゑ》のほかなる月かげはくまなき、夜半《よは》の空なれど、涙に曇る心地して、長き夜な夜な明かし給ひて、ある時、その人の言ひ置きし忘れ形見を取り出だし、思ひのあまりに見給へば、一首の歌あり。

　　にほひをば君が袂《たもと》に残し置きてあだにうつろふ菊の花かな

とありて、その黒髪と思ひしは、しぼめる菊の花なれば、いよいよ不思議に思し召し、さては詠み置く言の葉までも、菊の精かとおぼえて、その白菊の花園に立ち出で給ひてのたまふやうは、「A『花こそ散らめ、根さへ枯れめや』と詠ぜしも、今身の上に知られたり。たとひ菊の精なりとも、今一度《いまひとたび》言の葉をかはさせ給へ」とて、あるにあられぬ御ありさま、(ウ)げにことわりとぞ知られける。御花揃《はなぞろ》へ(注6)なかりせば、Bかかる憂き目はあらじものを、とてもかくてもながらへはつべき我が身ならねばと思ふも、なかなか心苦し。

(注) 1 鬢の髪——頭の左右の耳の上の髪。
2 薄様——薄く漉《す》いた和紙で、特に鳥《とり》の子《こ》紙と呼ばれる上質の紙。
3 みどり子——幼な子。乳児。
4 籬——竹や柴を粗く編んだ垣根。
5 叡覧——帝がご覧になること。
6 御花揃へ——いろいろな花を揃えて飾る遊び。

問1　傍線部(ア)〜(ウ)の語句の解釈として最も適当なものを、次の各群の①〜⑤のうちから、それぞれ一つずつ選べ。

(ア)　あひかまへてあひかまへて
① あまりにひどく
② 何度も何度も
③ お互いにいつも
④ 必ず心して
⑤ けっしてけっして

(イ)　さらに見えざれば
① 少しだけでも見たいので
② まったく現れないので
③ ぜんぜん知らないので
④ あらためて逢《あ》いたいので
⑤ 二度と会えないので

(ウ)　げにことわり
① ほんとうにもっともなこと
② とても見ていられない状態
③ なるほど信じられないこと
④ 聞いていたとおりの様子
⑤ 断るまでもないこと

問2　次に示すのは、授業で本文を読んだ後の、話し合いの様子である。これを読んで、後の(i)〜(iii)の問いに答えよ。

教　師——本文の傍線部Aの内容をより深く理解するために、次の文章を読んでみましょう。これは、『大和《やまと》物語』の一節です。

在中将《ざいちゆうじやう》に、后《きさい》の宮より菊を召しければ、奉りけるついでに、
植ゑし植ゑば秋なき時や咲かざらむ花こそ散らめ根さへ枯れめや
と書いつけて奉りける。

教　師——この一節の、在中将は在原業平《ありわらのなりひら》、后の宮は、藤原高子《ふじわらのたかいこ》です。二人は若い頃に情熱的な恋をしたことが、この『大和物語』や、同じ歌物語の『伊勢《いせ》物語』からわかります。

生徒A——この和歌は文法的に難しいところがいろいろとあって、よくわかりません。

生徒B——そこで、この和歌の文法でわかっているところについて、次のように【ノート】を作ってみました。

【ノート】

・「植ゑ」…二つともワ行下二段活用の動詞で、未然形と連用形の二つの可能性がある。
・「ば」……未然形か已然形に接続する接続助詞で、「植ゑ」が未然形と連用形の二つの可能性しかないので、未然形について順接の仮定条件を表していると判断できる。
・「ざら」…打消の助動詞の未然形。
・「さへ」…副助詞で添加の意味。

生徒B――わかるのはここまでで、これ以上はわかりません。

教　師――それ以外にも、この和歌の文法について、たとえば X といったものが挙げられます。

生徒C――ここまでわかった文法事項に沿って、『大和物語』の和歌を解釈してみても、「秋なき時や咲かざらむ」の部分がよくわかりません。

教　師――そうですね。ここはちょっと難しいですね。「秋なき時や咲かざらむ」の「や」は疑問・反語の係助詞ですから、疑問の意味で逐語訳すると、「秋がない時は咲かないだろうか」となりますが、四句の「花こそ散らめ」以降とうまくかみ合わないですね。一方、反語の意味で逐語訳すると、「秋がない時は咲かないだろうか、いや、咲くだろう」となります。これは「秋がない時でもいつも咲く」ということを言っているのですが、秋のない時はないのですから、「秋は必ず訪れるのだから、その時には必ず咲くだろう」ということになります。そう考えると、和歌全体の意味は、 Y ということになりますね。

生徒A――だとすると、傍線部Aに「今身の上に知られたり」とあるのは、この和歌で表現されている内容が、まさに今の姫君自身の心情であるということなんですね。ということは、今の姫君は Z という心情だとわかります。

教師――よい学習ができましたね。こういった古歌の一部を引用して、より豊かに心情を表現する手法を引き歌といいます。覚えておきましょう。

(i) 空欄 X に入る説明として**適当でないもの**を、次の①～④のうちから一つ選べ。

① 「し」は、過去の助動詞「き」の連体形である
② 「時や」の「や」は、反語の係助詞で、推量の助動詞「む」が結びである
③ 「こそ」の結びは推量の助動詞「む」の已然形の「め」だが、そこで終了せずに、逆接の意味で下に続いている
④ 「枯れめや」の「や」は、反語の意味の係助詞である

(ii) 空欄 Y に入る最も適当なものを、次の①～④のうちから一つ選べ。

① 精魂込めて植えたのなら、冬になって花も根もすべて枯れてしまったとしても、毎年巡ってくる秋にはまた必ず咲いてくれるだろう
② 何度も何度も植え直したのだから、たとえ今年は咲かなかったとしても、枯れ残った根は、来年の秋には必ず花を咲かせてくれるだろう
③ しっかりと植えるならば、冬になって花は枯れても、根までも枯れることはないだろうから、秋

にはまた必ず美しく咲いてくれるだろう

④ きちんと植えないと、今年の秋は花が咲くだろうが、冬になると根までも枯れてしまって、来年はきっと花を咲かせてはくれないだろう

(iii) 空欄 Z に入る最も適当なものを、次の①〜④のうちから一つ選べ。

① 美しい菊として少将が永遠に生き続けることがわかってうれしい
② 少将が菊の精として命をまっとうできたことだけが唯一の救いだ
③ 菊が枯れるように少将が死んでしまった悲しみは癒えようがない
④ 少将が菊の精だとわかっても恋い慕う気持ちは永遠に変わらない

問3 傍線部B「かかる憂き目はあらじものを、とてもかくてもながらへはつべき我が身ならねば」の語句や表現に関する説明として最も適当なものを、次の①〜⑤のうちから一つ選べ。

① 「かかる憂き目」は、少将と二度と逢えなくなるというつらい経験を表している。
② 「あらじもの」は、今まで経験したことがないほどの出来事を表している。
③ 「とてもかくても」は、少将と過ごした楽しい日々があれこれ思い出されていたたまれない姫君の気持ちを表している。
④ 「ながらへはつべき」は、少将が生き長らえるはずだったとあきらめきれない姫君の気持ちを表している。
⑤ 「我が身ならねば」は、少将と結ばれない宿縁にあったことを姫君自身が悟ったことを表している。

問4　本文の登場人物に関する説明として最も適当なものを、次の①～⑤のうちから一つ選べ。

①　少将は、今度生まれてくる子どもは私の生まれ変わりなので、大切に育ててほしいと言った。

②　中納言は、帝の要請を断ることもできないので、夜も更けたころに姫君が愛する菊を献上した。

③　帝は、献上した菊がどれもこれも美しいので、花揃えの実施を中納言に任せたことに大変満足した。

④　少将は、匂いだけを姫君のもとに残しておくことしかできないむなしさを嘆く和歌を詠んでいた。

⑤　姫君は、少将が菊の精であることを明かしても最後まで信じることはできなかった。

《解答解説82ページ》

第14問　次の文章は、藤原道長《みちなが》の妻である倫子《りんし》に仕えた女房の私家集『赤染衛門集《あかぞめえもん》』の一節である。これを読んで、後の問い（問1～6）に答えよ。（配点　45）

春、a門の方を見出《い》だしたれば、(注1)実成《さねなり》の兵衛督《ひやうゑのかみ》下りて立ち給《たま》へるを、思ひがけぬ心地して、「A梅の立ち枝《え》や(注2)」と書きてたてまつりたりしかば、b「うち笑《ゑ》みてなむおはしぬる」とありし後、ほど経て、殿に帰り入りたりしかば、(注3)弁の内侍《ないし》参りあひて、「兵衛督なむ『かかることのありしを、その歌知らざりしかば、cものも言はでなむやみにし。後に人に問ひてなむ聞きし。dさばかりの恥なむなかりし。会ふことあらば、(ア)かくなむわぶるとだに語れ』となむのたまひし」と言ふを、(注4)殿の御前《おまへ》聞かせ給ひて、eいみじく笑はせ給ひき。

(イ)さてまかでて二日ばかりありて、B師走《しはす》のうちに節分《せちぶん》したりし朝に、弁の内侍に、「(ウ)一夜《ひとよ》の御物語りこそ思ひ出でらるれ」とて、

Ⅰ　たよりあらば来ても見よとやかすめまし今朝春めける梅の立ち枝を

殿の御前御覧じて、みづから仰《おほ》せられたる、

Ⅱ　春ごとに来ても見よといふけしきあらば霞《かすみ》をわけて花もたづねむ

立ち返り参らす。

Ⅲ　まことにやたづぬる折はありけると待ちこころみむ花の散るまで

（注）1　実成の兵衛督――藤原実成。
2　立ち枝――高く伸びた枝。
3　弁の内侍――藤原道長家の女房の一人で、実成と親しい間柄であった。
4　殿の御前――藤原道長。

問1　次に掲げるのは、傍線部A「梅の立ち枝や」に関して、生徒と教師が交わした授業中の会話である。会話中にあらわれる平兼盛《たいらのかねもり》の和歌や、それを踏まえる傍線部「梅の立ち枝や」の説明として、会話の後に六人の生徒から出された発言①～⑥のうちから、適当なものを二つ選べ。

教師　この話の中の「梅の立ち枝や」の部分は、ちょっとわかりにくいよね。誰か、わかる人はいるかな。
生徒　何か有名な作品の引用なんじゃないですか。
教師　なかなか鋭いな。そのとおり、これは有名な和歌の一部なんだよ。有名な和歌の一部を本文に引用して、その和歌の持つイメージを読者に連想させようとする技法だね。そういうのをなんて言うか知ってるかい。
生徒　あっ、前に教えてもらった「引き歌」ですね。
教師　おお、えらい。よく覚えていたね。それではその和歌を黒板に書くから、和歌と本文の「梅の立ち枝や」の関係について、みんなで話し合ってごらん。

我が宿の梅の立ち枝や見えつらむ思ひのほかに君が来ませる
（『拾遺《しゅうい》和歌集』巻第一　春　平兼盛）

①　生徒Ａ——兼盛の和歌は、自分の家の門の側にある梅の花が美しく咲いたら、その立ち枝を見つけて、きっと意外な訪問客も訪ねて来るだろうと期待して、梅の咲くのを心待ちにしているっていう意味だよね。

②　生徒Ｂ——そうじゃなくて、もうとっくに梅は咲いているんじゃないのかな。思いがけないお客さんがあったので、きっと自分の家の梅の立ち枝が見えたから訪ねて来たのではないだろうかと言ってるんだと思うけどなあ。

③　生徒Ｃ——僕はＡさんの解釈でいいと思うよ。兼盛と同じように、赤染衛門も自分の家の梅の花が咲くのを待っていたから、兵衛督が門の側《そば》に立っていたのに気づいて、やっぱり思いがけない来訪者があったんだと喜んでいるんだよ。

④　生徒Ｄ——私も和歌の解釈はＡさんに賛成だけど、赤染衛門が「梅の立ち枝や」の手紙を渡したのは、兵衛督もこの和歌を知っていてわざわざ訪ねて来たんだろうということを、確かめたかったんじゃないのかな。

⑤　生徒Ｅ——僕はＢさんの解釈の方が自然だと思うな。「や〜らむ」と疑問文になっているのは、とつぜん兵衛督が訪ねて来て門の外に立っているので、その理由を赤染衛門は想像しているんだと思うよ。

⑥　生徒Ｆ——そうね、私もＢさんに一票かな。赤染衛門は「梅の立ち枝や」と和歌の一部を示して、あなたは知らないだろうけど、こんな古歌があるのよということで、兵衛督をからかっているんじゃないかしら。

問2　波線部a～eについて、語句と表現に関する説明として最も適当なものを、次の①～⑤のうちから一つ選べ。

① a「門の方を見出だしたれば」は、「見出だし」が外から内側を見ることの意味であり、邸《やしき》の中の庭にたたずむ実成の姿を赤染衛門が見たことを表している。

② b「うち笑みてなむおはしぬる」は、「おはし」が尊敬語であり、赤染衛門から実成への敬意を表している。

③ c「ものも言はでなむやみにし」は、「もの言はで」が「何も言わないで」の意味であり、実成が赤染衛門の口ずさんだ古歌を知らなかったため何も言えなかったことを表している。

④ d「さばかりの恥なむなかりし」は、「さばかりの恥」が「それほどの恥」の意味であり、後になって、赤染衛門自身に古歌のことを聞いてしまったことを「恥」と表現している。

⑤ e「いみじく笑はせ給ひき」は、「せ」が使役の助動詞で、殿の御前が実成の失敗談を聞いてあまりの面白さに周りの女房にも話して笑わせたことを表している。

問3　傍線部(ア)～(ウ)の語句の解釈として最も適当なものを、次の各群の①～⑤のうちから、それぞれ一つずつ選べ。

(ア)　かくなむわぶるとだに語れ
①　せめてこのように嘆くとだけでも語ってくれ
②　その上このように困っているとまで語ってくれ
③　ますますこのように悲しんでいるとさえ語ってくれ
④　少なくともこのように怒っているということだけは語ってくれ
⑤　かならずこのように謝っているばかりだと語ってくれ

(イ)　まかでて
①　宮中に参上して
②　道長邸に出仕して
③　宮中から戻って
④　実家に退出して
⑤　実成邸に出向いて

(ウ)　一夜
①　終夜
②　夜中
③　先夜
④　夜半
⑤　昨夜

問4　傍線部B「師走のうちに節分したりし」と同じ状況を詠んだ和歌として最も適当なものを、次の①～⑤のうちから一つ選べ。
①　昨日といひ今日と暮らして明日香川《あすかがは》流れて早き月日なりけり
②　年のうちに春は来にけり一年《ひととせ》を去年《こぞ》とやいはむ今年とやいはむ
③　明日からは若菜摘《つ》まむとしめし野に昨日も今日も雪は降りつつ
④　年暮れて遠ざかり行く春しもぞ一夜《ひとよ》ばかりにへだてきにける

⑤　年のうちに積もれる罪はかきくらしふる白雪とともに消えなむ

問5　本文中のⅠ～Ⅲの和歌についての説明として最も適当なものを、次の①～⑤のうちから一つ選べ。

①　Ⅰの和歌は、「あらば～まし」という形をとって反実仮想の構文となっている。

②　Ⅰの和歌は、「かすめ」は「霞《かす》め」と「ほのめかす」の意味の「掠《かす》め」との掛詞である。

③　Ⅱの和歌は、Ⅰの歌に応えて、梅の咲く美しい風景を一緒に見に出かけようと誘っている。

④　Ⅱ・Ⅲの和歌は、「花」が比喩的に赤染衛門のことを表している。

⑤　Ⅲの和歌は、あなたの気持ちが本心かどうかわからないと、相手の愛情を疑っている。

問6　本文の内容と合致するものを、次の①～⑤のうちから一つ選べ。

①　実成は赤染衛門から贈られた言葉のもととなる和歌を知ってはいたが、返歌が詠めず恥をかいた。

②　実成が赤染衛門の家の前に立った時からの一連の出来事は、二日ほどの間に起きたことである。

③　弁の内侍は赤染衛門の実成にとった軽率な行為に対してひどく非難している。

④　道長がたいそう笑ったのは、実成が自分の無知を隠そうとする態度をとったからである。

⑤　道長は気軽に和歌を贈るほど、女房の赤染衛門とうちとけた間柄である。

《解答解説90ページ》

第15問

次の文章は『うつほ物語』「俊蔭《としかげ》」の一節である。太政大臣の息子の若小君《わかこぎみ》は、父と一緒に京都郊外にある賀茂《かも》神社に参詣したが、行く途中で荒廃した邸に住む美しい女を見かけて気になっていた。本文は、若小君が賀茂神社からの帰途、その邸を訪れた場面から始まる。これを読んで、後の問い（問1～5）に答えよ。（配点　45）

若小君、家の、秋の空静かなるに、見めぐりて見給《たま》へば、野ら藪《やぶ》(注1)のごとおそろしげなるものから、(ア)心ありし人の急ぐことなくて、心に入れて造りしところなれば、木立《こだち》よりはじめて水の流れたるさま、草木の姿など、をかしく見どころあり。蓬《よもぎ》、葎《むぐら》の中より秋の花はつかに咲き出《い》でて、池広きに月おもしろく映れり。おそろしきこともおぼえず、おもしろきところを分け入りて見給ふ。秋風、河原風(注2)まじりてはやく、草むらに虫の声乱れて聞こゆ。月、(イ)くまなうあはれなり。人の声聞こえず。かかるところに住むらむ人を思ひやりて、ひとりごとに、

A　虫だにもあまた声せぬ浅茅生《あさぢふ》(注3)にひとり住むらむ人をこそ思へ

とて、深き草を分け入り給ひて、屋《や》のもとに立ち寄り給へれど、人も見えず。ただ薄《すすき》のみいとおもしろくて招く。くまなう見ゆれば、なほ近く寄り給ふ。

東面《ひんがしおもて》の格子《かうし》(注4)一間《ひとま》あげて、琴をみそかに弾く人あり。立ち寄り給へば、入りぬ。「飽かなくにまだきも月の」

などのたまひて、簀子《すのこ》(注5)のはしにゐ給ひて、「かかる住居《すまゐ》し給ふはたれぞ。名乗りし給へ」などのたまへど、いらへもせず。内暗《うちぐら》なれば、入りにし方《かた》も見えず。月やうやう入りて、

B　立ち寄るとみるみる月の入りぬれば影を頼みし人ぞわびしき

また、

C　入りぬれば影も残らぬ山の端《は》に宿まどはして嘆く旅人

などのたまひて、かの人の入りにし方に入れば、塗籠《ぬりごめ》(注6)あり。そこにゐて、もののたまへど、(ウ)をさをさいらへもせず。若小君、「あなおそろし。音(注7)し給へ」とのたまふ。X「おぼろけにてはかく参り来なむや」などのたまへば、けはひなつかしう、童《わらは》(注8)にもあれば、少しあなづらはしくやおぼえけむ、

D　かげろふのあるかなきかにほのめきてあるはありとも思はざらなむ

Yとほのかにいふ声、いみじうをかしう聞こゆ。

(注)　1　野ら藪——野原にある藪のことであるが、ここでは荒れ果てた庭をたとえている。
2　河原風——河原から吹いてくる風のこと。この邸は賀茂川に近かった。
3　浅茅生——背丈が低い茅《ちがや》が生えていること。茅はイネ科の多年草。荒廃した家を象徴する表現。
4　格子——部屋の外と内を仕切る建具のこと。
5　簀子——建物の外周にある板張りの縁側のこと。
6　塗籠——周囲を壁で塗り込めた部屋。

7　音し給へ――何かおっしゃってください。

8　童――元服前の童姿のこと。

問1　傍線部(ア)～(ウ)の語句の解釈として最も適当なものを、次の各群の①～⑤のうちから、それぞれ一つずつ選べ。

(ア)　心ありし人

①　庭に思い入れのあった人
②　造園に心得のあった人
③　風流心のあった人
④　思慮分別のあった人
⑤　思いやりのあった人

(イ)　くまなう

①　陰りもなく
②　霞《かす》んでいて
③　冴《さ》えわたって
④　真っ暗で
⑤　すみずみまで

(ウ) をさをさいらへもせず

① 静まりかえって何も聞こえない
② 少しも返事もしない
③ きちんと受け答えもできない
④ しっかりした返答はない
⑤ まったく話しかけてこない

問2 A～Dの和歌に関する説明として**適当でないもの**を、次の①～⑤のうちから一つ選べ。

① Aの「虫だにもあまた声せぬ」には、人がまったく訪れないうらさびしいこの邸《やしき》の状況をより際立たせる表現効果がある。

② Bの「月」は女を、「影」は女の姿を、「人」は若小君を喩《たと》えている。

③ Cの「宿まどはして嘆く旅人」には、女がいなくなって途方にくれて嘆いている若小君の気持ちが込められている。

④ Dの「かげろふのあるかなきかにほのめきて」は、訪れる人もない荒れた女の邸で、一人わびしく暮らしている状況を表している。

⑤ A～Dの中で、縁語・掛詞が用いられている和歌はない。

問3　傍線部X「おぼろけにてはかく参り来なむや」に関する説明として最も適当なものを、次の①～⑤のうちから一つ選べ。

①　この発言は、女のものであり、若小君への誘いの気持ちを表している。
②「おぼろけに」は、「並々でない」の意味であり、女への思いの強さを表している。
③「参り来なむや」の「む」は勧誘の意味であり、相手への思いやりの気持ちを表している。
④「参り来なむや」の「や」は反語の意味であり、それによって、若小君自身の気持ちの強さを表している。
⑤「参り」は謙譲の補助動詞で、若小君からの女に対する敬意を表している。

問4　傍線部Y「ほのかにいふ」とあるが、なぜ女は、若小君に返事をすることにしたと考えられるか。その理由の説明として最も適当なものを、次の①～⑤のうちから一つ選べ。

①　若小君の振る舞いにどこか懐かしく感じられるところがあり、この人なら昔のことをも語り合えるかもしれないと思ったから。
②　若小君はまだ元服をしていないことがわかり、少々小馬鹿にした対応を取っても相手はどうすることもできないだろうと思ったから。
③　若小君の様子に心引かれるものがあり、若小君が元服前の童姿でもあるので、少しは心をゆるして対応してもよいと思ったから。
④　若小君は荒廃した邸を怖がるような子どもっぽいところがあるので、ここで和歌を詠んだところで恋愛にまでは発展しないと思ったから。

⑤　若小君は元服前にもかかわらず、和歌を詠むなど貴族としての資質がありそうなので、ここで返歌しなければ、貴族の作法に反すると思ったから。

問5　次に掲げるのは、二重傍線部「飽かなくにまだきも月の」に関して、生徒と教師が交わした授業中の会話である。会話中にあらわれる『古今和歌集』の和歌や、それを踏まえる二重傍線部「飽かなくにまだきも月の」の解釈として、会話の後に六人の生徒から出された発言①～⑥のうち、適当なものを二つ選べ。

生徒　先生、この「飽かなくにまだきも月の」という部分なんですけど、現代語に訳しただけでは意味がわからないんです。どう考えたらいいですか。

教師　それは、

　　飽かなくにまだきも月の隠るるか山の端逃げて入れずもあらなむ

という『古今和歌集』の和歌に基づく表現だから、この和歌を知らないとわかりにくかっただろうね。古文には「引き歌」といって、有名な和歌の一部を引用して、人物の心情を豊かに表現する技法があるんだよ。

生徒　そんな技法があるなんて知りませんでした。和歌についての知識が必要なんですね。

教師　この和歌は在原業平《ありわらのなりひら》が詠んだものだけれど、詠まれた経緯については、和歌の右側に、

　　惟喬《これたかの》親王《みこ》の狩りしける供《とも》にまかりて、宿《やど》りに帰りて、夜一夜《よひとよ》酒を飲み物語をしけるに、十一日の月も隠れなむとしける折に、親王酔ひて内へ入りなむとしければ、よみ侍りける。

と、書かれているよ。この文章の「宿り」というのは、狩に出た時に泊る宿のことで、「内」は奥

にある部屋のことだよ。

生徒　そこまでわかると、若小君とのつながりも見えてくる気がします。

教師　それでは、板書しておくから、和歌が詠まれた状況も踏まえて、在原業平の和歌と『うつほ物語』の若小君の言葉、それぞれについてみんなで意見を出し合ってごらん。

①　生徒A――在原業平は、お酒に酔った親王が奥の部屋に入ろうとしたので、この和歌を詠んだんだね。その場から去ろうとする親王を「山の端」に喩《たと》え、山の端に入ろうとする「月」を自分に喩えて、願望の終助詞「なむ」で、私も一緒に部屋に入りたい気持ちを表している。つまり、いつまでも一緒にいたいと親王を慕う業平の心情がよく表れているよ。

②　生徒B――そうかなあ。この和歌は、「月」を親王に喩えているんじゃないかなあ。まだまだ見ていたい月が山の端に沈まないために山の端に逃げてほしいと沈む月を惜しむ気持ちを詠みながら、奥の部屋に入ろうとする親王を引き止めているんだと思う。

③　生徒C――私はAさんの意見がいいと思う。月が山の端に沈まないために、山の端に逃げてほしいなんて荒唐無稽《こうとうむけい》なことを詠むはずがないよ。親王が奥の部屋に入ろうとしたように、女が奥に入ったのだから、比喩関係も間違いないよ。その後、若小君も中に入っているじゃないか。まさにこの和歌を引用することで、女の後を追って若小君も中に入りたい気持ちを表したんだ。

④　生徒D――私は、「山の端」が親王の比喩であることはAさんと同じだけど、解釈はAさんとは違うな。親王を「山の端」に喩えて、親王にこの場から逃げて部屋の中に入らないでほしいと詠んでいるんだと思う。だって願望の終助詞「なむ」は、自分がしたいのでなく、相手にお願いする意味なんだよ。だから、『うつほ物語』でも引き歌によって、女に対して、中に入らないで聞き足りない

琴をここで弾いてほしいという若小君の気持ちが読み取れるよ。

⑤ 生徒E――私は和歌の比喩の関係はBさんでいいと思うけど、解釈は少し違うな。願望の終助詞「なむ」の意味は、Dさんが正しいと思う。だから、「月」、つまり、親王に出て来てほしいと思っているんだ。『うつほ物語』でも、若小君はすぐには中に入っていないよ。簀子の端に座って女に呼びかけても返事をしないから、仕方なく中に入ったんだ。引き歌をした時点では、女に出て来てほしい気持ちを表しているんだ。

⑥ 生徒F――いや、和歌の解釈はBさんのほうが正しいと思うよ。でも、親王が中に入ろうとした時に詠んだ歌を、若小君は女が中に入ってしまってから思いおこしているという違いは大きいよ。つまり、『伊勢物語』では、親王が中に入るのを引き止めようとしているけど、『うつほ物語』では、引き歌によって、まだ十分会って話もしていないので中に入ってほしくないのにと、入ったことを残念がる気持ちが表現されているんだよ。

《解答解説98ページ》

第16問　次の【文章Ⅰ】【文章Ⅱ】は、いずれも平安時代の歌人僧正遍昭《そうじょうへんじょう》（良少将《りょうしょうしょう》・良岑宗貞《よしみねのむねさだ》）についての逸話である。これらを読んで、後の問い（問1〜6）に答えよ。（配点　45）

【文章Ⅰ】

かくて世にも(ア)労《らう》ある者に覚え、仕うまつる帝《みかど》、かぎりなくおぼされてあるほどに、この帝、うせ給《たま》ひぬ。御葬《おほんはうぶり》の夜、御供に皆人仕うまつりける中に、その夜より、aこの良少将うせにけり。友だち、妻《め》も「いかならむ」とて、しばしはここかしこ求むれども、音《おと》耳にも聞こえず。この少将は法師になりて、蓑《みの》ひとつをうち着て、世間世界を行ひありきて、初瀬《はつせ》（注1）の御寺に行ふほどになむありける。局《つぼね》（注2）近うゐて行へば、この女、導師《だうし》（注3）にいふやう、「この人Aかくなりにたるを、生きて世にあるものならば、今一たびあひ見せ給へ。身を投げて死にたるものならば、その道成し給へ。さてなむ死にたりとも、この人のあらむやうを夢にてもうつつにても聞き見せ給へ」といひて、わが装束《さうぞく》・上下《かみしも》・帯《おび》・太刀《たち》までみな誦経《ずきやう》（注4）にしけり。みづからも申しもやらず泣きけり。初めは「何人の詣《まう》でたるならむ」と聞きゐたるに、わが上《うへ》をBかく申しつつ、わが装束などをかく誦経にするを見るに、心も肝《きも》もなく悲しきことものに似ず。b「走りや出《い》でなまし」と千《ち》たび思ひけれど、思ひ返し思ひ返しゐて夜一夜泣き明かしけり。わが妻子《めこ》どもの、泣く泣く申す声どもも聞こゆ。いみじき心地しけり。されど念じて泣き明かして朝《あした》に見れば、蓑《みの》も何も、涙のかかりたるところは、血の涙にてなむありける。「いみじう泣けば、血の涙といふものはあるものになむありける」とぞいひける。「その折りなむ走りも出でぬべき心地せし」とぞ後にいひける。かかれどなほえ聞かず、御はて(注5)になりぬ。御服《ぶく》脱ぎに、よろづの殿上人《てんじやうびと》、河原に出でたるに、童《わらは》の異様《ことやう》なるなむ、柏《かしは》に書きたる文を持て来たる。とりて見れば、

みな人は花の衣になりぬなり苔《こけ》のたもとよ(イ)かわきだにせよ

とありければ、c この良少将の手に見なしつ。

（『大和物語《やまとものがたり》』による）

【文章Ⅱ】

主《あるじ》に別るるはことに悲しきことにてぞ侍《はべ》りける。されば、「賢人は二君に仕へず」とて、長く世をそむく人多く侍るめり。

深草《ふかくさ》の帝、かくれさせ給ひにければ、良岑宗貞とて、蔵人《くらうど》の頭《とう》なりける人、x やがて法師になりて、笠置《かさぎ》(注6)といふところに、蓑といふものうち敷きて、行ひゐたりけるに、d 人あまた具したりけるもの参りて、数珠《ずず》を一時《ひととき》ばかりすりて、「行く方なく失《う》せにし人に、今一たびあはせ給へ」といふ声を聞けば、わが妻の声に聞きなしてけり。あまりにあはれにて、「ここにあり」と言はまほしかりけれども、かく心弱くては、仏道修行はかなはじと思ひ返して、暁《あかつき》に帰るを見給ひければ、九つになる女子をば先に立て、五つになる男子をば、わが乳母子《めのとご》に帯刀《たちはき》といふ者に抱かせて帰るを見けるに、隠れはつべくも覚えざりけれども、e つひに知られでやみ給ひにけり。さて、残りの公卿《くぎやう》・殿上人は、御はてとて、y 墨染めなど脱ぎ捨てて、色めきわた

るよしを聞きてよめる。

みな人は花の衣になりにけり苔のたもとよかわきだにせよ

さて、(ウ)行ひあがりて、僧正までなり給ひにけり。花山《くわざん》僧正遍昭と申すはこの人の御ことなり。

（『宝物集《ほうぶつしゅう》』による）

（注）1 初瀬の御寺――初瀬にある長谷寺《はせでら》のこと。
2 局――ここでは寺に参詣する人のための部屋。
3 導師――法会・供養などの時、中心となって仏事を行う僧。
4 誦経――読経のための布施。
5 御はて――御喪中の終わり。
6 笠置――京都府笠置町にある笠置寺のこと。

問1　傍線部(ア)～(ウ)の語句の解釈として最も適当なものを、次の各群の①～⑤のうちから、それぞれ一つずつ選べ。

(ア)　労ある者に覚え
① 努力家だという評判で
② 容姿端麗なことは有名で
③ 経験豊かな人と思われ
④ 魅力的な人物だと言われ
⑤ 誰からも好かれる性格で

(イ)　かわきだにせよ
① せめて乾いてくれ
② 乾くことさえしない
③ 涙も涸《か》れてしまうのか
④ ずっと濡《ぬ》れ続けていよ
⑤ いっそ朽ちてしまえばよい

(ウ)　行ひあがりて
① 名僧として世間に知られて
② 善行を積み重ねたことによって
③ ひたすら仏道修行に専念して
④ 修行を積み僧の階級が上がって
⑤ 仏道も歌道も修行を続けて

問2　波線部a〜eについて、語句と表現に関する説明として最も適当なものを、次の①〜⑤のうちから一つ選べ。

① a「この良少将うせにけり」は、「に」が完了の助動詞で、帝が亡くなった後、良少将が突然官職を失ったことを表している。

② b「走りや出でなまし」は、「まし」がためらいの意志の助動詞で、長谷寺に参詣した女が良少将には自分の妻だとわかり、悲しくてすぐにでも走り出て対面しようかとためらう気持ちを表している。

③ c「この良少将の手に見なしつ」は、「見なし」は「判断し」の意味で、柏に書かれた和歌が良少将が手下の童に詠ませたものだと判断したことを表している。

④ d「人あまた具したりけるもの参りて」は、「あまた具し」が「多く引き連れて」の意味で、良少将の妻が笠置で勤行をするために、都から多くの僧を連れてきたことを表している。

⑤ e「つひに知られでやみ給ひにけり」は、「れ」が可能の助動詞で、その和歌を詠んだ僧の正体が最後まで誰にもわからず終わってしまったことを表している。

問3　【文章Ⅰ】の傍線部AとBの「かく」の指示内容の説明として最も適当なものを、次の①〜⑤のうちから一つ選べ。

① AとBとは同じ内容を示しており、「良少将が、帝の亡くなった後、自分たち家族を捨てて行方知れずになっている」ことを表している。

② Aは「良少将が行方知れずになった」こと、Bは「行方知れずの良少将に会わせてほしい、亡くなっ

ているのなら供養し、夢で会わせてほしい」ということを表している。

③ Aは「良少将が、亡くなった帝を供養するために出家した」こと、Bは「もう一度生きている良少将に会わせてほしい」ということを表している。

④ AとBとは同じ内容を示しており、「行方知れずになった良少将を、自分たちのもとに連れ戻してほしい」ということを表している。

⑤ Aは「良少将が帝の後を追うように亡くなった」こと、Bは「亡くなった良少将を供養してほしい」ということを表している。

問4 【文章Ⅱ】の傍線部x「やがて」・y「墨染め」の意味・内容に対応する部分は、【文章Ⅰ】ではそれぞれどのように表現されているか。最も適当なものを、次の各群の①〜⑤のうちから、それぞれ一つずつ選べ。

x やがて
① その夜より
② いかならむ
③ しばしは
④ ここかしこ
⑤ 生きて世にある

y 墨染め
① 蓑
② 法師
③ 装束
④ 帯
⑤ 御服

問5 【文章Ⅰ】と【文章Ⅱ】とでは、内容や構成に差異がある。その説明として適当でないものを、次の①～⑤のうちから一つ選べ。

① 【文章Ⅰ】では、物語の舞台となる場所を、「初瀬の御寺」としているのに対して、【文章Ⅱ】では、主人公の身につけていた「蓑」から連想される「笠置」とすることで、和歌修辞の縁語のようなおもしろさを狙っている。

② 【文章Ⅰ】では、妻が、布施を納める様子などを具体的に記すことによって、夫を失った妻の悲しみが強調され、それを見た主人公の心の葛藤に読者が共感しやすいよう描かれているのに対して、【文章Ⅱ】では、妻の会話や行動が極めて簡略に描かれている。

③ 【文章Ⅰ】では、主人公が翌朝、妻子の流した血の涙の跡を見て、妻子を捨てて出家した自分の罪深さを痛感する様子が描かれているのに対して、【文章Ⅱ】では、悲しみにくれながら妻子が連れ立って帰って行く姿を見送り、主人公が出家の志を新たにする様子が描かれている。

④ 【文章Ⅰ】も【文章Ⅱ】も、喪が明けても、亡き帝を偲《しの》んで悲しみに沈む主人公の和歌が詠まれているが、【文章Ⅰ】ではそれが童を通じて人々に伝えられたとされているのに対して、【文章Ⅱ】にはそのような描写はなく、単に主人公が和歌を詠んだという事実として書かれている。

⑤ 【文章Ⅰ】では、主人公や妻の心情描写を中心に物語が展開しているのに対して、【文章Ⅱ】では、主君との別離を機に出家する人の例として、主人公の生きざまを伝える展開になっている。

問6 【文章Ⅰ】【文章Ⅱ】の作品に関する文学史的な説明として適当でないものを、次の①～⑤のうちから一つ選べ。

① 『大和物語』は、平安時代に成立し、和歌の成立事情や、和歌にまつわる民間伝承などが語られている。

② 『大和物語』は、歌物語に分類され、これと同じジャンルの作品には、『伊勢《いせ》物語』『住吉《すみよし》物語』などがある。

③ 『宝物集』は、鎌倉時代に成立し、京都の嵯峨《さが》にある清涼寺《せいりょうじ》に参籠した作者が、人々から聞き取った話を記した体裁をとっている。

④ 『宝物集』は、仏教説話に分類され、これと同じジャンルの作品には、『発心集』『撰集抄《せんじゅうしょう》』などがある。

⑤ 主人公の僧正遍昭は、『古今和歌集』の「仮名序」にも登場する六歌仙の一人で、小野小町との和歌の贈答が有名である。

《解答解説108ページ》

第17問　次の【文章Ⅰ】と【文章Ⅱ】は、平安時代中期の歌人源頼実《みなもとのよりざね》についての同じ逸話の異伝である。これを読んで、後の問い（問1～5）に答えよ。（配点　45）

【文章Ⅰ】

木の葉散るやどは聞きわくことぞなきしぐれする夜もしぐれせぬ夜も

此《こ》の歌は、源頼実、命にかへたる歌なり。よはひ三十の時、病ことにてしになむとしけるに、「命いくらにても、そのなからをめして秀歌をたまはらむと賀茂《かも》(注1)大明神には祈り申せしに、(ア)させる秀歌もよまでしになむず」といひけるとき、ここに七、八ばかりなるものに大明神つきて、「木の葉散るの歌は、六十まであるべかりつる命を、祈り申せしにまかせて、三十の命をめして、我がよませたるにはあらずや」と託宣し給《たま》ひければ、頼実、「これをえしり候はざりける。いまは(イ)心やすく候ふ。命さらに惜しく候はず」と申して、二、三日ばかりありてしににけり。

（『西行上人談抄《さいぎょうしょうにんだんしょう》』による）

【文章Ⅱ】

頼実の、「人にしらるばかりの歌よませさせたまへ。五年が命にかへむ」と住吉《すみよし》(注2)に申したりければ、「落葉雨の如《ごと》し」といふ題に、

木の葉散るやどは聞きわくことぞなきしぐれする夜もしぐれせぬ夜も

とよみて侍《はべ》りけるを、かならずこれとも思ひよらざりけるにや、病のつきて、dいかむと祈りなどしければ、家に侍りける女に住吉《すみよし》のつき給ひて、e「さる歌よませしは。さればえいくまじ」とのたまひけるにぞ、ひとへに後《のち》(注3)の世の祈りになりにけるとなむ。

（『今鏡《いまかがみ》』による）

（注）1　賀茂大明神――京都市にある上賀茂神社と下鴨神社のこと。

2　住吉――大阪市にある住吉神社のこと。

3　後の世の祈り――来世の安穏、極楽往生を祈ること。

問1　波線部a〜eについて、語句と表現に関する説明として最も適当なものを、次の①〜⑤のうちから一つ選べ。

① a「聞きわくことぞなき」は、「ぞ」が強意の係助詞で、「なき」が結びの語となって、時雨の降る音が聞こえないことを強調して表している。

② b「しになむ」は、「なむ」が願望の終助詞で、三十歳で臨終を迎えることを願っていたという頼実の心情を表してる。

③ c「えしり候はざりける」は、「え」が打消の助動詞「ざり」と呼応して不可能の意味を表す副詞で、願いもしない和歌を神が詠ませたと、頼実が気づくことができなかったことを表している。

④ d「いかむ」は、「いか」が動詞「生か」と「行か」との掛詞で、頼実の都に生きて戻りたいという気持ちを表している。

⑤ e「さる歌よませしは」は、「せ」が使役の助動詞で、住吉の神が、秀歌を詠ませたことを表している。

問2　傍線部(ア)・(イ)の語句の解釈として最も適当なものを、次の各群の①～⑤のうちから、それぞれ一つずつ選べ。

(ア)　させる秀歌
① 今まで知られていない秀歌
② これといった秀歌
③ 評判になるほどの秀歌
④ 誰にも口ずさむことのできない秀歌
⑤ 自分でも納得できる秀歌

(イ)　心やすく候ふ
① つまらないです
② 情けないです
③ 妙な気分です
④ 晴れやかです
⑤ 気が楽です

問3　傍線部A「命いくらにても、そのなからをめして秀歌をたまはらむと賀茂大明神には祈り申せし」について、後の(i)・(ii)の問いに答えよ。

(i)　その内容の説明として最も適当なものを、次の①～⑤のうちから一つ選べ。
① 自分の寿命をいくらでもいいので取り上げて、秀歌をいただきたいと賀茂大明神に祈ったということ。
② 自分の寿命を金銭の代わりに奉納するので、誰かの秀歌を自分に渡してほしいと賀茂大明神に祈っ

たということ。

③ 自分の寿命はどのぐらいかわからないが、その半分を差し出すので、秀歌を詠ませてほしいと賀茂大明神に祈ったということ。

④ 自分の寿命の残り半分を取り上げて、秀歌を自分の代わりに詠んでほしいと賀茂大明神に祈ったということ。

⑤ 自分の寿命の残りはいくらもないので、秀歌を詠むという名誉を手に入れたいと賀茂大明神に祈ったということ。

(ii) このことについて、**【文章Ⅱ】**ではどのように描かれているか。その説明として最も適当なものを、次の①〜⑤のうちから一つ選べ。

① 人に認められるぐらいの秀歌を、寿命の五年分と引き換えに詠ませてほしいと住吉明神に祈ったと描かれている。

② 誰もが認めるほどの秀歌を、寿命の五年分を差し出すので詠んでほしいと住吉明神に祈ったと描かれている。

③ 人に誇れる秀歌を、残っている五年の寿命をすべて献上することで詠ませてほしいと住吉明神に祈ったと描かれている。

④ 誰もが認める秀歌を、残っている五年の寿命と引き換えに詠んでほしいと住吉明神に祈ったと描かれている。

⑤ 人に誇ることのできる秀歌を、寿命の五年分を差し出すので今すぐに詠みたいと住吉明神に祈ったと描かれている。

問4　傍線部B「託宣し」について、後の(i)・(ii)の問いに答えよ。

(i)　賀茂大明神はどのように託宣したか。その説明として最も適当なものを、次の①～⑤のうちから一つ選べ。

①　頼実の家の七、八歳ぐらいの少女に神が憑依《ひょうい》して、「六十歳まで生きられるはずであったが、秀歌を詠むことに気力を尽くしたので、おまえは三十歳になる今年に亡くなるのだ」と託宣した。

②　頼実の家の七、八歳ぐらいの少女に神が憑依して、「六十歳まで生きられる寿命があったのに、秀歌を詠んだため、神が感動しておまえの命をお召しになるのだ」と託宣した。

③　頼実の家の七、八歳ぐらいの少女に神が憑依して、「六十歳まで生きるつもりでいただろうが、寿命の半分を差し出して秀歌を手に入れたので、三十歳で亡くなるのだ」と託宣した。

④　頼実の家の七、八歳ぐらいの少女に神が憑依して、「六十歳までの寿命のうち、残っている寿命の半分をもらったので、これ以上生きることはできないのだ」と託宣した。

⑤　頼実の家の七、八歳ぐらいの少女に神が憑依して、「六十歳までの寿命の半分をもらって秀歌を詠ませたのだから、おまえは三十歳になるこの年に亡くなるのだ」と託宣した。

(ii)　このことについて、【文章Ⅱ】ではどのように描かれているか。その説明として最も適当なものを、次の①～⑤のうちから一つ選べ。

①　頼実の家に仕える侍女に神が憑依して、「秀歌を詠んで与えた代わりに、五年の寿命をもらったので、今その寿命が尽きて亡くなるのだ」と託宣した。

②　頼実の家に仕える侍女に神が憑依して、「おまえは秀歌を詠もうとして、五年分の寿命を削ってしまったのだ」と託宣した。

③　頼実の家に仕える侍女に神が憑依して、「おまえが秀歌を詠んだ対価として、五年の寿命が私には必要なので、寿命がなくなったのだ」と託宣した。

④　頼実の家に仕える侍女に神が憑依して、「おまえに秀歌を詠ませる代わりに、五年分の寿命をもらったので、生きることはできないのだ」と託宣した。

⑤　頼実の家に仕える侍女に神が憑依して、「秀歌を詠ませたことで、もともと五年しかない寿命が尽きたので、ここで死ぬことになるのだ」と託宣した。

問5　【文章Ⅰ】【文章Ⅱ】において、神の託宣を受けた頼実の反応についての説明として最も適当なものを、次の①～⑤のうちから一つ選べ。

①　【文章Ⅰ】では、秀歌を詠んだ後、危篤状態になりつつも、もっと秀歌を詠みたいと願っていた時に、託宣を受け、その願いが傲慢《ごうまん》であることに気づき、諦めて亡くなった。【文章Ⅱ】では、病になり延命の祈りをしていたが、神の託宣を受けて、秀歌を詠んだことが寿命を縮めたと知り、後悔しつつ亡くなってしまった。

②　【文章Ⅰ】では、危篤となった際に、まだ秀歌を詠んでいないことで神を恨んでいたが、託宣を受けて、すでに秀歌を詠んでいたことに気づき、生きることへの執着を捨てて亡くなった。【文章Ⅱ】では、病になり生きるための祈りをしていたが、神の託宣を受けて、秀歌を詠んだ代わりに寿命が尽きたのだと納得して、来世のための祈りをした。

③　【文章Ⅰ】では、秀歌を詠んだにもかかわらず、まだ秀歌をもらっていないと神を罵ったが、託宣を受けて、自分の誤りに気づき、神に謝罪して亡くなった。

【文章Ⅱ】では、病床にあって、秀歌が詠めないままであることに不満を持っていたが、神の託宣を受けて、すでに秀歌を詠んでいたことに納得した。

④【文章Ⅰ】では、重病のため危篤となり秀歌を神から授けられていないことを恨んでいたが、託宣を受けて、秀歌を与えられていることが分かり、納得してそのまま亡くなった。

【文章Ⅱ】では、病気平癒と延命の祈りをしていたが、神の託宣を受けて、寿命が尽きるのは前世の因縁であると思い、来世の安楽を祈ることにした。

⑤【文章Ⅰ】では、秀歌を詠み人々に絶賛された後、重病で危篤になったが、託宣を受けて、神が秀歌を詠ませたことがわかり満足して亡くなった。

【文章Ⅱ】では、重篤の病となり、治療に専念していたが、神の託宣を受けて、秀歌を寿命に変えて詠んだ以上、命が尽きるのも仕方がないと諦めた。

《解答解説116ページ》

第18問　次の文章は、鎌倉時代初期に成立した擬古物語『松浦宮物語《まつらのみや》』の一節である。主人公の橘氏忠《たちばなのうじただ》（本文では「君」）は、幼い頃から神奈備《かんなび》の皇女《みこ》に対して恋心を抱いていた。以下は、宮中で九月の菊の宴《うたげ》が行われ、氏忠が恋する皇女に逢《あ》える機会をうかがっている場面から始まる。これを読んで、後の問い（問1〜5）に答えよ。（配点　45）

いづれ(注1)もいと若きうちに、(ア)世づきたる心もなければ、晴るけやるかたなくて過ぎつるを、九月、菊の宴果てて、夕べに人々まかで散るに、「なほさりぬべきひまもや」と、宮(注2)に参りて気色《けしき》をとるに、宮も御前の枯野御覧ずとて、端近うおはしますほどなりけり。

むつましく参り慣れ給《たま》ふ君なれば、ふとも入りたまはず。御琵琶《びは》をわざとならずかきならしつつおはします気配しるきに、いとど心騒ぎして、階《はし》(注3)の間《ま》にゐぬれば、二の間にゐたる女王(注4)の君、「菊の宴はて侍《はべ》りぬや。思ひかけぬほどをいかで」といふ。ただかくなむ。

A　おほみやの庭の白菊秋を経てうつろふ心人知らむかも

(イ)えならぬ一枝を持たりければ、あたれる間の簾《す》の下にさし入るるを、Bめざましう見たまふ。神奈備の皇女、

秋を経てうつろひぬともあだ人の袖かけめやも宮の白菊

ほのかにのたまひまぎらはせる御気配の、(ウ)いみじうなつかしきに、いとどえたちさらず、笛を吹きすさびて、

高欄によりゐたるさまかたち、皇女たちにても、え心強かるまじうぞあるや。C 紫苑《しをん》(注5)の直衣《なほし》・竜胆《りうたん》(注6)の指貫《さしぬき》、吾亦紅《われもかう》(注7)のしみ深きし一襲《ひとかさね》、太刀《たち》佩《は》きたるは、わざとなりつらむ日のよそひも、えかばかりならずやとぞ見ゆる。

（注）1　いづれ――橘氏忠と神奈備の皇女のこと。
2　宮――神奈備の皇女の母である先帝の后《きさき》（后宮《きさいのみや》）の御殿。後出の「宮」もこれを指す。
3　階の間――「階隠《はしかくし》の間」のことで、階段を昇り、簀子《すのこ》を通って廂《ひさし》に入るところ。
4　女王の君――后宮に仕える女房の一人。
5　紫苑――秋に薄紫色の花を咲かせる植物。ここでは、後出の「竜胆」「吾亦紅」と同様の襲の色目の一つ。
6　竜胆――秋に薄い青紫色の花を咲かせる植物。
7　吾亦紅――晩秋に深い紅紫色の花が咲き、染料としても使用される植物。

問1　傍線部(ア)～(ウ)の語句の解釈として最も適当なものを、次の各群の①～⑤のうちから、それぞれ一つずつ選べ。

(ア)　世づきたる心
①　社会情勢に精通している心
②　周りの状況がわかっている心
③　男女の情を理解している心
④　相手を思いやる心
⑤　冷静に物事を判断する心

(イ) えならぬ一枝

① なんとも言えないほど美しい一枝
② ほうっておけないほど可憐《かれん》な一枝
③ なかなか実らないような無風流な一枝
④ 枯れかけて色変わりしている一枝
⑤ 今まさに咲き誇っている色鮮やかな一枝

(ウ) いみじうなつかしきに

① たいそう奥ゆかしいので
② とてもさりげないので
③ けっして見捨てることなどできずに
④ つい昔のことが思い出されて
⑤ はなはだしく心ひかれるので

問2 二重傍線部「『なほさりぬべきひまもや』と、宮に参りて気色をとるに」の語句や表現に関する説明として最も適当なものを、次の①～⑤のうちから一つ選べ。

① 「なほ」は「よりいっそう」の意味の副詞で、皇女と宮中で逢えることをますます期待する氏忠の心情が表れている。
② 「さりぬべきひま」は「ふさわしい機会」の意味で、幼い頃から恋しく思う皇女に逢える機会を期待する氏忠の思いが表れている。
③ 「さり」は「去り」の意味で、皇女がすぐにその場を去ってしまうにちがいないことを心配する氏忠の思いが表れている。

④ 「ひまもや」の「や」は反語を表す係助詞で、皇女に逢える機会などあるはずがないと思う一方で弱気になっている氏忠の悲嘆が表れている。
⑤ 「気色をとる」は、「様子をうかがう」の意味で、皇女の母である后宮の監視からのがれる機会を氏忠がうかがっている様子が表れている。

問3 傍線部Aの和歌の解釈として最も適当なものを、次の①～⑤のうちから一つ選べ。
① 宮中の庭の白菊が秋を過ぎて枯れてゆくように、私の恋心をあなたが受け止めてくれないのでこのまま飽きが生じてしまうのではないか。
② 宮中の庭の白菊が秋になって色変わりするように、私はあなたへの恋心に初めて気づいてしまったのでその思いを今伝えよう。
③ 宮中の庭の白菊が秋を経て枯れて散るように、あなたに飽きて他の女性に心が移ってしまいそうなことをわかってほしい。
④ 宮中の庭の白菊が秋の終わりになって色づくように、あなたへの恋しい思いに染まった私の心をあなたは知っているのだろうか。
⑤ 宮中の庭の白菊が秋を過ごして色あせるように、秘《ひそ》かに抱いたあなたへの恋心が薄れていくことを誰も知らないことだろう。

問4　傍線部B「めざましう見たまふ」について、後の(i)・(ii)の問いに答えよ。

(i)　ここに見られる皇女の心情について、和歌を踏まえた説明として最も適当なものを、次の①～⑤のうちから一つ選べ。

①　氏忠が唐突に簾《すだれ》の下から自分への恋心を伝える和歌を差し入れたことに対して「思いがけない」と驚きつつも、氏忠が「あだ人」つまり「浮気な人」だという評判を知っているので、「袖かけめやも（袖をかけて白菊の枝を送ってくることよ）」と、氏忠の思いはどうせ一時的な戯れだろうと聞き流そうとしている。

②　幼い頃から親しくしていた氏忠が、自分に対する恋心を表明したことに対して「心外だ」とあきれ、氏忠のそのようなふるまいは「あだ人」つまり「軽薄な人」のすることだと諭しつつ、幼なじみの自分に「袖かけめやも（袖をかけて白菊の枝を手折ってよいのか）」と、氏忠の態度を非難している。

③　臣下の立場にある氏忠が唐突に皇女に恋心を伝えてきたことに対して「気にくわない」と感じたため、氏忠のことを「あだ人」つまり「不誠実な人」だと評価し、そんな人が「袖かけめやも（袖をかけて白菊の枝を折ってよいものか、いや、よくない）」と、氏忠の思いを拒絶しようとしている。

④　幼なじみとはいえ今は立場も大きく違っているのに、氏忠が抑えきれない恋心を表明した和歌を送ってきたことに対して「いじらしい」とは思いつつも、それは「あだ人」つまり「身の程知らずな人」の態度だと評し、「袖かけめやも（袖をかけて白菊の枝を手折るべきではない）」と、氏忠の分別のなさをたしなめている。

⑤　氏忠が皇女の居る部屋の簾の下から白菊の枝に添えて恋心を詠んだ和歌を差し入れたことに対して「風流だ」と思い、その態度をいかにも「あだ人」つまり「風流な人」のすることだと感心しつつ、

としている。

「袖かけめやも（袖をかけて白菊の枝を送ってくるなんて）」と、氏忠の思いを喜んで受け入れよう

(ii) 「めざましう」は、ある異本では「あさましう」となっている。その場合の皇女の心情の説明として最も適当なものを、次の①〜⑤のうちから一つ選べ。

① 突然、簾の下から差し入れられた氏忠の求愛の和歌に、「驚きあきれたことだ」と動揺する心情。
② 氏忠のぶしつけな恋歌の送り方に、「不作法で見苦しい」と腹を立てる心情。
③ 美しい菊の枝に添えられた氏忠の恋歌の送り方を、「風流だ」と感心する心情。
④ 母后の監視をかいくぐって氏忠が恋歌を送ってきたことを、「不思議だ」いぶかる心情。
⑤ 皇女に対して恋歌を堂々と送ってくる氏忠のことを、「恥知らずだ」と憤る心情。

問5　傍線部C「皇女たちにても、え心強かるまじうぞあるや」の説明として最も適当なものを、次の①～⑤のうちから一つ選べ。

① 華やかな皇女たちも、氏忠に振り向いてもらいたいという希望を持つことができそうもないほどに、氏忠の態度があまりにも生真面目であるということ。

② 皇女たちが、氏忠にぜひとも自分の部屋に立ち寄ってほしいと強く願っても、氏忠の心は他の女性に向いていることが明らかだということ。

③ どんなに美しい皇女たちも、氏忠が興味を抱く対象にはならないほど、氏忠の神奈備の皇女への愛情が深く、ゆるがないものだということ。

④ 高貴な皇女たちも、氏忠に心ひかれまいとかたくなな気持ちではいられないほどに、氏忠の姿がすばらしく魅力的であるということ。

⑤ 他の女性はもちろん、皇女たちまでもが、氏忠の吹く笛の音色に強く心を奪われ、氏忠の高欄に寄りかかった様子に魅了されているということ。

《解答解説124ページ》

第19問

次の文章は、『俊頼髄脳《としよりずいのう》』の一節である。これを読んで、後の問い（問1～5）に答えよ。なお、設問の都合で本文の段落に1～3の番号を付してある。（配点　45）

1　朝倉《あさくら》や木のまろ殿《どの》に我《われ》居《を》れば名のりをしつつ行くは誰《た》が子ぞ

2　この歌は、むかし、天智天皇《てんぢ》（注1）、a太子にておはしましける時、筑前《ちくぜん》（注2）の国に朝倉といへる所に、忍びて住み給《たま》ひけり。その屋《おく》を、ことさらによろづの物をまろに（注3）作りておはしけるにより、木のまろ殿とはいひそめたりけるなり。世につつみ給へることありて、(ア)都にはえおはせで、さるはるかなる所におはしけるなり。さて、つつみ給へるが故《ゆゑ》に、入りくる人に、「必ず、問はぬさきに、名のりをして出《い》で入れ」と、起請《きしやう》（注4）を仰せられたりければ、必ず出で入る人の名のりをしたるとぞ、申し伝へたる。この歌を本体（注5）にして、木のまろ殿に名のりをしてよむなり。

3　大斎院《だいさいゐん》（注6）と申しける斎院の御時に、蔵人惟規《くらうどのぶのり》（注7）、b女房に物申さむとて、忍びて、夜、参りたりけるに、侍《さぶらひ》ども、みつけてあやしがりて、「いかなる人ぞ」と、問ひたづねければ、隠れそめて、え誰《たれ》ともいはざりければ、御門《みかど》をさしてとどめたりけるに、(イ)かたらひける女房、院に、「cかかることなむはべる」と、申しければ、「あれは歌よむ者とこそ聞け。とく、ゆるしやれ」と、仰せられければ、dゆるされてまかりいづとて、よめる歌、

神垣《かみがき》（注8）は木のまろ殿にあらねども名のりをせねば人とがめけり

とよめる。斎院、聞こしめしてあはれがらせ給ひて、「この、木のまろ殿といへることは、我こそ聞きしことなれ」とて、仰せられけることを、女房うけたまはりてこの惟規に語りければ、「このこと、詠みながら、くはしくも知らざりつることなり」とて、「このことの、(ウ)わびしかりつれば、このことをよく承らむとて、ありけることとなりけり」とて、よろこびけるとぞ、盛房《もりふさ》(注9)語りし。その惟規が先祖にて、よく聞き伝へたるとぞ。

（注）
1　天智天皇——第三十八代天皇（在位六六八～六七一年）。
2　筑前の国——旧国名の一つ。現在の福岡県北部・西部に相当する。
3　まろ——「まる」の古形。丸い形のこと。
4　起請——あることを発起し、それが現在未来にわたって長く順守されることを願うこと。
5　本体——本歌《もとうた》のこと。
6　大斎院——選子《せんし》内親王（九六四～一〇三五年）。五十七年間、五代の天皇の間、賀茂《かも》神社の斎院を務めた。斎院とは、天皇の名代として、京都の賀茂神社に奉仕する未婚の皇女。
7　蔵人惟規——藤原惟規。紫式部の弟。
8　神垣——ここでは、賀茂の斎院の御所のこと。
9　盛房——藤原盛房。歌人で俊頼と親交があった。

問1　傍線部(ア)〜(ウ)の語句の解釈として最も適当なものを、次の各群の①〜⑤のうちから、それぞれ一つずつ選べ。

(ア)　都にはえおはせで
① 都にはお行きになれなくて
② 都では何もすることがなくて
③ 都には戻る気になれなくて
④ 都にはいられなくおなりになって
⑤ 都では政治がうまくできなくて

(イ)　かたらひける女房
① 語り合っていた女房
② 味方につけていた女房
③ 情を交わしていた女房
④ 評判になっていた女房
⑤ 寵愛《ちょうあい》していた女房

(ウ)　わびしかりつれば
① さびしかったので
② 気がかりだったので
③ かわいそうだったので
④ はっきりしなかったので
⑤ つらかったので

問2　波線部a～eについて、語句と表現に関する説明として最も適当なものを、次の①～⑤のうちから一つ選べ。

① a「太子にておはしましける」は、「おはしまし」が「あり」の尊敬語であり、作者から天智天皇への敬意を込めた表現になっている。

② b「物申さむ」は、「む」が意志の助動詞であり、惟規が女房に言い寄りたい気持ちがあることを示す表現になっている。

③ c「かかることなむはべる」は、「はべる」が丁寧の補助動詞であり、女房から斎院への敬意を込めた表現になっている。

④ d「ゆるされてまかりいづ」は、「まかり」が「行く」の謙譲語であり、惟規が宮中を退出することを示す表現となっている。

⑤ e「このことをよく承らむ」は、「む」が適当の助動詞であり、歌人は古歌の意味をしっかりと理解するのがよいことを示す表現となっている。

問3 1・2段落についての説明として最も適当なものを、次の①～⑤のうちから一つ選べ。

① 「朝倉や」の和歌は、天智天皇が、命令したにもかかわらず、名乗りをしないで入ってくる人がいるので、それは誰だと咎《とが》めた和歌である。

② 「木のまろ殿」というのは、天智天皇が、人が勝手に入らないように防御するために作らせた丸木の建物のことである。

③ この和歌がもととなって、人が出入りする際に、名乗りが必要な建物のことを「木のまろ殿」というようになったと伝わっている。

④ 天智天皇は人目をはばかることがあったため、自分の居所に入ってくる人に、必ず名乗りをしてから入れと命じたということであった。

⑤ 天智天皇の逸話から、「木のまろ殿」を詠んだ和歌を披露するときには、必ず詠み手が名乗りをすることになっている。

問4 3段落についての説明として最も適当なものを、次の①～⑤のうちから一つ選べ。

① 蔵人惟規が、斎院の御所に仕える女房のもとに人目を避けて通っているうちに、とうとう警備の侍たちに見つかり、しかたなく名乗ったが、侍に信用されず、門を閉ざされて足止めされてしまった。

② 恋人の惟規が侍たちに捕まって閉じ込められてしまったので、女房が主人である大斎院に訴えて救済を求めると、大斎院は惟規が歌人であるから、一首和歌を詠ませて、その出来によって解放させるように取り計らった。

③ 大斎院の配慮によって解放されて退出しようとする惟規は、天智天皇の故事を踏まえて、斎院の

御所では「木のまろ殿」ではないのに名乗りをしないと咎められてしまうという内容の和歌を詠み、大斎院を感動させた。

④ 大斎院は、惟規が何も知らずに詠んだ「木のまろ殿」に関する天智天皇の故事のことを、以前から聞いて知っていたので、惟規が不用意に使った「木のまろ殿」という表現が今回の場面にはふさわしくないと判断した。

⑤ 惟規は、「木のまろ殿」と「名乗り」のことについては詳しく知らなかったので、女房から教えられてはじめて天智天皇の故事であることがわかり、うれしさのあまりに大斎院にまでお礼の気持ちを女房を通じて伝えた。

問5　次に示すのは、授業で本文を読んだ後の、話し合いの様子である。これを読んで、後の(i)・(ii)の問いに答えよ。

教　師――今読んだ文章の中に、大斎院が登場しました。(注)にもあったように五代の天皇の間、賀茂の斎院を務めた人物です。文章の中では、和歌に関する広い知識があり、歌人を大切にするというように、和歌を好む風流な人物像が読み取れましたね。でも、この大斎院には、次のような逸話もあります。【資料】としてプリントにしておきましたので、まずは読んでみてください。

【資料】

今は昔、大斎院と申すは、村上《むらかみ》の十の宮におはします。御門のたびたびあまた替はらせ給へど、この斎院は、動きなくておはしましけり。斎宮・斎院は、仏経《ぶつきやう》忌ませ給ふに、この斎院は、仏経をさへ崇《あが》め申させ給ひて、朝ごとの御念誦《ねんじゆ》欠かせ給はず。三尺の阿弥陀仏《あみだほとけ》に向かひ参らせ給ひて、法華《ほけ》経《きやう》を明け暮れ読ませ給ひけりと、人申し伝へたり。

賀茂祭の日、「一条《いちでう》の大路《おほち》にそこら集まりたる人、さながらともに仏にならむ」と誓はせ給ひけるこそ、なほあさましく。

（『古本説話集《こほんせつわしゆう》』）

教　師――いかがでしたか。ちょっと印象の違う人物像が見えてきませんか。このことについて、みんなで話し合ってみてください。

生徒A――大斎院というのは、村上天皇の皇女で、五代の天皇の間、長く斎院を務めた人だったんだ。

生徒B――そうだね。ということは、その間、賀茂神社に籠もって外界との接触はまったくなかったということかな。

生徒C――斎院というのは賀茂神社の神に仕える巫女《みこ》のような存在だよね。神聖な場所にいて神に仕えるんだから、自身も神聖な穢《けが》れのない存在でなくてはならなかったと思う。

生徒A――じゃあ、斎宮というのはなんなの？

生徒B――斎宮は、伊勢《いせ》神宮に仕える皇女のことだったと思うよ。

生徒A――斎院も斎宮もともに神に仕える人だったんだ。だから、【資料】では X というんだね。

生徒B――それなのにこの大斎院は、 Y というんだから、普通の斎院とは違っていたんじゃないかな。

生徒C――そのうえ、よりによって賀茂祭の日、つまり、神事の日に、大斎院が大路に多く集まっている人々に Z と言ったことを、「なほあさましく」と編者は評しているんだね。

(i) 空欄 X に入る発言として最も適当なものを、次の①～⑤のうちから一つ選べ。

① 天皇が変わっても斎院を続けた
② 仏教を取り入れようとした
③ 仏法や経典を忌避していた
④ 経典を大切に扱っていた
⑤ 仏像を賀茂神社の中に安置した

(ii) 空欄 Y ・ Z に入る発言の組合わせとして最も適当なものを、次の①～⑤のうちから一つ選べ。

① Y 仏教を信仰し、神事を疎かにして経典ばかりを読んでいた
　 Z 一緒にあの世に行こうと提案した

② Y 神だけでなく仏までも信仰し、神に向かって祝詞《のりと》と経文を唱えるほどであった
　 Z 浄土に向かおうと約束した

③ Y ひたすら仏を信じ、神のことを忘れるほどに、仏道修行に明け暮れていた
　 Z すべて仏の意志に従おうと誘った

④ Y 仏だけでなく神のことも信仰し、仏道修行の中に神事をも取り入れていた
　 Z このまま極楽を願って死のうと叫んだ

⑤ Y 仏のことまでも崇めて、毎朝念誦し、仏像に向かって法華経を唱えていた
　 Z ともに仏になろうと誓った

《解答解説134ページ》

第20問

次の【文章Ⅰ】は、平安時代の歴史を描いた『栄花物語《えいが》』の一節、【文章Ⅱ】は、藤原道長《ふじわらのみちなが》（殿・殿の御前《おまえ》）の娘で一条《いちじょう》天皇の中宮である彰子《しょうし》（宮・宮の御前）に仕えた紫式部が書いた『紫式部日記』の一節である。どちらの文章も、彰子に皇子敦成《あつひら》親王（君）が誕生し、その五十日《いか》の祝いで酒宴が行われた場面を描いたものであり、【文章Ⅰ】の内容は、【文章Ⅱ】の8行目以降を踏まえて書かれている。【文章Ⅰ】と【文章Ⅱ】を読んで、後の問い（問1～4）に答えよ。なお、設問の都合で【文章Ⅱ】の本文の上に行数を付してある。（配点　45）

【文章Ⅰ】

さばかり酔《ゑ》はせ給《たま》へれど、思《おぼ》すことの筋なれば、かく(注1)続けさせ給へると見えたり。かくて例の(注2)作法の禄《ろく》どもなどありて、いとしどけなげによろぼひまかでさせ給ひぬ。殿の御前、「宮を女《むすめ》にて持ち奉りたる、まろ恥《はぢ》ならず。まろを父にて持ち給へる、宮わろからず。また母も(注3)いと幸ひあり、よき夫《をとこ》持《も》給へり」など、戯《たはぶ》れのたまはするを、上は(ア)いとかたはらいたしと思して、あなたに渡らせ給ひぬ。

【文章Ⅱ】

恐ろしかるべき夜の御酔ひなめりと見て、ことはつるままに、宰相(注4)の君に言ひあはせて、隠れなむとするに、東面《ひむがしおもて》に、殿(注5)の君達《きんだち》、宰相(注6)の中将など入りて、さわがしければ、ふたり御帳《みちやう》の後ろに居かくれたるを、とりはらはせ給ひて、二人ながらとらへ据ゑさせ給へり。「和歌一つづつ仕うまつれ。さらば許さむ」とのたまはす。いとはしく恐ろしければ聞こゆ。

A　いかにいかがかぞへやるべき八千歳《やちとせ》のあまり久しき君が御代をば

(イ)「あはれ、仕うまつれるかな」と、ふたたびばかり誦《ず》せさせ給ひて、いと疾《と》うのたまはせたる、

B　あしたづのよはひしあらば君が代の千歳のかずもかぞへとりてむ

さばかり酔ひ給へる御心地にも、思しけることのさまなれば、いとあはれに、ことわりなり。げにかくもてはやし聞こえ給ふにこそは、(注7)よろづのかざりもまさらせ給ふめれ。千代もあくまじき御ゆくすゑの、数ならぬ心地にだに、思ひ続けらる。

「宮の御前、聞こしめすや。仕うまつれり」と、われぼめし給ひて、「宮の御父《てて》にてまろわろからず、まろがむすめにて宮わろくおはしまさず。母もまた幸ひありと思ひて、笑ひ給ふめり。よいをとこは持たりかしと思ひたんめり」と、戯れ聞こえ給ふも、こよなき御酔ひのまぎれなりと見ゆ。さることもなければ、さわがしき心地はしながら、めでたくのみ。聞きゐさせ給ふ殿の上は、聞きにくしと思すにや、渡らせ給ひぬるけしきなれば、「おくりせずとて、母うらみ給はむものぞ」とて、いそぎて御帳のうちを通らせ給ふ。(ウ)「宮なめしとおぼすらむ。親のあればこそ子もかしこけれ」と、うちつぶやき給ふを、人々笑ひ聞こゆ。

（注）1　かく続けさせ給える――【文章Ⅰ】の直前で、道長が【文章Ⅱ】の「あしたづの……」の和歌を詠んでいた。
2　例の作法の禄ども――このような儀式の際の通例の作法どおりに人々に褒美を与えること。
3　母――道長の妻であり、彰子の母である倫子《りんし》。【文章Ⅱ】の「殿の上」も同じ。
4　宰相の君――紫式部の同僚の女房。
5　殿の君達――道長の子息である頼通《よりみち》・教通《のりみち》など。
6　宰相の中将――道長の甥《おい》の兼隆《かねたか》。
7　よろづのかざり――万事における儀式や装飾。

問1　傍線部(ア)〜(ウ)の語句の解釈として最も適当なものを、次の各群の①〜⑤のうちから、それぞれ一つずつ選べ。

(ア)　いとかたはらいたし
①　まったく感心できない
②　たいそうおもしろい
③　いかにももっともだ
④　とてもきまりが悪い
⑤　たいへん馬鹿げている

(イ)　あはれ、仕うまつれるかな

①　ああ、巧みに詠みなさったのだね
②　あれ、もうお詠みになったのか
③　それにしても、すばらしい歌だなあ
④　なんと、うまくお詠みしたものよ
⑤　やはり、詠み申し上げる甲斐《かい》があるね

(ウ)　なめしとおぼすらむ

①　非常識だとお思いになっただろう
②　興味深いことだとお思いになるだろう
③　無作法だと思いなさっているだろう
④　ぶしつけだときっと思うにちがいない
⑤　いぶかしく思いなさったらどうしよう

問2　【文章Ⅱ】の1行目「恐ろしかるべき」～4行目「恐ろしければ聞こゆ」の説明として最も適当なものを、次の①～⑤のうちから一つ選べ。

①　「恐ろしかるべき夜の御酔ひなめりと見て」は、道長をはじめとする男性らの酩酊《めいてい》によって、不都合なことが起こるのではないかという、紫式部が危惧する気持ちを表している。
②　「宰相の君に言ひあはせて、隠れなむ」では、男性に見つかりたくないと思った紫式部が、宰相の君に「いっしょに隠れてほしい」と頼んでいる。
③　「さわがしければ」の「けれ」は過去の助動詞で、「殿の君達」や「宰相の中将」などの登場で祝いの場が賑やかになったことを紫式部が回想している。

④　「二人ながらとらへ据ゑさせ給へり」からは、せっかく来てくれた息子の頼通・教通兄弟を少しでも長くこの場に同席させたいという道長の願いが読み取れる。

⑤　「いとはしく恐ろしければ聞こゆ」には、頼通・教通兄弟に和歌を詠むことを無理強いする道長のことを、紫式部が煩わしくも恐ろしくも思う気持ちが表われている。

問3　【文章Ⅱ】の和歌Aと和歌Bの説明として最も適当なものを、次の①〜⑤のうちから一つ選べ。

①　和歌Aでは、若宮の五十日の祝いにちなんで副詞「いかに」の「いか」に「五十日」を掛け、若宮の御代が長く続くことを祝うものになっている。

②　和歌Aの「べき」は適当の助動詞で、八千年もの長い年月をどのように過ごすのがよいのだろうかと、迷いの気持ちを詠んでいる。

③　和歌Bは、「若宮の御代を最後まで数え取ることができるだろうか」という和歌Aの問いかけに対する「明日のことは誰にもわからない」という返歌になっている。

④　和歌Bは、「あしたづ」に葦鶴《あしたづ》と「朝《あした》」を掛け、長寿と言われる鶴とともに千年もの朝を迎えようというめでたい歌になっている。

⑤　和歌Bの「とりてむ」の「て」は「強意」の助動詞で、「自分は必ず若宮の御代を見届けるのだ」という詠み手の強い気持ちが読み取れる。

問4　次に示すのは、授業で【文章Ⅰ】【文章Ⅱ】を読んだ後の、話し合いの様子である。これを読んで、後の(i)〜(iii)の問いに答えよ。

教　師　いま二つの文章を読みましたが、【文章Ⅰ】の内容は、【文章Ⅱ】の8行目以降に該当しています。【文章Ⅰ】は【文章Ⅱ】を資料にして書かれたと言われています。でも、すこし異なる点もありますね。そのことについて、みんなで考えてみましょう。

生徒A　【文章Ⅰ】の冒頭部分は、【文章Ⅱ】では「さばかり酔ひ給へる御心地にも、思しけることのさまなれば、いとあはれに、ことわりなり」となっていて、ちょっと詳しくなっているけど、どちらにせよ「思しけることのさまなれば」ってどういうことか、わかりにくいよね。

生徒B　リード文にもあったけど、一条天皇の中宮である彰子が皇子を産んで、その五十日の祝いの宴《うたげ》が行われているんだよね。だから、その主催者の道長は [X] という思いを抱いて喜んでいることを表しているんじゃないかな。

生徒C　なるほどそうだね。だから、「いとあはれに、ことわりなり」って言うんだね。

生徒D　ところで、【文章Ⅱ】では、紫式部の感想とでもいうのかな、そんな部分が多い気がするなあ。たとえば、【文章Ⅱ】の [Y] 。この視点は、普段から中宮のそばに仕えている女房ならではのもののように感じるなあ。

生徒B　そうだね。そんな気がするね。【文章Ⅰ】では【文章Ⅱ】のような具体性が削《そ》がれていて、短くまとめられている感じだね。ちょっと【文章Ⅱ】と比べると物足りない気がするね。

教　師　おもしろいところに気がつきましたね。それは、【文章Ⅱ】がどのようにして書かれたものなのかを考えるとよいかもしれませんね。【文章Ⅰ】は文学史的には「 [Z1] 」というジャンルに分類されます。過去の人物や出来事などを後の時代の人が描いたものです。つまり、【文章Ⅱ】の「日記」文学のように、 [Z2] の視点から描いたものではないということです。

生徒B　書き手の意識の違いが表れているということなんだ。

生徒A　ということは、【文章Ⅰ】において、『紫式部日記』に描かれていた道長の言葉を簡略化したりしているのは、『栄花物語』の作者が、その時に起こったことを、客観的に叙述しようとこころがけているということなのかな。

生徒C　なるほど。あえてそういうふうに描いているということなのか。

教　師　同じ素材や出来事を扱っていても、ジャンルによって扱い方に差が生じることがわかりますね。

(i)　空欄 X に入る最も適当なものを、次の①～④のうちから一つ選べ。

①　娘の彰子がこれからもさらに天皇に寵愛《ちょうあい》されて男御子を産んでくれるにちがいない

②　将来にわたって誰にも邪魔されることなく、道長一族の繁栄が続くことが約束される

③　生まれたばかりなのに、敦成親王を早く春宮《とうぐう》にして、自分の出世を早めよう

④　自分の孫が後に春宮となり、さらには天皇となって、自分が外戚として権力を握れる

(ii)　空欄 Y に入る最も適当なものを、次の①～④のうちから一つ選べ。

①　8行目「いとあはれに、ことわりなり」では、あれほど酩酊していながらも、家族に関わるさまざまな事柄を事細かに記憶している道長に感心している

②　9・10行目「数ならぬ心地にだに、思ひ続けらる」では、これからも末長く続く輝かしい道長の栄華に、とるに足りない身ながらも思いをはせている

③　13行目「こよなき御酔ひのまぎれなりと見ゆ」では、自分の和歌を自分で褒め、妻や娘にも軽口を叩《たた》く道長のことを、酒の酔いに紛れてのことと思っている

④　13・14行目「さわがしき心地はしながら、めでたくのみ」では、人々が皆はめをはずして大騒ぎするほど、男御子の誕生を喜び合っている様子を、心からすばらしいと感じている

(iii)　空欄 Z1 と Z2 に入る語の組合せとして最も適当なものを、次の①～④のうちから一つ選べ。

① Z1 ― 軍記物語　Z2 ― 当事者
② Z1 ― 歴史物語　Z2 ― 傍観者
③ Z1 ― 軍記物語　Z2 ― 傍観者
④ Z1 ― 歴史物語　Z2 ― 当事者

《解答解説142ページ》

24520

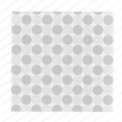

河合塾
SERIES

マーク式基礎問題集
古文
七訂版

解答・解説編

河合出版

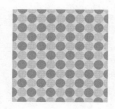

河合塾
SERIES

マーク式
基礎問題集
古文

七訂版

解答・解説編

河合出版

第1問

【解答と配点】

設問		正解	配点
問1	(ア)	①	4
	(イ)	③	4
	(ウ)	⑤	4
問2		③	4
問3		④	7
問4		②	7
問5		①	7
問6		③	8

【出典】

○『伊勢物語《いせものがたり》』十四段

平安時代前期成立。作者は未詳。在原業平《ありわらのなりひら》と思われる「男」を主人公とした歌物語。「男」の初冠《ういこうぶり》（＝男子の成人式）から臨終までを一二五段で一代記風にまとめたもの。各段の内容は男女の恋愛を中心に、親子愛、主従愛、友情、社交生活など多岐にわたる。

【本文の要旨】

昔、一人の男が陸奥の国に行き着いた。そこにいた女が都人を珍しいと感じたのか、愛情を抱き、田舎じみた歌を詠むが、それでもいとおしく思った男は女と共寝をした。

夜が明ける前に男が家を出てしまうと、女は、今度はそれを朝早くに鳴いた鶏のせいにした風情のない歌を詠む。あきれた男が、京には一緒に連れて行けないと歌を詠むと、女は、男が自分を愛してくれていたのだと勘違いして喜んだ。

【全文解釈】

昔、男が、陸奥の国になんとなく行き着いてしまった。そこにいる女が、京の人は珍しいと感じたのだろうか、一途に思っている気持ちがあった。そこでその女が、（次のように詠んで男に送った。）

なかなかに……＝なまじっか恋に苦しんで生きながらえるぐらいなら、（夫婦仲のよいという）蚕になればよかったなあ。

たとえ蚕のように命が短くても。

歌までもが田舎じみていた。（男は）そうはいってもやはり、ああ（いじらしい）と思ったのだろうか、（女の所へ）行って寝てしまった。（男が）まだ夜明けには間があるうちに（女の家を）出てしまったので、女は、

夜も明けば……＝夜も明けたならば水槽にほうり込まないでおくものか。（憎らしい）鶏めがまだ夜も明けないうちに鳴いて、私の大切なあの人を家から出して（帰して）しまった（のだから）。

と（歌を）詠んだので、男は（あきれて）、京へ帰るということで、

栗原の……＝（あなたが）栗原のあねはの松のようにすばらしい人であったならば、（京の）都への土産《みやげ》に、さあ（一緒に行こう）と言っただろうに。（あなたはそんなに魅力がないので、一緒に連れて行こうとは思わない。）

と詠んだところ、（女は勘違いして）喜んで、「（あの人は私を）思っていたらしい」と言っていたということだ。

【設問解説】

問1　語句の解釈

(ア)　すずろに

「すずろに」の基本形は「すずろなり」で「そぞろなり」とも言い、「事がある方向にひたすら進んでいくさま」を表す語。

すずろなり（形容動詞・ナリ）	① なんとなく〜だ。あてもなく〜だ。 ② むやみやたらだ。 ③ 思いがけず〜だ。 ④ わけもなく〜だ。

語義から**正解は①**と決まる。男は特にこれといった目的もなく、「なんとなく」陸奥の国に行ったのである。

(イ)　せちに／思へ／る／心

せちなり（形容動詞・ナリ）	① 一途だ。ひたむきだ。切実だ。 ② 大切だ。重要だ。 ③ 心打たれる。すばらしい。
り（助動詞）	① 〈完了〉〜てしまった。〜た。〜てしまう。 ② 〈存続〉〜ている。〜ていた。

〈文法ポイント p.158参照〉

「せちに」の語義から**正解は③**と決まる。ここは傍線部直前に「京の人はめづらかにやおぼえけむ」とあり、「そこなる女」の「珍しいと感じた京の人」に対する一途な気持ちを表している。

(ウ)　さすがに／あはれ／と／や／思ひ／けむ

さすがに（副詞）	①そうはいってもやはり。 ②なんといってもやはり。
あはれ（感動詞）	①ああ。なんと。あれ。 ②ああ（〜だ）。
や（係助詞）	①〈疑問〉〜か。 ②〈反語〉〜か、いや、（そんなことは）ない。 〈文法ポイント p.170参照〉
けむ（助動詞）	①〈過去推量〉〜た（の）だろう。 ②〈過去の原因推量〉〜たのだろう。 ③〈過去の伝聞・婉曲〉〜たとかいう。〜たような。

〈文法ポイント p.160参照〉

助動詞「けむ」の適切な訳出がされているのは②と⑤。②は「さすがに」の訳が「そういうわけで」となっているので誤り。また、「あはれ」は「ああ（〜だ）」という意味。傍線部直前に「歌さへぞひなびたりける（＝歌までもが田舎じみていた）」とあり、「さすがに（そうはいってもやはり）」と逆接でつながっているので「あいたましい」では文脈に合わない。以上から、**正解は⑤**。

問2　文法

動詞の活用形の判定である。基本的に傍線部の動詞の直下の語の接続（＝何形に付くか）を考える〈文法ポイント p.152・153参照〉。

a　おぼえけむ…「けむ」は過去推量の助動詞「けむ」の連体形で、連用形接続なので「おぼえ」は連用形。

b　寝にけり……「に」は完了の助動詞「ぬ」の連用形で、連用形接続なので「寝」は連用形。

c　明けば………「明け」は下二段活用動詞なので未然形も連用形も「明け」で同じ。「ば」は未然形接続、または已然形接続の接続助詞で、連用形には付かないので、この「明け」は未然形。

d　はめなで……「な」は完了の助動詞「ぬ」の未然形で、連用形接続なので「はめ」は連用形。

e　鳴きて……「て」は連用形接続の接続助詞なので「鳴き」は連用形。

cだけが未然形で、他は連用形。よって正解は③。

問3　和歌の説明

「なかなかに」はナリ活用形容動詞「なかなかなり」の連用形が副詞として用いられ、「かえって・なまじっか」の意。ここの「ずは」は、打消の助動詞「ず」に助詞の「は」が付いて仮定条件を表す。「べかり」は助動詞「べし」の連用形で、ここは「適当」の意。歌全体では「なまじっか恋い焦がれて死なないならば蚕になればよかったなあ。たとえ命が短くても」の意味となる。「なまじっか恋に苦しんで生きているくらいなら、命は短くても夫婦仲のよい蚕になればよかった」という、女の男に対するせつない心情が詠まれている。正解は④。

①は「無常なこの世にこれ以上生きていてもしかたがない」、②は「蚕に生まれるはずだった自分」、③は「その後の悲しい別れを考えて」、⑤は「これから訪れる幸福に胸を躍らせている」が、それぞれ本文に根拠がなく誤り。

問4　内容説明

「さへ」は、添加の副助詞で「(その上)〜までも」の意。「ひなび」は、バ行上二段活用動詞「ひなぶ(＝鄙《ひな》ぶ)」の連用形で「田舎じみている」の意。「女が田舎の人間であり、その上詠んだ和歌までもが田舎じみていた」というのである。正解は②。

①・④は「さへ」が踏まえられていない。③・⑤は「ひなび」の内容が間違っている。

問5　内容説明

選択肢はすべて、男の詠んだ和歌に対して、女が「喜んでいた」となっているが、男の詠んだ歌の内容がそれぞれ違うので、男の詠んだ歌を検討する必要がある。男の歌「あねはの松」は(注7)からわかるように有名な松であることから、「あねはの松の人」というのは「有名なあねはの松のようにすばらしい人」という意味と考える。「人ならば」の「なら」は断定の助動詞「なり」の未然形で、「ならば」で仮定を表し、和歌の終わりの「まし」と呼応して反実仮想となっている。全体としては「(あなたが)栗原のあねはの松のようにすばらしい人であったならば、京の都への土産に、さあ(一緒に行こう)と言っただろうに」という意味となる。反実仮想の構文なので、その現実は、男は「女があねはの松ほどすばらしければ都へ連れて行くのに、実際はそうではないから残念だ」ということを詠んだのである。つまり男は都に連れて行くほどの魅力が女にないと言ったのだ。それなのになぜ女は喜んだのか。(注9)に「思ひけらし」が「思っていたらしい」とある。「思ふ」には「愛する」の意味があり、これは「男が私のことを愛してくれていたらしい」ということで、女は男の気持ちを勘違いしたのである。以上の内容を説明している①が正解。

②・③・④は女のことを実際に「魅力的」な女性としている

ので誤り。⑤は「思ひけらし」の説明が誤り。

問6　内容合致

①は、男が女を「めったにないほどすばらしいと思った」が誤り。本文1行目の「めづらかにやおぼえけむ」は、女が「京の人」である男のことをすばらしいと思ったのであって、人物の説明が逆である。

②は、男が「ほんのちょっとと思って立ち寄った」かどうかは、本文からはわからないし、本文に「夜深く出でにければ」とあるので、「寝過ごしてしま」ったというのも誤り。

③は、本文5行目の「夜深く出でにければ」は「まだ夜明けには間があるうちに」という意味で「まだ帰る時間でもないのに」と合致する。また、女の詠んだ「夜も明けば……」の歌は、鶏に矛先を向けながら実際には早く帰った男を皮肉っている内容（↓全文解釈参照）なので、「非難した歌」というのも誤りではない。以上から③が正解。

④は、女の「夜も明けば……」の歌に、男は、感動などしていないし、「後ろ髪を引かれる思い」も抱いていない。

⑤は、「夜深く出でにければ」の主語が「月」となっているのが誤り。

第２問

【解答と配点】

設問		正解	配点
問1	(ア)	③	4
	(イ)	②	4
	(ウ)	④	4
問2		⑤	4
問3		①	7
問4		④	4
		⑤	4
問5		④	7
問6		①	7

（※問4は順不同）

【出　典】

○『うつほ物語』

平安時代中期の作り物語。作者は源　順《みなもとのしたごう》説があるが未詳。伝奇性の強い、琴の秘曲伝授の物語と、写実的傾向の強く、あて宮を中心とする求婚物語の二つの内容を軸に展開する。日本最初の長編物語で、『源氏物語』にも影響を与えたと言われている。

【本文の要旨】

源宰相（藤原実忠《さねただ》）は上達部の娘（＝北の方）と結婚し、二人の子（息子の真砂君・娘の袖君）をもうけ、幸せに暮らしていた。ところがあて宮に心を奪われてからは家族のことも顧みず、あて宮の邸に籠ってばかりで何年かになってしまった。

春の雨が所在なく降る日、北の方は切ない思いを歌に託し源宰相に送る。源宰相は、今は心移りしてはいるけれども、家族のことを忘れてはいないと返歌をする。それにつけても北の方はますますつらくなり、悲しみの涙が流れるのであった。

【全文解釈】

こうして源宰相は、三条堀川のあたりに、広く趣深い家にお住みになる。北の方としては、時勢を得て栄えていた上達部の大切に養育なさった一人娘が、十四歳の時に（源宰相は）婿に迎えられて、（源宰相にはこの妻の）他に大切に思う女性もなく、たいそう睦《むつ》まじい

（夫婦）仲で、「現世ではいうまでもなく、来世でも、たとえ草木や、鳥獣となっても、（必ず）連れ合いとなろう」と言い交わして、（夫婦として）暮らし続けなさるうちに、男子一人と、女子一人をお生みになった。女子は袖君、男子は真砂君と言う。真砂君（のこと）を、父君（＝源宰相）は、片時も御覧にならないではいられなくて、いつくしみ養育なさるうちに、邸《やしき》の中が豊かで、家を造ってあることは、金銀・瑠璃の大きな御殿に、（身分の）高い人や低い人が（まるで木が）植えてあるように（にぎやかに）して過ごしなさるが、（源宰相が）あて宮に心を奪われなさってからは、長年の間の夫婦の縁をも忘れ、いとしい妻や子の身の上をも顧みないで、あの（あて宮の）邸に（ばかり）籠っていて、吹く風や、（鳴く）鳥につけても（妻や子の様子を）尋ねることもなさらないで、何年にもなってしまった。北の方が、思い嘆きなさることはこの上もない。

（ある年の陰暦）二月頃になった。（北の方の住む）邸の中もしだいに破損し、（仕える）人も少なくなり、池に水草が一面に生え、庭には雑草が茂っていく。（北の方は、）木の芽や、花の色も昔のように思われず、朝には、「もしかすると夫が尋ねてくださるか」と一日中待ち続け、夜には、「（灯りの下に）面影として見えるか」と（期待して）待ち暮らし、涙を流してずっと物思いに沈み続けなさると、春の雨が所在なく降る日、雨に降り込められて、若君たちが、父君を恋い慕いながらお泣きになっているので、母君は、（そんな状態が）残念で悲しいと思われて、鶯が巣に卵を産んでおいて雨に濡れているのを（下男に）取らせて、次のように書いてさしあげさせなさる。源宰相に、

「春雨に……＝春雨が降るとともに雨漏りするこの古家を守っていくのがつらいことは、雨に濡れている鶯の卵のように涙に濡れているわが子を見ることであったなあ。

これに劣らない家は見苦しく（思われます）。それにしても、真砂は数知れず（たくさんある）と言われているようだ。（なのに、この真砂君はすっかり忘れられて何というかわいそうなことでしょう。）」

と書いて、さしあげさせなさった。（源）宰相は、（歌を見て）「（北の方は）ほんとうにどんなに（恨めしく）思っているだろう」と思わずにはいられなくて、

「住みなれし……＝住み慣れた家を（恋しく）思うものだ。鶯は、他の花に心も移ることがあるけれど（けっしてあなたたちのことは忘れてはいない）。

やはり穏やかにお思いになってください。ほんとうにどんなに（恨めしく思っているだろう）と思うからこそ（私もつらいのだ）。（たくさんあるという）真砂もその数がわかったら（＝息子の真砂君は一人しかいないと悟ったなら）その時に（父上は、きっと戻ってくるだろう）かと（真砂君に）伝えてください」

と（書いて）ある。北の方は、御覧になって、涙をお流しになる。

【設問解説】

問1　語句の解釈

(ア)　思ほしつき／て／より

思ほしつく（動詞・カ四）	〈「思ひつく」の尊敬語〉 ①　心ひかれなさる。心をお寄せになる。 ②　思いあたりなさる。

源宰相は、北の方との間に二人の子どもまで持ち、幸せに暮らしていた。ところがあて宮と出会ってからは、家族のことを顧みなくなってしまった。それはあて宮に「思ほしつき」、つまり「心ひかれ」＝「心を奪われ」なさったからである。**正解は③**。「思ほしつき」は尊敬語なのに、①と⑤にはその訳出がされていない。②は「～時以上に」というのが誤り。④は「愛され始め」という受身の訳し方が誤り。

(イ)　ながめ／わたり／給ふ／に

ながむ（動詞・マ下二）	〈眺む〉 ①　物思いに沈む。物思いに沈んでぼんやりと見る。見渡す。 〈詠む〉 ②　詩歌を吟じる。詩歌を作る。
わたる（動詞・ラ四）	①　移る。行く。来る。 ②　一面に～する。 ③　ずっと～続ける。
給ふ（動詞・ハ四・ハ下二）	〈四段活用〉 ①　〈「与ふ」の尊敬語〉お与えになる。くださる。 ②　〈尊敬の補助動詞〉～なさる。お～になる。 〈下二段活用〉 ③　〈謙譲の補助動詞〉～ます。～ております。 〈文法ポイント　p．179参照〉

傍線部中の「給ふ」は動詞の直後にあり、連体形接続の助詞「に」が下にあるので、四段活用とわかり、尊敬の補助動詞。これだけで候補は②と④に絞れる。④は「幾首もの」が、この文脈に合わず、「わたり」も訳されていない。②は「物思いに沈み」＝「ながめ」、「ずっと～続け」＝「わたり」、「なさると」＝「給ふに」と、ポイントがすべて訳されている。**正解は②**。

(ウ)　げに／いかに／思ふ／らむ

げに（副詞）	①　なるほど。ほんとうに。
いかに（副詞）	①　どのように。どう。 ②　なぜ。どうして。 ③　どんなに。どんなにか。
思ふ（動詞・ハ四）	①　思う。考える。 ②　愛する。大切に思う。 ③　思い悩む。心配する。
らむ（助動詞）	①〈現在推量〉～（今ごろ）ているだろう。 ②〈現在の原因推量〉～（ている）のだろう。 ③〈現在の伝聞・婉曲〉～（ている）とかいう。～（ている）ような。 〈**文法ポイント** p.160参照〉

　ここは、源宰相が北の方の気持ちに思いをはせているところだが、「げに」の意味だけで**正解は④**だと決まる。現在推量の助動詞「らむ」がきちんと訳されているのも④だけである。「いかに」はここでは「どんなに」の意味で、「いかに」の後には、北の方の源宰相を「恨めしく」思う気持ちを補うのがふさわしい。

問2　文法

　格助詞「の」の用法判定の問題〈**文法ポイント** p.166参照〉。

　a～eの「の」の直下にはすべて名詞があり、連体修飾格のように思えるが、「の」の上の語が何に係《かか》っているか、それを考えることが重要である。

a　年ごろの契り……長年の間の（夫婦の）縁

b　妻子の上……妻や子の身の上

c　殿の内……邸の中

d　春の雨……春の雨

e　うぐひすの巣に子を生みおきて……**鶯が**巣に子を産んでおいて

　eを「鶯の巣に卵を産んでおいて」と訳すと「産む」の主語が判別が出来なくなるが、「鶯が」と訳すと「産む」にかかって文脈として合う。eの「の」だけが主格の用法で**⑤が正解**。

問3　内容説明

A　片時／え／見／給は／で／は／あら／ず

片時（名詞）	①　わずかの間。ちょっとの間。
え（副詞）	①〈打消表現と呼応して不可能を表す〉～できない。

で（接続助詞）	①〈打消の接続〉〜ないで。〜なくて。

この副詞「え」は、接続助詞「で」ではなく、傍線部の末の「ず」と呼応していることに注意しよう。尊敬の補助動詞「給は」も含めて訳してみると、「御覧にならないではいられなく」となる。では、誰が何を、または誰を見ないでいることができないのか。傍線部直前に「真砂君をば、父君」とある。つまり、父君である源宰相が生まれた息子である真砂君を、だとわかる。以上から**正解は①**。

②は「いつも」が、③と④は「二人の子どもたち」が、それぞれ誤り。⑤は人間関係が逆である。

問4　和歌の修辞法〈文法ポイント p.187〜190参照〉

和歌の前に「母君、……書きて奉らせ給ふ。源宰相に」とあるので、詠み手は母君、つまり北の方だとわかる。

Xの和歌に至るまでの状況等を整理してみると、

○夫の出て行った家は、しだいに荒れていく。
○北の方は、夫に見限られて物思いに沈み、泣いている。
○若君たちも父親を慕って泣いている。
○如月（＝二月）、春雨が降っている。
○鶯が巣に生んで残していた卵が雨に濡れているのを取る。
○その卵と歌を源宰相に贈る。

以上を踏まえて和歌を確認すると、

「ふる」＝「（雨が）降る」と「古（巣）」の掛詞。

「もり」＝「（雨）漏り」と「守り」の掛詞。

「うき」＝「（雨や涙で）浮き」と「憂き（＝つらい）」の掛詞。

「ぬるる」＝「（雨で）濡るる」と「（涙で）濡るる」の掛詞。

「雨」「ふる（降る）」「もり（漏り）」「うき（浮き）」「ぬるる（濡るる）」は縁語となっている。


だと考えられ、選択肢①・②・③は正しい説明となっている。

④は、「春雨にともにふる巣のもりうきは」は「ぬるる」を導くものになっているわけではないので「序詞」とは言えない〈文法ポイント p.188参照〉。

⑤は、「ふる」「うき」「ぬるる」は「雨」の縁語であるとしても、「ふる巣」は特に「雨」と関係があるわけではないので縁語とは言えない。誤っているものを二つ選べとあるので、**④と⑤が正解**。

問5　和歌の説明

Yの和歌の詠み手は選択肢から源宰相だとわかる。北の方からつらい気持ちを詠み込んだ和歌を送られ、その返事として詠んだものである。二句目に「宿をぞ思ふ」とあり、係り結びが完結している。また、句末に接続助詞「ものから」があることから、倒置の形になっていることにも気づきたい。逐語訳してみると、「住み慣れた家を思うものだ。鶯は花から花へと心も移るけれど」となる。源宰相はこのように詠むことによって何を伝えようとしたのか。その答えは「うぐひす」を源宰相に置き換えてみるとすぐにわかる。それは「浮気な私（＝源宰相）は心が移りはするけれども、住み慣れた家、つまりあなたたち妻や子どものことを大切に思っているよ（＝忘れているわけではない）」ということなのだ。以上から**正解は④**。

①は、「自分も一度に何人もの女性を大切にできる」と自負している内容が誤り。

②は、「鶯」や「花」を詠んだことで、妻の心が明るくなるわけではないし、また心を明るくする内容は詠まれていない。

③は、「妻を諭している」がこの歌からは読み取れない。

⑤は、「謝罪の気持ち」もおかしいが、まず「句切れを作らず」が誤り。この和歌は、二句切れの歌である。

問6　内容合致

①は、本文1・2行目「上に、時の上達部の……いみじき仲にて」の内容と合致している。**正解は①**。

②は、「源宰相は……自邸に閉じこもるようになった」が誤り。本文6・7行目の「かの殿にこもりゐて」は、源宰相があて宮の邸に通い、そこに籠るようになったということである。

③は、「寒い冬」が誤り。「庭も荒れ、……邸も破損し」たのは、「如月ばかり」（本文8行目）つまり、陰暦二月で春のことであり、冬ではない。

④は、「気持ちを新たにした」が誤り。本文11行目の「あたらしく」は「惜しく」で「おしい。残念だ」の意味。父親を恋い慕って泣く子どもたちの姿を見て「残念で悲しい」と思っているのである。

⑤は、「源宰相は息子を忘れたことなどないと反論した」が誤り。本文17行目「真砂は数知らむ時にや」は「たくさんあるという真砂も一つしかないと悟ったならその時にきっと戻ってくるだろうか」という意味で、「息子のことを今はそれほどにも思っていないが、いずれ大切に思えたら戻ってくる」ということで、「忘れたことなどない」とは言っていない。

第3問

【解答と配点】

設問		正解	配点
問1	(ア)	①	4
	(イ)	⑤	4
	(ウ)	②	4
問2		⑤	4
問3		②	6
問4		③	7
問5		③	8
問6		④	8

【出　典】

○『大和物語《やまとものがたり》』

平安時代初期の歌物語。作者は未詳。前半は歌物語、後半は主として歌に関連した説話を集めてある。約三百首の和歌が含まれた一七三段からなる構成だが、『伊勢物語』とは異なり統一的な主人公はいない。和歌にまつわる説話や、当時の天皇・貴族・僧ら実在した人物による歌にまつわる話が連なっており、各段の独立性の高い形式となっている。

【本文の要旨】

源大納言（源清蔭《きよかげ》）が宰相だった時のこと、京極の御息所（亭子院の妃）が、亭子院（宇多法皇）の六十歳のお祝いをしたいと宰相に伝えたところ、としこにいろいろとまかせて献上の品を準備させた。としこは作り終えた品を宰相に送ったが、準備している最中には互いに手紙などで言葉のやりとりをしたのに、その後、何の連絡もなく年も暮れた。そこで、としこの方から「忙しい時しか思い出してくれない」と恨み言を言い送ると、うららかな春の日に、宰相は「忙しくない時にもこうしてちゃんと思い出す」と応じた。

【全文解釈】

故源大納言が、宰相でいらっしゃった時、京極の御息所が、亭子院の（六十歳の）お祝いをして差し上げなさるということで、「このようなことをしようと思う。献上の品物を、（誰かに）一枝二枝作らせてください」と（御息所が宰相に）申し上げなさったので、（宰相は）髭籠をたくさん作らせなさって、（その髭籠を）としこにいろいろな色に染めさせなさった。（その髭籠に敷く）敷物の織物なども、さまざまな色に染め（たり）、縒り（合わせたり）、組み（紐にしたり）、何かとみな（としこに）まかせてさせなさった。（としこは）それらの品々を、九月の末に、全部準備を終えてしまった。そして、その十月の一日に、これらの物を準備なさった方（＝宰相）のもとに送り届けた。

ちぢの色に……＝いろいろな色に染めるのに忙しかった秋は過ぎてしまった。今は（木々を色づかせる時雨の季節になりましたが、染めるものはみな染めてしまったので、今さら）時雨によって何を染めようかしら。

その（献上の）物を準備なさった時は、絶え間なく、こちらからもあちらからも（＝宰相ととしことの間で）、（たがいに手紙などで）言葉を交わしていらっしゃったが、それ以後は、（特に）そのことと（いうほどの用事が）なかったのだろうか、手紙も送らないで、十二月の末ごろになってしまったので、としこが（宰相のもとに）、

かたかけの……＝片帆だけの（頼りない）舟に乗っているのか。白波が立ち、荒れている時（は、恐ろしくて人のことを頼りに思うものだが、それと同じように、忙しい時）だけ私のことを思い出すあなただなあ。

と詠んだが、（宰相は）その返事もしない（まま）で年が改まってしまった。そして、二月ごろに、柳のしなやかに曲がった枝で、ほかのものより一段と長いものが、この家にあったの（でそれ）を折って、

青柳の……＝青柳の糸のような細い枝がしだれて、のどかな春の日にこそ、（こうしてあなたを）思い出したことだ。（それなのに、忙しい時だけだなんて、とんでもないことだよ。）

と（宰相は歌を詠んで）送りなさったので、（としこは）たいそうこの上もなく感心して、のちまで人に語ったそうだ。

【設問解説】

問1　語句の解釈

(ア)　まもなく

まもなし（形容詞・ク）	①　絶え間ない。ひっきりなしだ。

語義からすると、①「絶え間なく」が正解の候補となる。傍線部の前後を見てみると、京極の御息所に献上する品物の準備をしている時は、「まもなく」宰相ととしことの間で手紙などを交わしていたのだが、その期間が過ぎた後は連絡も取らなくなってしまったとある。「絶え間なく」手紙などのやりとりをしていたことが終わってしまったとわかる。**正解は①。**

(イ) もの／より／けに／長き／なむ

けに（副詞）	① ほんとうに。一段と。

「けに」は、他のものと比べて際立っている様子やまさっている様子を表す言葉。「〜より（も）けに」の形で「〜よりいっそう。〜よりきわだって」の意味を表す。**正解は⑤**。この家にあった柳の枝を他のものと比べて「一段と長いもの」と言っているのである。

(ウ) いと／になく／めで／て

いと（副詞）	① とても。たいそう。ひどく。非常に。 ② 〈打消表現と呼応して〉たいして（〜ない）。それほど（〜ない）。そんなに（〜ない）。
になし（形容詞・ク）	① 二つとない。比べるものがない。この上ない。
めづ（動詞・ダ下二）	① かわいがる。愛する。 ② ほめる。賞美する。賛美する。 ③ 感動する。感心する。

「いと」の意味だけで**正解は②**だと決まる。**②**は「になく」も「めで」も訳し方としてふさわしい。**①**は全体が誤り。**③**は「ますます」が間違っている。**④**は「いと」の訳出もないし、「驚きあきれるほどに」もおかしい。**⑤**も「いと」の訳出がないし、また「寵愛して」も不適当。源宰相の機知に富んだ和歌に、としこがこの上もなく感心したのである。

問2　文法

波線部を文法的にいろいろな角度から説明させる問題である。品詞分解すると次のようになる。

そ（名）／の（格助）／こと（名）／と（格助）／や（係助）／なかり（形・ク・用）／けむ（助動・過去推量・体）、
消息（名）／も（係助）／いは（動・ハ四・未）／で（接助）

① 「けむ」は過去推量の助動詞で、係助詞「や」の結びになっていて連体形である（係り結び）。正しい選択肢。

② 本文から「そのこととやなかりけむ」を除いても、「それよりのちは、消息もいはで」と支障なくつながる。「そのこととやなかりけむ」は語り手のコメントを差し挟んだ挿入句だと考えてよい。正しい選択肢。

③ 「や」と「も」が係助詞。「ぞ」「なむ」「や」「か」「こそ」だけでなく、「は」と「も」も係助詞である。正しい選択肢。

④ 「で」は未然形接続の接続助詞で、「〜ないで」の意味。正しい選択肢。

⑤ 「なかり」はク活用の形容詞「なし」の連用形で、四段活用動詞ではない。誤りの選択肢。**正解は⑤**。

問3　内容説明

指示語を具体化する問題。「かかる」は副詞「かく」にラ変動詞の連体形「ある」が付き、それが約《つづ》まったもので「このような」の意味。傍線部Aの直前の「京極の御息所、亭子院の御賀つかうまつりたまふ」は、「京極の御息所が、亭子院の六十歳のお祝いをする」ということである。それを受けて「かかることなむせむ（＝このようなことをしよう）」と言っている。以上から**正解は②**。

問4　和歌の説明

この和歌は、依頼された染め物などを準備し終えたとしこが源宰相に送ったものである。

いそぐ（動詞・ガ四）	① 準備する。 ② 急ぐ。
時雨（名詞）	① 秋の末から冬の初めにかけて、降ったりやんだり定めなく降る雨。 ※「時雨」によって紅葉は進むと考えられている。 ② 涙をこぼして泣くこと。

まし（助動詞）	①〈反実仮想〉 もし～たならば、……ただろうに。 ②〈ためらいの意志〉 ～ようかしら。 ③〈願望〉 ～だったならばよかったのに。 〈**文法ポイント** p.162参照〉

①と②は「時雨」の説明としては正しい。

③は「宰相に飽きられてしまったとしこの悲しみ」とあるが、本文のどこにも「としこが源宰相に飽きられ」るような関係のことは書かれていないので、この和歌からそれを読み取ることはできない。当然「秋」に「飽き」が掛けられている、という説明も誤りである。誤っているものを選ぶのだから、**正解は③**。

④は、上の句「ちぢの色にいそぎし秋はすぎにけり」から読み取れる。「過ぎ去った秋が時雨で木々の葉を染め終えた」と詠み、そこに私も「染め物を染め終えた」の気持ちを込めているのである。

⑤は「なにを」が疑問語で、助動詞「まし」の「ためらいの意志」の用法として正しい選択肢である。

問5　二首の和歌の説明

問1(ア)ですでに見たように、京極の御息所に献上する品物の準備をしている時は、絶え間なく源宰相ととしことの間で手紙などを交わしていたのだが、その期間が過ぎた後は連絡も取らなくなってしまった。Cは、そんな源宰相の薄情な態度に対してとしこが恨み言を言った和歌で、「白浪のさわぐ」に「忙しい」の意味を含ませて、「忙しい時しか思い出さない」と詠んだのである。一方、Dは、和歌の直後に「やりたまへりければ」と尊敬語を用いていることから源宰相の詠んだものだとわかる。本文において、源宰相には尊敬語が使われ、としこには使われていない。「白浪」の「白」に対して「青柳」の「青」を用いて、「のどかな春の日にあなたのことを思い出したのだから、忙しい時だけだなんてとんでもないことだよ」と機知に富んだ内容で返したのである。以上の内容を説明してある**③が正解**。

①は、Cの「二人の将来は頼りないものだと宰相に不安な気持ちを伝えた」も、Dの「二人の仲は春の日差しのように穏やかなものだ」も誤り。

②は、Cの「会いに来てくれないことがせつない」、Dの「のんびりと焦らず気長に待っていてほしい」が誤り。

④と⑤は、そもそも「二首ともとしこの和歌」というのが誤り。

問6　内容合致

①は、「京極の御息所から依頼された」が誤り。源宰相から頼まれたのである。

②は、「相談すると」「としこは髭籠がよいと即座に答えた」が間違っている。そのような記述は本文にない。

③は、「宰相と京極の御息所は連絡を取り合っていた」が誤り。連絡を取り合っていたのは宰相としこである。

④は本文7・8行目「それよりのちは……消息もいはで」、本文10〜13行目「きさらぎばかりに……やりたまへりければ」の内容と一致する。「きさらぎ」は陰暦二月の頃で、仲春、つまり春の半ばである。**正解は④**。

⑤は、本文の最終行に「いとになくめでて、のちまでなむ語りける」とあるが、これはとしこが「この上もなく感心して、のちまで語ったそうだ」ということであり、人々が長く語り合ったのではない。

第4問

【解答と配点】

設問	問1(ア)	問1(イ)	問1(ウ)	問2	問3	問4	問5	問6
正解	⑤	②	①	①	③	①	②	④
配点	4	4	4	4	7	7	7	8

【出　典】

○『今鏡《いまかがみ》』

平安時代後期の歴史物語。作者は未詳。一〇巻。四鏡（『大鏡《おおかがみ》』『今鏡』『水鏡《みずかがみ》』『増鏡《ますかがみ》』）の二番目で、六十八代後一条天皇から八十代高倉天皇までの十三代約一四六年間の歴史を、紀伝体で記している。大宅世継《おおやけのよつぎ》の孫娘でかつては紫式部に仕えたという老女「あやめ」が、長谷寺参りの帰途に人々に歴史を語るという形式をとっている。『大鏡』の続きであるという意味で『続《しょく》世継』とも言われる。

【本文の要旨】

大納言延光《のぶみつ》は、村上帝の機嫌をそこねたこともなかったのに、ある日、帝から漢詩の才能のある藤原雅材《まさき》という学生《がくしょう》の昇進を奏上しなかったということで叱責《しっせき》を受けた。その後すぐに雅材を蔵人《くろうど》に任命するという命令が下った。それを知らせる小舎人《ことねり》が雅材の居場所を尋ね当て、そこに行き伝えたところ、その家では娘婿が蔵人になれると勘違いし、祝いの準備までしたのだった。小舎人が「蔵人になるのは娘婿ではなく、この家の女のもとに通っている男（＝雅材）である」と言うと、家の主人は恥ずかしくなって、雅材を家から追い出してしまった。

雅材が追い出されたことを聞きつけた帝は、同情して必要な衣などを与えたので、雅材は、それを着て参内出仕したということだ。

【全文解釈】

　村上帝の御時代に、枇杷《びわ》の大納言延光は、蔵人の頭で（帝が）寵《ちょう》愛《あい》しなさる人でいらっしゃったので、すこしも（帝の）ご機嫌を損なったこともおありでなく、過ごしていらっしゃったが、（ある日、帝に）不快なご様子が見られたので、不思議に恐ろしくお思いになって（自邸に）ひき籠もっていらっしゃったときに、（帝から）お呼びがあったので、（大納言延光が）急いで参内して（帝の御前に）いらっしゃったところ、（帝が）「長年並一通りでなく（おまえを）信頼して過ごしてきたのに、残念なことは、藤原雅材という学生の、作った漢詩は評価して引き立ててやってもよかった（できばえの）ものを、どうして蔵人になるのにふさわしいということを奏上しなかったのか。まったく頼みにする甲斐《かい》もなく」とおっしゃったので、（大納言延光は）言い訳を申し上げることが際限なくて、そのまますぐに（雅材を蔵人に任命なさるという）お言葉を下しなさったので、蔵人所の小舎人が、（雅材の）家を探しあぐねて、（雅材が）通っている女がいると聞きつけて、その家に行って、蔵人になったということを告げたところ、その家の主人の娘婿で、蔵人所の雑色《ぞうしき》であった者が、蔵人に（なる）望みをかけていたちょうどその時で、自分が（蔵人に）なったと、喜んで、御祝儀などをふるまいもてなすために、急に親しい縁者たちを呼んで、準備をしていたところ、小舎人が、「（蔵人は）雑色殿ではいらっしゃらず、秀才殿（＝雅材）がおなりになったのである」と言ったので、不審に思って、家の主人が、「どういうことか」と尋ねたところ、雑色の妻の姉か妹かである女房で、台所仕事などをしていた女のもとへ、この秀才（＝雅材）が人目を避けて通っては、（その女の）部屋に住みついていたのを、「こういう人がいらっしゃる」と家の女たちが言ったので、「まさかその男は蔵人になることができるような者ではあるまい。間違いだろう」と言ったところ、小舎人が、「その人である」と言ったので、雑色も家の主人も、恥ずかしくなって、「こんな者が通っているから、このようなことが起こるのである」と言って、（その）夜のうちに、その部屋の隠し男（＝雅材）を追い出してしまった。

　このことを、どうして帝がお聞きつけになったのであろうか、「気の毒なことだなあ。それでは出仕するような衣装でふさわしいものも、望みどおりにはならないであろう」とおっしゃって、内蔵寮《くらづかさ》に仰せになって、内蔵頭《くらのかみ》が整えて、（雅材は）さまざまなご下賜の衣をいただいて（それを着て）参内出仕したということだ。

【設問解説】

問1　語句の解釈

(ア)　御おぼえ／に／おはし／ける

おぼえ（名詞）	①評判。人望。 ②寵愛。 ③記憶。心に思いあたること。

	④ 腕前や技能に自信があること。
おはす（動詞・サ変）	①〈「あり」の尊敬語〉 いらっしゃる。 ②〈行く・来〉の尊敬語〉 いらっしゃる。 ③〈尊敬の補助動詞〉 ～ていらっしゃる。お～になる。 ～なさる。

「おはしける」の意味はすべて正しい。「おぼえ」の語義を考えると①・④・⑤が残る。「御」は尊敬の接頭語なので、延光に対して「御おぼえ」を抱いていたのは、身分の高い人だと判断できるので、①「人々」は不適当である。④では、帝のどのような記憶かがわからないし、傍線部直下の「帝のご機嫌を損なったこともおありでなく、過ごしていらっしゃった」とも文脈上うまくつながらないので不適当。また、「御おぼえ」は名詞で、それに接続している「におはしける」は、「～でいらっしゃった」と訳せることから、「に」は断定の助動詞「なり」の連用形。このように訳出してあるのは⑤だけ。**正解は⑤**である。

(イ) ひがごと／なら／む

ひがごと（名詞）	① 間違い。誤り。

「間違いだろう」と「ひがごと」の訳出が適切にされている**②が正解**。小舎人から「蔵人になるのは雑色殿ではない。秀才殿だ」と聞いた家主の発言の中にある。家主は、娘婿である雑色が蔵人になれるものだと思っていたので、事の意外さに「ひがごとならむ」と言ったのである。文脈にも合っている。

(ウ) いとほしき／こと／かな

いとほし（形容詞・シク）	① かわいそうだ。気の毒だ。 ② かわいい。いとしい。いじらしい。

「いとほし」の語義から①「気の毒なことだなあ」が正解だと判断できる。帝から高い評価を得て、せっかく蔵人になることのできた雅材であったのに、恋人の家から追い出されてしまった。そのことを聞きつけた帝の心情を表している。よって、**①が正解**。

問2 文法

「なり」の識別の問題〈**文法ポイント** p.183参照〉。

a 「おろかならず」…「おろかなり」は「いいかげんだ。並一通りだ」の意味の形容動詞である。よって、ここの「なら」は、形容動詞の一部と説明できる。

b 「わがなりぬる」…「自分が蔵人になった」という意味である。ここの「なる」はラ行四段活用動詞である。

c 「ならせ給へるなり」…直上の「る」は完了の助動詞「り」

の連体形で、ラ変型の活用語である。よって、この「なり」は断定の助動詞と伝聞・推定の助動詞の両方の可能性がある。ここは小舎人が雅材の蔵人昇進の伝達に訪れた場面で、小舎人自身が把握している事実であるので断定の助動詞だと決定できる。

d 「姉か妹かなる女」…直上に係助詞「か」があり、非活用語に接続していて、「姉か妹かである女房」と訳せるので、断定の助動詞「なり」の連体形。

e 「恥ぢがましくなりて」…「恥ずかしい状態になって」という意味で、形容詞の連用形に続く「なり」はラ行四段活用動詞である。

以上から正解は①。

問3　内容説明

傍線部を含む帝の言葉「年頃はおろかならず……いと頼むかひなく」の内容を確かめると、

i　長年、延光のことを信頼してきた。 ii　藤原雅材の漢詩は評価してやってもよいものだ。 iii　どうして雅材が蔵人になるのにふさわしいということを奏上しなかったのか。 iv　まったく頼みにする甲斐もないことだ。

となる。つまり、雅材という逸材のいることを延光が報告しなかったことを残念に思っていた、ということである。その説明がなされている③が正解。

①「申し訳なく思っている」、④「後悔している」はいずれも傍線部の「頼むかひなく」という帝の心情としては誤り。

②は「思いのほかに文学的素養の不足している」、⑤は「学識のある雅材の官職に就きたいという望み」が誤り。本文において、延光の文学的素養、雅材の望みについては述べられていない。

問4　心情説明

あやし（形容詞・シク）	
	〈怪し〉 ① 不思議だ。奇妙だ。不審だ。 〈賤し〉 ② 身分が低い。 ③ 粗末だ。みすぼらしい。

ここの「あやしく」は心情を表しているので意味は「怪し」の方である。また、誰の心情かについては、「あやしくなりて、家主、『いかなることぞ』と尋ねけるに」とあることから、「家主」の心情だとわかる。次に、傍線部につながる部分の内容を確かめる。

i　小舎人が雅材の居場所を聞きつけてその家に行き、「蔵人になった」と伝えた。 ii　その家では雑色（＝主人の娘婿）が蔵人になる望みをかけていた。

iii　小舎人の伝達を聞いて、雑色が蔵人になったのだと喜び、祝いの準備をした。
iv　小舎人が「蔵人になったのは雑色殿ではなく、秀才殿だ」と言った。

また、この後の「雑色が女の姉か妹かなる女の～家の女ども言ひければ」から、

v　雅材の存在を家主たちは知らなかった。

こともわかる。家主は、娘婿が蔵人になれると思ったのに、存在さえ知らなかった「秀才殿」が蔵人になるのだと聞いて「あやしく」、つまり不審に思ったのである。まず、「家主の心情」と説明してあるのは①と④だけである。④は、娘婿が蔵人になれるという内容とは逆の内容になっているので誤り。**正解は①。**

問5　解釈

そ／の／こと／を、／いかで／か／雲の上／まで／きこしめしつけ／けむ

いかで（副詞）	①〈疑問〉どうして。どうやって。どのようにして。 ②〈反語〉どうして～か、いや、～ない。 ③〈願望〉なんとかして。どうしても。
雲の上（名詞）	①雲よりも高い空。天上。 ②宮中。内裏。
きこしめしつく（動詞・カ下二）	〈聞きつく〉の尊敬語 ①お聞きつけになる。聞きつけなさる。

「けむ」は過去推量の助動詞なので、正解の候補は②と③になる。また「きこしめしつけ」は尊敬語であり、③には「尊敬」の訳出がされていないので除外できる。以上から**②が正解**。「いかで」は「どうして」、「雲の上」はここでは「宮中。内裏」の意味で、「雲の上まできこしめしつけ」で「宮中にいらっしゃる帝がお聞きつけになった」ということを表している。ちなみに「そのこと」とは、**問1**(ウ)で確認したように「帝から高い評価を得て、せっかく蔵人になることのできた雅材であったのに、恋人の家から追い出されてしまった」ことを指している。

問6　内容合致

各選択肢の本文該当箇所を列挙すると、

①　本文1～3行目「枇杷の大納言延光、……籠り居給へりけるほどに」

② 本文6行目「小舎人、家を尋ねかねて、……そのところに至りて」

③ 本文8・9行目「小舎人『雑色殿にはおはせず、秀才殿のならせ給へるなり』といひければ」

本文9～11行目「雑色が女の姉か妹かなる女の、……と家の女ども言ひければ」

④ 本文12・13行目「雑色も家主も、……その局の忍び夫を追ひ出だしてけり」

⑤ 本文14～16行目「そのことを、いかでか雲の上まできこしめしつけけむ、……さまざまの天の羽衣も賜はりて」

「合致しない」ものを選ぶ設問で、誤りの選択肢は④である。家から追い出されたのは「忍び夫」、つまり雅材であって、雑色ではない。「雑色殿が通ってきているのが失態の生じた原因だ」というのもおかしい。「忍び夫」の通ってきているのがその原因だと家主は考えたのである。**正解は④。**

第5問

【解答と配点】

設問		正解	配点
問1	(ア)	①	4
	(イ)	④	4
	(ウ)	②	4
問2		①	4
問3		⑤	7
問4		②	7
問5		④	7
問6		③	8

【出典】

○『源氏物語《げんじものがたり》』

平安時代中期の作り物語。作者は紫式部《むらさきしきぶ》。全五十四帖。日本文学最高の長編物語である。構成にはいくつかの考え方があるが、三部説に沿えば、

第一部（一　桐壺《きりつぼ》〜三三　藤裏葉《ふじのうらば》）光源氏が数多の恋愛遍歴を繰り広げつつ、王朝人として最高の栄誉を極める前半生を描く。

第二部（三四　若菜《わかな》上〜四一　幻《まぼろし》）光源氏をとりまく子女の恋愛模様と、愛情生活の破綻による無常を悟り、やがて出家を志すその後半生を描く。

第三部（四二　匂宮《におうのみや》〜五四　夢浮橋《ゆめのうきはし》）光源氏没後の子孫たちの恋愛と人生を描く。

となる。構成の技巧・自然描写・心理描写にすぐれ、文体も流麗で優美である。後世の文学にも大きな影響を与えた作品である。

【本文の要旨】

光源氏ほどの身分であれば、子息は苦労しなくても昇進できる時代である。しかし光源氏は息子夕霧をあえて優遇せず、大学寮に入れ、まともに学問をさせて官僚の道を進ませるのだった。また、学問の支障になるということで光源氏は夕霧を溺愛《できあい》する祖母大宮のもとへほとんど参上させない。そんな父を恨みはするが、夕霧は根がまじめなので、我慢してしっかり学問に励む。寮試の試問において

も、驚くほど類いまれな成績であり、皆、感涙を流すのであった。

【全文解釈】

（光源氏は、）ひき続き、（大学寮への）入学の儀式ということをおさせになって、そのままこの邸宅の内に（夕霧の）お部屋をつくって、まじめで、学識豊かな師匠にお任せ申し上げなさって、学問をさせ申し上げなさった。（夕霧は、今では）祖母の大宮のおそばへも、ほとんど参上なさらない。（というのは、大宮が夕霧を）明けても暮れてもかわいがって、いまだに幼子のようにばかり扱い申し上げなさるので、あちらではとても勉強がおできになるまいというわけで、静かな場所に閉じ込め申し上げなさっているのだった。「一か月に三度ぐらい、（大宮のもとへ）参上しなさい」と、許し申し上げなさった。

（夕霧は、部屋に）じっと籠もっていらっしゃって、気の晴れぬままに、殿（＝光源氏）を「薄情でいらっしゃるなあ。これほどつらい思いをしなくても、高い位に昇り、世間から重んじられる人がいないのか、いや、いるはずだ」と思い申し上げなさるが、だいたいの人柄がまじめで、浮ついたところがなくていらっしゃるので、たいそうよく辛抱して、「なんとかしてしかるべき書物を早く読み終えて、宮仕えもし、立身出世もしよう」と考えて、わずか四、五か月のうちに、史記などという書物をすっかり読み終えておしまいになった。

今は寮試を受けさせようということで、まず光源氏ご自身の御前で試問を行わせなさる。例によって（伯父の）大将と、（ほかには）左大弁、式部大輔、左中弁などぐらいが参列して御師の大内記をお呼びになって、史記の難解な巻々で、（それも）寮試を受けるようなときに、（試験官の）博士が繰り返し質問しそうな箇所を（あちこち）取り出して、一通り読ませ申し上げなさると、あやふやなところもなくあれこれ（の記事）にわたって理路整然とお読みになった様子は、不審な部分に付ける爪じるしもなく、驚くほどたぐいまれですばらしいので、そうなるはずの宿縁でいらっしゃったことよ（＝持って生まれた才能でおありだったことよ）と、誰も彼も感涙をお流しになる。（なかでも伯父の）大将は、「（こういう時に）故大臣がご存命であられたら（どんなにかお喜びになっただろうに）」と言い出し申し上げて、お泣きになる。

【設問解説】

問1　語句の解釈

(ア)　をさをさ／参で／たまは／ず

をさをさ〈副詞〉	①〈打消表現と呼応して〉ほとんど。めったに。少しも。

まうづ（動詞・ダ下二）	①〈「行く・来」の謙譲語〉 参上する。うかがう。 ②参詣する。お参りに行く。
給ふ（動詞・ハ四・ハ下二）	〈四段活用〉 ①〈「与ふ」の尊敬語〉 お与えになる。くださる。 ②〈尊敬の補助動詞〉 ～なさる。お～になる。 〈下二段活用〉 ③〈謙譲の補助動詞〉 ～ます。～ております。 〈**文法ポイント** p.179参照〉

「をさをさ～ず」が訳出されているのは①と②。「参で」の訳の正しいものは①と②と④。尊敬の補助動詞「たまは」の訳出が正しいものは①③④⑤。すべてに該当するのは①。**正解は①**。夕霧は、今では祖母の大宮のおそばへも「ほとんど参上なさらない」というのである。

(イ) おほかた／の／人柄／まめやかに

おほかたなり（形容動詞・ナリ）	①総じて～だ。一般に～だ。 だいたい～だ。 ②普通だ。並一通りだ。
まめやかなり（形容動詞・ナリ）	①まじめだ。誠実だ。 ②本格的だ。

「おほかたの」は形容動詞の語幹に格助詞「の」の付いたもので、「おおよその。だいたいの」の意味。選択肢の中で「おほかたなり」の意味を踏まえているものは④の「だいたいの」しかない。また「まめやかに」の訳出の正しいものは、②の「誠実で」と④の「まじめで」。よって、**正解は④**。夕霧の人柄を説明している箇所で、誠実な浮ついたところのない様子が読み取れる。

(ウ) あさましき／まで／ありがたけれ／ば

あさまし（形容詞・シク）	①驚きあきれるほどだ。意外だ。 ②興ざめだ。 ③情けない。 ④見苦しい。
ありがたし（形容詞・ク）	①めったにない。珍しい。 ②（めったにないほど）すばらしい。

③　生きづらい。

「あさましき」が正しく訳されているものは②の「驚くほど」だけ。「ありがたけれ」が正しく訳されているものも②の「たぐいまれですばらしい」だけ。他の選択肢はすべて誤りである。**正解は②**。寮試の際に、試験官の博士が質問しそうな箇所を夕霧に読ませたところ、傍線部直上の「至らぬ隈もなくかたがたに通はし読みたまへるさま、爪じるし残らず（＝あやふやなところもなくあれこれの記事にわたって理路整然とお読みになった様子は、不審な部分に付ける爪じるしもなく）」だというのである。文脈にも整合している。

問2　文法

a　「学問せさせたてまつりたまひける」……直上の「学問せ」はサ行変格活用動詞「学問す」の未然形。「させ」の直下の「たてまつり」は謙譲の補助動詞である。直下に尊敬の補助動詞のない場合の「す」「さす」は「使役」の助動詞だと決めてよい〈文法ポイント p.156参照〉。

b　「静かなる所」……「静かなり」は様子や状態を表す語なので、形容動詞の一部である〈文法ポイント p.183参照〉。

c　「世に用ゐらるる人」……直上の「用ゐ」はワ行上一段活用動詞「用ゐる」の未然形で、「らるる」は「自発・受身・可能・尊敬」の助動詞「らる」の連体形。ここは「世間から重んじられる人」という意味で「受身」の助動詞である〈文法ポイント p.156参照〉。

d　「寮試受けむに」……直上の「受け」はカ行下二段活用動詞「受く」の未然形で、「む」は助動詞。ただしこの「む」は文中にある連体形の「む」であるので、多くの場合「仮定・婉曲」の助動詞である。ここも「寮試を受けるようなときに」と訳せるので「婉曲」の助動詞である〈文法ポイント p.159参照〉。

e　「至らぬ隈もなく」……直上の「至ら」はラ行四段活用動詞「至る」の未然形。未然形に接続している「ぬ」は、「打消」の助動詞「ず」の連体形だと決定できる〈文法ポイント p.184参照〉。

a〜eすべて正しい説明になっているのは①。**正解は①**。

問3　思考内容説明

光源氏が息子の夕霧をどのように考えて「静かなる所に籠め」たかを説明する問題。傍線部直上の「夜昼うつくしみて、なほ児のやうにのみもてなしきこえたまへれば、かしこにてはえもの習ひたまはじとて」に注目する。「祖母の大宮が夕霧を明けても暮れてもかわいがって、いまだに幼子のようにばかり扱うので、あちらではとても勉強ができない」ということである。大宮が夕霧を孫として溺愛する環境を勉学に不向きだと考えたから、祖母から遠ざけたのである。その説明がなされている**⑤が正解**。

①は、直前の内容を踏まえず「勉強部屋まで用意したのだから」

とだけしている点が誤り。

②は「学問の師匠」が、「大宮がいると気を遣」うという内容が誤り。

③は「夕霧がいつまでも幼子のように甘えるばかりで成長できない」という説明が誤り。

④は「夕霧の人格形成に支障が出る」が誤り。

問4　内容説明

つらし（形容詞・ク）	① 薄情だ。思いやりがない。 ② 耐えがたい。心苦しい。

傍線部直前の「つと籠りゐたまひて、いぶせきままに、殿を」から、（光源氏によって用意された勉強部屋に）ずっと籠もっている者、すなわち夕霧が、「つらくもおはしますかな」と思う主体であることと、その対象が「殿＝光源氏」だということがわかる。①・③・⑤は、対象が光源氏以外となっているので誤り。④と⑤は、主語が「大宮」となっていて除外できる。夕霧が、自分を厳しく勉学に精励させる父の光源氏のことを薄情だと思っている、という説明になっている**②が正解**。

問5　内容説明

「涙」には「悲しい涙」はもちろん「嬉《うれ》しい涙」「せつない涙」「怒りの涙」などいろいろな種類がある。では、この場面の「涙」はどんなものであろうか。**問1**(ウ)で確認したように、「寮試の際に、試験官の博士が質問しそうな箇所を夕霧に読ませたところ、不審の爪じるしもなく理路整然と読んだ」ということであった。そして傍線部直前に「さるべきにこそおはしけれ」とある。

さるべき（慣用句）	① 適当な。ふさわしい。 ② そうなるはずの（前世からの）宿縁。

ここは、「そうなるはずの（前世からの）宿縁」の意味で、夕霧の学問のすばらしい結果に対して周りの人たちが皆、「そうなるはずの前世からの宿縁＝持って生まれた才能」だと思って、感動の涙を落としているのである。以上から**正解は④**だとわかる。

①と②は「結果が良くなかった」とあるので誤り。

③は「出世ができる」「満足している」、⑤は「将来が楽しみ」「期待している」がそれぞれ誤り。

問6　内容合致

①は、「新年一月に三度だけ」が誤り。本文4行目の「一月《ひとつき》に三たびばかりを……」は「一か月に三度ぐらい……」という意味である。

②は、「学問となると人が変わる」が断定できないし、「不信感を抱いている」も正確とは言えない。**問4**で確かめたように、本文6行目「つらくもおはしますかな」は夕霧が父の光源氏のことを「薄情だ」と思っているのであって、不信感を持っているわ

けではない。

③は、本文6～8行目「かく苦しからでも、……いとよく念じて」に該当している。「念じ」はここでは「我慢する」の意味である。この**③が正解**。

④は、「春から夏にかけての短い間」が誤り。本文9行目の「四五月」は「四、五か月」ということであって、「四月（＝卯月《うづき》・初夏）と五月（＝皐月《さつき》・中夏）」ということではない。

⑤は、「光源氏とは違う育て方をしたであろうと思うと少しばかり複雑な思いである」が不適切。本文14行目の「故大臣おはせましかば」は夕霧のすばらしさに対し「もし夕霧の祖父が生きていれば、どんなにか喜んだだろうに」ということであり、「育て方」を問題にしているのではない。

第６問

【解答と配点】

設問		正解	配点
問1	(ア)	④	4
	(イ)	⑤	4
	(ウ)	③	4
問2		③	4
問3		①	7
問4		②	7
問5		④	7
問6		③	8

【出　典】

○『平家物語《へいけものがたり》』

鎌倉時代前期の軍記物語。作者は、兼好《けんこう》法師が『徒然草』で、信《しな》濃前司《ののぜんじ》行長《ゆきなが》としているが、いろいろな説がある。全十二巻で、前半は平家全盛期を、後半は平家一門の没落滅亡までを描いている。仏教的無常観が基調となっており、『平曲』として琵琶法師により語られ広まった。

【本文の要旨】

山の手の侍大将、越中前司盛俊《もりとし》（平家方）は、劣勢の平家軍が落ちのびていく中、死を覚悟して敵を待っていた。そこへやってきた猪股小平六則綱《いのまたこへいろくのりつな》（源氏方）と組み合い、一度は猪股を組み伏せるのだが、猪股は、盛俊の武士としての自尊心にうまくつけこんで、盛俊をだまし討ちにし首を取る。その場に落ち合った人見四郎（源氏方）との間に功名争いが起こることを心配した猪股は、自分が盛俊を討ち取ったと大声で名乗り、この日一番の手柄を収めるのだった。

【全文解釈】

（平家方の）越中前司盛俊は、山の手の侍大将であったが、（源氏の手から）今はたとえ落ちのびてもかなわないだろうと思ったのだろうか、（馬を）とどめて敵を待つところに、（源氏方の）猪股小平六則綱が、よい敵だと注目し、鞭《むち》・あぶみを合わせて駆けてきて、（馬を）並べて、むずと組んでどっと落ちる。猪股は八か国に名の知れた強者である。鹿の角の一、二の枝分かれした所を簡単に引き裂いたと評判だった。越中前司は二、三十人分の力わざをするように、人目には見えたけれども、実際には六、七十人で上げ下ろす船を、たった一人で押し上げ押し下ろすほどの力持ちである。だから猪股をつかまえて押さえて動かさない。猪股は、下に伏したまま、刀を抜こうとするけれども、指が広がって、刀の柄《つか》を握ることもできない。ものを言おうとするけれども、あまりに強く押さえられて声も出ない。今にも首を斬られようとしたが、力は劣っていたけれども、心は勇ましかったので、猪股はすこしも騒がず、しばらく息をととのえ、苦しくなどない様子にふるまって申したことは、「そもそも（私が）名乗ったのをお聞きになってのことか。敵を討つというのは、自分も（相手に）名乗って聞かせ、相手にも名乗らせて（その上で）首を取ったのであればそれこそ大功（＝大きな手柄）である。名も知らぬ首を取っては、いったい何になさるつもりか」と（猪股に）言われて、（盛俊は）もっともだと思ったのだろうか、「自分はもともと平家の一門であったのだが、わが身が未熟であることによって現在は侍になっている越中前司盛俊という者である。あなたは何者なのか、名乗れ、聞こう」と言ったので、「武蔵の国の住人、猪股小平六則綱」と名乗る。（則綱は）「よくよくこの周囲の様子を見ると、源氏の御方は強く、平家の御方は敗色濃く見えなさっている。今は主君が栄えていらっしゃるならば、敵の首を取って献上して、勲功恩賞にもあずかりなさるだろうが（、今の平家はそうではない）。道理を曲げてこの則綱をお助けください。あなたの一門は何十人いらっしゃるにしても、この則綱の勲功の褒賞に申しかえてお助け申し上げよう」と言ったので、越中前司はおおいに怒って、「この盛俊は身は未熟ではあるけれども、そうはいってもやはり平家の一門である。源氏を頼りにしようとは思わない。源氏もまたこの盛俊に頼りにされようともまさか思わないだろう。腹の立つ貴殿の申しようだなあ」と言って、すぐに（則綱の）首を掻《か》き切ろうとしたところ、猪股は「とんでもないことだ（＝卑怯ですぞ）、降参した人の首を斬るということがありますか」（と言う）。越中前司は「それならば助けよう」と言って（猪股を）引き起こす。前は畑のように干上がって、非常にかたかったが、後ろは泥水の深かった水田で（その）畔《あぜ》の上に、二人の者たちは腰を掛けて休んでいた。

しばらくたって、黒革威《くろかわおどし》の鎧《よろい》を身につけ月毛の馬に乗った武者が一騎、駆けてきた。越中前司が不審そうに見たので、（猪股は）「あれはこの則綱が親しくしております人見四郎と申す者でございます。この則綱がおりますのを見て、やってくるのだと思われます。お気づかいはいりません」と言いながら、あれ（＝人見四郎）が近づいたらその時に、越中前司に組み付いたならば、（親しい間柄なのだから）いくらなんでも加勢してくれるだろうと思って待つところに、一段ほど近づいた。越中前司は初めは二人を一目ずつ見たが、しだいに近くになったので、駆けて来た敵をじっと見つめて、猪股を見ないすきに、（猪股は）足に力を入れて突然に立ち上がり、「えい」と言って両手でもって、越中前司の鎧の胸板をぐっと突いて、後ろの水田にあおむけに突き倒す。（越中前司が）起き上がろうとするところに、猪股が上にむずと乗りかかり、そのまま越中前司の腰の刀を抜き、鎧の草ずりを引き上げて、柄もこぶしも通れ通れと三回刀を刺して首を取る。そうしているところに人見四郎が落ち合った。このような時（＝戦いの現場に他に味方がいる場合）は功名争いが起きることもあると思い、太刀の先に（越中前司の首を）貫き通し、高くさしあげ、大声を上げて、「この数日来、鬼神と評判だった平家の侍（である）越中前司盛俊を、この猪股小平六則綱が討ち取ったぞ」と名乗って、その日の高名の筆頭になってしまった。

【設問解説】

問1　語句の解釈

(ア)　さらぬ／体／に／もてなし／て

さらぬ（連語）	①〈去ら＋ぬ〉 立ち去らない。離れない。 ②〈避ら＋ぬ〉 避けられない。やむをえない。 ③〈さ＋あら＋ぬ〉 そうではない。なんでもない。
体（名詞）	①姿。様子。ありさま。 ②和歌・連歌などの詠みぶり。
もてなす（動詞・サ四）	①扱う。世話をする。 ②ふるまう。装う。

大力の越中前司盛俊に組み伏せられている猪股小平六則綱が、心は勇ましかったので、苦しい中でその様子を見せずにものを言う、という場面である。この「さらぬ」は「さ＋あら＋ぬ」で「そうではない」つまり「苦しくなどない」という意味で、「もてなして」は「ふるまって」の意味である。**正解は④**。

①は「立ち去りなどしない」、**②**は「大事を伝えよう」、**③**は「いかにも礼を尽くす」、**⑤**は「無礼にならないように」がそれぞれ誤り。

(イ)　主／の／世／に／ましまさ／ば／こそ

世にあり（慣用句）	①生きている。 ②栄える。世間に認められる。
まします（動詞・サ四）	①〈「あり」の尊敬語〉 いらっしゃる。おいでになる。 ②〈尊敬の補助動詞〉 〜いらっしゃる。

「ましまさ＋ば」は「未然形＋ば」で仮定条件である。このことから正解は③か⑤に絞れる。また、「まします」はラ行変格活用動詞「あり」の尊敬語。傍線部直後の「敵の頸取つて参らせて、勲功勧賞にもあづかり給はめ」とのつながりを考えると「主の世にましまさ」は「主君が栄えていらっしゃる」だとわかる。栄えていてこそ恩賞を与えることができるのであって、「生きのびて」いるだけでは恩賞など与えられない。よって、**正解は⑤**。

(ウ)　さりとも／落ちあは／んず／らん

さりとも（慣用句）（さ＋あり＋とも）	①　たとえそうであっても。いくらなんでも。
落ちあふ（動詞・ハ四）	①　一つの場所で出会う。 ②　（戦場で）そばから加勢する。 ③　争いの相手となる。

「んずらん」は「んず（むず）＋らん（らむ）」であるが、現代語訳をする時には推量の助動詞「む（ん）」と同じだと考えてよい。「落ちあはんずらん」は「落ちあはむ」と同義ということなので、「〜ないだろう」と打消推量の訳になっている①・②・⑤は正解からはずれる。④の「理解してくれる」は「落ちあふ」の語義にないので、これも除外できる。**正解は③**。

則綱は盛俊と一対一の苦しい戦いを続けている最中、味方の人見四郎が近づいてきたのを目にした。傍線部はその時の則綱の気持ちを表しているところなので、③は文脈にも合致している。

問2　文法

a　「に」の識別の問題〈文法ポイント p.184参照〉。

「侍大将にてありける」…体言に付いていて、下に「あり」があり、「〜である」と訳せるので、断定の助動詞「なり」の連用形。

b　「人目には見えけれども」…体言に付いていて、「〜である」とは訳せない。このような「に」は格助詞である。

c　「すでに頸をかかれんとしけるが」…「すでに」は述部「しける」に係っていて、活用しない語であるので副詞である。よって、この「に」は副詞の一部である。

d　「あやしげに見ければ」…「あやしげに」は形容動詞「あやしげなり」の連用形。「〜げなり」は「見るからに〜な様子だ」の意味を持ち、形容動詞を形成する。この「に」は形容動詞の連用形の活用語尾である。選択肢では「形容動詞の一部」となっている。

e　「付きにける」…「付き」は四段活用動詞の連用形。動詞の連用形に接続していて直下に「き・けり・たり・けむ」の助動詞がある時、その「に」は、完了の助動詞「ぬ」の連用形である。

以上から**正解は③**である。

問3　内容説明

げに（副詞）	①　なるほど。ほんとうに。

「げに」は前にある会話などに対する納得の気持ちを表す語で、ここは強意の係助詞「も」が付いてその意味を強めている。「や」は疑問の係助詞、「けん」は過去推量の助動詞「けん（けむ）」の連体形。「げにもとや思ひけん」を逐語訳すると「なるほど（それもっともだ）と思ったのだろうか」となる。選択肢はすべて則綱の言葉に対しての盛俊の反応という形で揃っている。則綱の言葉とは傍線部直前の「そもそも名乗つるをば聞き給ひてか。～何にかし給ふべき」である。その内容は「敵を討つというのは互いに名乗り合ってから相手の首を取るのが手柄である。名も知らぬ首を取っても何にもならないぞ」ということである。それが説明されているのは①と②であるが、②は「その言葉に疑問を感じている」が「げに」の意味からはずれている。よって、**正解は①**。

問4　内容説明

今、この場面は力の強い盛俊に組み伏せられている則綱が、なんとかして助かろうと盛俊に語りかけているところである。その内容（本文12～15行目「つらつらこの世間の有様を見るに、……則綱が勲功の賞に申しかへて助け奉らん」）を確かめると、以下のようになる。

i　周囲の様子を見ると、源氏方が強く、平家方は敗色濃厚である。
ii　主君が栄えているなら敵の首を取り、恩賞にもあずかれる甲斐があろうが、平家はそのような状況にない。
iii　道理を曲げてこの則綱を助けてほしい。
iv　助けてくれたなら、盛俊の一門が何人いても、自分の勲功の賞に申しかえて逆に盛俊を助けよう。

このi～ivの説明がなされている**②が正解**である。盛俊は則綱の武士にあるまじき卑怯《ひきょう》な駆け引きや潔さの微塵《みじん》も感じられない態度に腹が立ったのである。傍線部直後の「盛俊身こそ不肖なれども、……につくい君が申しやうかな」からも「怒り」の理由がわかる。

他の選択肢については、
①「潔く負けを認めることが武士としての誇りであろう」
③「生涯面倒見ようと思う」
④「真剣に戦うのは得策ではない」「一門の者すべて引き連れて逃げるのがよい」
⑤「戦の結果というのは、運、不運によるところが大きい」
がそれぞれ誤りである。則綱はそのようなことは言っていない。

問5　内容説明

傍線部は「かやうの時は論ずる事もあり」で「このような時は

『論ずる』こともある」という意味になるが、まず前後の状況を考えてみよう。

〈傍線部の前〉
ⅰ 劣勢であった則綱だが、相手の隙《すき》を突いて盛俊の首を取った。
ⅱ そこへ源氏方（＝則綱の仲間）の人見四郎がやって来た。
〈傍線部の後〉
ⅲ 取った盛俊の首を太刀の先に貫き、高くさしあげた。
ⅳ 大声で「盛俊の首を則綱が取った」と名乗った。
ⅴ その日の合戦の記録の手柄の筆頭になった。

「このような時」とはⅰ・ⅱの時、つまり、「敵方の首を奪ったところに味方がやって来た時」だとわかる。「論ずる」とは、

論ず（動詞・サ変）	① 物事の道理を説く。 ② 訴訟で争う。議論する。言い争う。

の意味であるが、前述ⅲ・ⅳ・ⅴからわかるように、則綱は「盛俊の首を取った」という手柄を人見四郎に奪われたくなかったのである。そのために大声を上げて自分の手柄だということを周囲に知らしめたのだ。よってこの「論ずる」は②「言い争う」の意味で、後からやって来た仲間との功名争いを表していることがわかる。それを説明している④が正解である。他の選択肢はそれぞれ、

① だまし討ちでは人は納得しない
② 自分の手柄を印象づけるのが得策
③ 手柄を確実にするために仲間を証人にする
⑤ だまし討ちを正当化する

という点が誤りである。

問6　内容合致

①は、「自分の武士としての名誉などどうなってもかまわない」が誤り。本文1行目「今は落つともかなはじとや思ひけん」からわかるように、盛俊が敵と戦おうとする動機を筆者は「源氏の手から今は落ちのびてもかなわないだろうと思ったのだろうか」と推測している。むしろ、名誉を守ろうという心情が読み取れる。

②は、「心優しい性格のため、戦の場面ではそれほどの活躍は見せなかった」が誤り。「心優しい性格のため」とは断定できないし、本文3・4行目の「猪股は八ヶ国……とぞ聞こえし」からは世間で評判になっていたことがわかり、活躍もしていたと推定できる。

③は、本文17・18行目「やがて頸をかかんとしければ、……とてひき起こす」が該当箇所。「首を切られる寸前であった則綱は、降参している者の首を取るなどあるものかと、盛俊の武将としての自尊心につけ込んで命拾いした」という説明に誤りはない。

③が正解。

④は、前半も後半も誤り。人見四郎が則綱が苦境に立たされているのを知っていたとは読み取れないし、自分の力が必要だろうと考えて駆けつけたということも読み取れない。

⑤は、「盛俊に押さえつけられていた則綱は、盛俊が近づいて来る人見四郎に注意を払い、則綱から視線をはずした隙に」までは正しいが、「その場から逃げ出した」が誤り。本文24～27行目「力足をふんでつい立ち上がり……三刀さいて頸をとる」とあるように、隙を突いた則綱は盛俊を突き倒し、命まで奪ってしまう。「逃げ出した」は誤り。

第7問

【解答と配点】

設問		正解	配点
問1	(ア)	④	4
	(イ)	②	4
	(ウ)	①	4
問2		⑤	5
問3		③	7
問4		①	7
問5		④	7
問6		②	7

【出典】

○『更級日記《さらしなにっき》』

平安時代後期成立。作者は菅原孝標女《すがわらのたかすえのむすめ》。寛仁四（一〇二〇）年、作者十三歳の九月、父の赴任先である上総《かずさ》の国（現在の千葉県）から京へと向かう旅路から始まり、『源氏物語』に憧れた少女期、宮仕え、橘俊通《たちばなのとしみち》との結婚を経て、夫と死別した頃までの約四十年を回想した日記である。少女時代に抱いていた物語世界への憧れは、大人になり厳しい現実に身を置く中で幻想であったことを知り、夢破れて生きる中流貴族の女性の生涯の記録でもある。

【本文の要旨】

実家暮らしよりは気が晴れるかと思っていた宮仕えは、実際にはつらいことも多そうだが、今さらどうしようもない。十二月に再出仕し、数日宮仕えをする。馴《な》れない所なので眠れず、涙もこぼれる。家族のことばかりを思い出して過ごす。十日ほど経《た》って実家に戻ると、父母が涙ながらに帰宅の喜びと不在時のさみしさを訴えるので、自分も涙が出そうになる。

【全文解釈】

実家での暮らしになじんだ（私の）気持ちとしては、かえって、きまりきったような実家暮らしよりは、（宮仕えの方が）興味深いことをも見聞きして、心も慰められたりするだろうかと思う折々もあったが、（実際に宮仕えに出た今は）たいそうみっともなく悲しそうなことであるにちがいないようだと思うけれど、（今さら）どうしようか、いや、どうしようもない。

師走（＝旧暦十二月）になって、（私は）再び（宮仕えに）参上する。局をいただいて今回は数日間お仕えする。（祐子）内親王の御前には時々、夜分にも参上して、知らない人の中でちょっと横になって、（でも）少しも眠ることができないで、きまりが悪くなんとなく遠慮されるので、人知れずつい泣きながら、夜明け前に（なると）まだ暗いうちに（局に）下がって、一日中、（それまで実家では）父が老い衰えて、私を子として頼もしいような庇護者《ひごしゃ》のように頼みに思い向かい合って（暮らして）いたので、（父のことを）恋しく気がかりにばかり思われる。母親（である私の姉）が亡くなってしまった姪たちも、生まれたときから（私と）一緒で、夜は左右に（並んで）寝起きすることも、自然としみじみ思い出されたりなどして、ついぼんやりと物思いに沈んで一日を過ごす。立ち聞きや、のぞき見をする人の気配がして、たいそうひどく何となく気が引ける。

十日ほど経《た》って、（実家に）退出したところ、父母が、炭櫃に火などをおこして待っていた。（私が）車から降りたところをちらっと見て、「（あなたが家に）いらっしゃる時は人の姿も見え、従者などもいたけれど、この数日間は人の声もせず、前に人影も見えず、とても心細く寂しかった。こうして（寂しい）状態ばかりで、私の身の上を、どうしようとするのか」とふと泣くのを見るのもとても悲しい。翌朝も、「今日はこうして（あなたが）いらっしゃるので、内も外も人が多く、この上なくにぎやかにもなっているなあ」と言って向かい合って座っているのも、とてもしみじみとして、（私にそこまで思われるほどの）なんの取り柄があるのであろうかとひとりでに涙が出てくる感じに（親たちの言葉が）聞こえる。

【設問解説】

問1　語句の解釈

(ア)　つゆ／まどろま／れ／ず

つゆ（副詞）	①〈「つゆ～打消表現」の形で〉少しも（～ない）。
まどろむ（動詞・マ四）	①　うとうとする。
る（助動詞）	①〈自発〉自然と～れる。つい～する。～せずにはいられない。 ②〈受身〉（～に）～られる。

③〈可能〉～ことができる。
④〈尊敬〉～なさる。お～になる。
〈**文法ポイント** p.156参照〉

「つゆ～ず」で「少しも～ない」、「れ」は助動詞「る」の未然形で、ここでは可能の意。助動詞「る」が可能の意となる場合、否定文の中で用いられる事が多い。「まどろむ」の意が正しいのは③・④、③は「る」の可能の意がないので誤り。**正解は④**。

(イ) 心／も／そらに／ながめ／暮らさ／る

そらなり（形容動詞・ナリ）	① 上の空だ。 ② 根拠がない。いいかげんだ。 ③ はかない。
ながむ（動詞・マ下二）	① 物思いに沈む。物思いに沈んでぼんやりと見る。 ② 見渡す。

「心もそらに」は、慣用句「心そらなり」の連用形「心そらに」に、強意の係助詞「も」が加わったものと考えるとよい。

心そらなり（慣用句）	① 上の空だ。気もそぞろだ。

「暮らす」は、動詞の連用形に続くと「一日中～して過ごす」といった意味になる。助動詞「る」は、ここでは自発の意。助動詞「る」は、心情語に続く場合には自発の意になりやすく、ここも「物思いに沈む」という心理状態を表す語の「ながむ」に続くので、自発と考えられる。傍線部を直訳すると、「上の空で一日中つい物思いに沈んで過ごす」などとなる。「そら」を「空」「天候」としている③・④・⑤は誤り。①は「暮らす」「る」の訳が不十分。**正解は②**。

(ウ) ものつつまし

ものつつまし（形容詞・シク）	① なんとなく遠慮される。なんとなく気が引ける。

「もの」は接頭語で、さまざまな語の上に付き、「なんとなく～」「何かにつけて～」の意を添える。「つつまし」は、接頭語「もの」を付けない形でも頻出語で「①遠慮される。気が引ける。②気恥ずかしい」などの意を持つ。ここは、宮仕えに不慣れな作者の心情を表している。「つつまし」の意味が適切なのは①と⑤。⑤は接頭語「もの」の訳が誤り。**正解は①**。

問2 文法

波線部を単語に分けると「あ／べか／めれ」となる。

助動詞の「べし」や「めり」は、終止形接続であるが、ラ変型活用語には連体形に接続する。その際に、連体形が撥音便化したり、さらにはその撥音便が無表記になったりしやすいので、注意が必要である。

★助動詞「べし」「めり」の接続

○ラ変型活用語以外の終止形 ＋ {べし／めり}

○ラ変型活用語の連体形（＝「〜る」）＋ {べし／めり}

撥音便化「〜ん」←

無表記化「〜□」←

波線部末尾の「めれ」は、推定の助動詞「めり」の已然形。波線部直前の係助詞「こそ」と係り結びが成立している。強意の係助詞「こそ」は文末を已然形で結ぶ。「めれ」の直上の「べか」は、推量・当然の助動詞「べし」の連体形「べかる」の撥音便形が無表記になったものである。「べかるめれ」→「べかんめれ」→「べかめれ」と変化したのである。波線部冒頭の「あ」は、ラ行変格活用動詞「あり」の連体形「ある」の撥音便形が無表記になったもの。「あるべかる」→「あんべかる」→「あ べかる」と変化したのである。

「あ」はラ変動詞「あり」の連体形（撥音便無表記）、「べか」は助動詞「べし」の連体形（撥音便無表記）、「めれ」は推定の助動詞「めり」で、係り結びの結びの語となっていて、ここは已然形。命令形の語はないので、正解は⑤である。

問3　心情説明

傍線部は「いかが／せ／む」と単語に分けられる。

いかが（副詞）	①〈疑問〉どのように〜か。どう〜か。 ②〈反語〉どうして〜か、いや、ない。どう〜か、いや、ない。
む（助動詞）	①〈推量〉〜だろう。 ②〈意志〉〜よう。〜たい。 ③〈適当・勧誘〉〜のがよい。〜てくれないか。 ④〈仮定・婉曲〉〜たら。〜ような。 〈**文法ポイント** p.159参照〉

「せ」は、サ行変格活用動詞「す」の未然形。ここの助動詞「む」は、設問に「作者はこのとき……どのように思っているか」とあり、作者自身の思いが述べられていることが自明なので、意志の意味で解釈すると、傍線部全体は「どのようにしようか」（疑問）「どうしようか、いや、どうしようもない」（反語）などの訳になる。ここは、宮仕えする中での作者の心情で、誰かに疑問を投げかけているわけではないので、「いかが」は反語で解釈するのが

ふさわしい。

では、ここでの「どうしようもない」とはどういう気持ちか、さらに詳しく検討してみよう。本文冒頭から2行目「……と思ふ折々ありし」までは以前の思い、「いとはしたなく」から傍線部直前までは現在の思いで、そこに着目する。

以前の思い……「定まりたらむ里住みよりは、をかしきことをも見聞きて、心もなぐさみやせむと思ふ折々ありしを」

「里住み」は、実家暮らしのこと。「をかしき」は、形容詞「をかし」の連体形で、「①趣がある。②すぐれている。③滑稽だ」といった意味を持つ。「なぐさみやせむ」は「なぐさみ／や／せ／む」と分解される。ここの「なぐさむ」は、マ行四段活用動詞で、「心が安まる。慰められる」といった意味で、基本的には他者を慰めるのではなく、自然と癒やされる感じを表す。ここも、「自分の心も慰められたりするだろうか」といった意味である。宮仕えに期待している思いを読み取る。

現在の思い……「いとはしたなく悲しかるべきことにこそあべかめれと思へど」

「はしたなく」は、「①中途半端だ。②みっともない」などの意の形容詞「はしたなし」の連用形。「あべかめれ」は**問2**解説参照。たった一日とはいえ、実際に宮仕えに出てみると、宮仕えは作者にとって「たいそうみっともなく悲しそうなこと」だと、甘くはない現実を感じ取ったのである。

❶は、以前の思いも現在の思いも誤り。

❷は「耐えられないほどひどい仕打ちを受け」が、本文にはない内容である。「はしたなく悲し」という心情は「べし」「めり」といった推量や推定の表現とともに述べられているので、過去に実際にあった事柄ではなく、今後あるにちがいないと予測しているのである。

❹・❺は、「なぐさむ」を「父母の心も慰めよう」「内親王の心を慰めよう」としている点が誤り。

正解は❸。

問4　内容と心情の説明

傍線部「おぼつかなくのみおぼゆ」を単語に分けると、「おぼつかなく／のみ／おぼゆ」となる。

おぼつかなし（形容詞・ク）	① はっきりしない。 ② 気がかりだ。 ③ 待ち遠しい。

おぼゆ（動詞・ヤ下二）	① 思われる。感じる。 ② 記憶する。 ③ 似る。似ている。 ④ 思い浮かぶ。わかる。思い出される。 ⑤ 〜に思われる。〜に愛される。

「おぼゆ」は、設問で「どのように感じているのか」とあるので、ここは「感じる」の意味である。「おぼつかなし」は、多義語なので、文脈を確認する必要がある。直前「父の老いおとろへて、われを子とも頼もしからむかげのやうに思ひ頼み向かひゐたるに」に注目。「かげ」は、重要語で「①（日や月の）光。②（鏡や水面に映る）姿。③庇護者」の意。「頼み」は、マ行四段活用動詞「頼む」の連用形で、「頼みに思う。あてにする。期待する」の意。直前は、老い衰えた作者の父親が、我が子である作者を「頼もしいような庇護者のように」「頼りに思」っている様子が描かれている。宮仕えは、通常、住み込みでする。作者も急に父母と離れて馴《な》れない宮仕えをする中で、父親のことを「恋しく」もまた「気がかり」にも思っているのである。

③は「頼りにならない」と否定している点が誤り。「頼もしからむ」の「む」は仮定・婉曲の意。

②「情けなく」、**④**「煩わしく」、**⑤**「なつかしく」は、「おぼつかなし」の訳出の誤り。

したがって、正解は**①**。

問5　内容説明

傍線部を単語に分けると、「何／の／にほひ／の／ある／に／か／と／涙ぐましう／聞こゆ」となる。

にほひ（名詞）	① つやのある美しさ。 ② 香り。 ③ 威光。栄華。
聞こゆ（動詞・ヤ下二）	① 聞こえる。 ② わかる。聞いて理解される。 ③ 噂《うわさ》される。 ④〈「言ふ」の謙譲語〉申し上げる。 ⑤〈謙譲の補助動詞〉〜申し上げる。

「にか」は、断定の助動詞「なり」の連用形「に」に疑問の係助詞「か」が接続したもので、この後に「あらむ」などが省略された表現である。「聞こゆ」は、直前に父母の発言があるので「聞こえる」の意でとる。「にほひ」は、ひとまず前記①の「美しさ」で訳してみると、傍線部は「なんの『美しさ』があるのであろうかとひとりでに涙が出てくる感じに聞こえる」などとなる。

作者が耳にしているのは、両親の言葉である。帰邸した作者に両親はくり返し、作者が邸にいる時は人が多くてにぎやかだと言い、また、作者がいない時はとても心細くてつらいと言う。父母が時に泣きながらくり返す言葉を、作者自身もしみじみと涙が出そうになりながら聞いているのである。「何のにほひのあるにか」は、ここまで父母が思いを寄せてくれる自分自身に「一体どれほどの『美しさ』があるのであろうか」と自問しているもので、「にほひ」は、「美点。魅力。取り柄」といった意味合いで取るとよい。

①・②は、ここでの話題にはない内親王にかかわる話になっているので誤り。

③・⑤は「にほひ」の意味と父母の行動が誤り。**正解は④**。

問6　内容合致

①は、第二段落冒頭「師走になりて、また参る」に合致する。「師走」は旧暦十二月のことで、古文の暦では、十〜十二月が冬である。

②は、本文4行目の「忍びてうち泣かれつつ」とくいちがう。「忍びて」は「人目につかないように。こっそりと」の意味なので、「人前で泣いてしまった」が誤り。これが**正解**。

③は、本文6・7行目の「姪どもも、生まれしより一つにて、夜は左右に臥し起きする」と合致する。

④は、本文7・8行目、「立ち聞き、かいまむ人のけはひして」とあるのに、合致する。「かいまむ」は、（注4）により、「かいまみる（＝のぞき見をする）」と同じだとわかる。

⑤は、本文9行目に「まかでたれば、父母、炭櫃に火などおこして待ちゐたりけり」とあるのに合致する。「まかで」は、「退出する」意の動詞「まかづ」の連用形で、ここは、宮仕え先から実家に退出する意である。

第8問

【解答と配点】

設問		正解	配点
問1	(ア)	③	4
	(イ)	④	4
	(ウ)	①	4
問2		②	5
問3		②	7
問4		⑤	7
問5		①	7
問6		⑤	7

【出典】

○『十六夜日記《いざよいにっき》』

鎌倉時代中期に成立した日記。作者は、阿仏尼《あぶつに》。夫藤原為家《ためいえ》の死後、作者の子である為相《ためすけ》と先妻の子である為氏《ためうじ》との間に土地の相続争いが起こり、その訴訟のために、弘安二（一二七九）年、作者が京から鎌倉に向かった際の紀行と鎌倉滞在中の日記である。

【本文の要旨】

冬の初め、何かにつけて心細く悲しみに暮れるなか、作者は鎌倉へ旅立つ支度をする。二人の息子為相と為守《ためもり》が別れをつらく思い、ひどくふさぎ込んでしょんぼりしているのがかわいそうなので、作者はいろいろと慰める。亡き夫の枕を見ると生前と変わらず、悲しい。代々書き残された歌書で伝来が確かなものを整えて、和歌を添えて為相に送る。為相からの返歌が大人びているので、安心する一方で、亡き夫に聞かせたくて、また泣いてしまう。

【全文解釈】

時は冬になる初め（＝旧暦十月）の空だから、降ったり降らなかったり時雨も途絶えず、嵐と競い合う（ように散り急ぐ）木の葉までも涙と一緒に散り乱れ（る様子を見）つつ、何かにつけて心細く悲しいけれど、みずから進んで決めた道であるので、行くのがいやだと言ってやめるわけにもいかなくて、なんとなく出発の支度をした。

目を離さなかった時でさえどんどん荒れていった庭も籬も、まして（留守の間にどんなにひどいことになるだろうか）と見まわされて、（私を）慕ってついて行きたそうな様子の人々の涙（を流す気持ち）も、慰めかねている中でも、侍従（＝為相）と、大夫（＝為守）などが、ひたすらしょんぼりしている様子が、とてもかわいそうなので、いろいろとなだめすかし、寝所の中を遠くから見てみると、亡夫が生前に使っていた枕が生前のまま変わらない（である）のを見るにつけても、今さら（のように）悲しくて、（枕の）そばに（歌を）書きつける。

とどめおく……＝夫の形見として残してある古い枕の塵でさえも、私が旅立ったら、一体誰が払うだろうか、いや、誰も払わないだろう。

代々書き残された歌の書物の（中でも）、奥書などがあって、いいかげんでないものだけを選び整えて、侍従の所へ送るということで、書き添えた歌、

和歌の浦に……＝和歌の浦に搔《か》き集めてある藻塩草ではないが、和歌の家に書き残された歌書である。これを亡くなった父上の形見と思って（大切に）見よ。

あなかしこ……＝ああ、けっして浜千鳥が横から寄せる波を受けるように、横道に入るな、我が子よ。並々でない（ご先祖の）足跡を思うのならば。

これを見て、侍従の返事が、とても早くある。

つひによも……＝最後にはまさか無駄にはならないだろう。曾祖父俊成・祖父定家・父為家の三代の足跡を残す歌書を形見として見よと（母上が私に）残すならば。

迷はまし……＝（私は）迷っただろうに。浜千鳥の並々ならぬ量の足跡ではないが、並々でないご先祖の足跡を、（貴重な）それだとも（母上が）教えてくれなかったならば。

この返歌は、とても大人びているので、安心してしみじみとした思いであるにつけても、昔の人（＝亡夫）に聞かせ申し上げたくて、また、ちょっと涙を流してしまった。

【設問解説】

問1　語句の解釈

(ア)　人やりならぬ／道

人やりならず　（慣用句）	① 他人がそうさせることではなく、自分の心から。自分から進んで。

ここは、名詞「道」の直上にあるので、打消の助動詞「ず」が連体形の「ぬ」になった形。**正解は③。**

(イ) あだなら／ぬ／限り／を

あだなり（形容動詞・ナリ）	① いいかげんだ。不誠実だ。 ② 浮気だ。 ③ はかない。一時的だ。かりそめだ。無駄だ。

選択肢の中で、「あだなり」の意味が正しいのは、②と④のみである。ただし、②は「誠実に（書いてい）ない」を「あだなり」の訳だとすると、「ぬ（打消の助動詞「ず」の連体形）」の訳がないことになるので、誤り。**正解は④**。

(ウ) 迷は／まし／教へ／ざり／せ／ば

まし（助動詞）	①〈反実仮想〉 もし～たならば、……ただろうに。 ②〈ためらいの意志〉 ～ようかしら。 ③〈願望〉 ～だったならばよかったのに。 〈文法ポイント p.162参照〉。

傍線部(ウ)は、「倒置法」が用いられている。通常の語順にすると、「教へざりせば迷はまし」となり、反実仮想の構文「～せば……まし」が用いられていることがわかる。逐語訳すると、「迷っただろうに。もし教えなかったならば」などとなる。**正解は①**。

問2 文法

波線部を単語に分けると、「誰／か／払は／む」となる。係り結びがポイントである。

★係り結びの法則

文中にある係助詞	文末の活用形
ぞ〈強意〉 なむ〈強意〉 や〈疑問・反語〉 か〈疑問・反語〉	連体形。
こそ〈強意〉	已然形。

〈文法ポイント p.171参照〉。

ここは、係助詞「か」と助動詞「む」で係り結びが成立している。「む」は〔○－○－む－む－め－○〕と活用し、終止形と連体形が同じ形なので注意が必要であるが、ここは、係助詞「か」の結びなので、連体形と判断する。「か」には、疑問と反語の意味がある。疑問なら「（枕の塵を）誰が払うだろうか」と問いかける意になり、反語なら、「（枕の塵を）誰が払うだろうか、いや、誰も払わないだろう」の意となる。ここは、「誰」かを尋ねるのではなく、「作者自身がいなくなったら誰も払わないだろう」の意で、反語である。**正解は②**。

問3　理由説明

傍線部を単語に分解すると「いと／心苦しけれ／ば」となる。

いと（副詞）	①とても。たいそう。ひどく。非常に。 ②〈打消表現と呼応して〉たいして（〜ない）。それほど（〜ない）。そんなに（〜ない）。
心苦し（形容詞・シク）	①気の毒だ。かわいそうだ。 ②気がかりだ。心配だ。 ③心が苦しい。つらい。
ば（接続助詞）	①〈順接の仮定条件〉（「未然形＋ば」の形で）〜ならば。 ②〈順接の確定条件〉（「已然形＋ば」の形で）〜と。〜ところ。〜ので。〜から。〜（する）といつも。 〈**文法ポイント** p.168参照〉

傍線部を直訳すると、「とてもかわいそうなので」などとなる。

第二段落冒頭から見てみよう。

ⅰ「目離れせざりつる程だに……ましてと見まはされて」

副助詞「だに」は、「〜だに……まして……」の形で、程度の軽いものを提示し、程度の重いものを類推させる用法〈**文法ポイント** p.172参照〉。「目を離さなかった時でさえ庭は荒れていった。まして目を離すことになる留守中はもっと庭は荒れるだろう」ということである。

ⅱ「慕はしげなる人々の袖のしづくも、慰めかねたる」

作者を慕う人々が、別れのつらさに泣いているのを、作者は慰めかねているということ。「袖のしづく」は、「涙」の比喩表現。

ⅲ「中にも、侍従、大夫などの、あながちにうち屈じたるさま」

別れをつらく思う人々の中でも、作者の息子たちが特に落ち込んでいるのである。「うち屈ず」は、「落ち込む。しょんぼりする。気が塞ぐ」といった意味の動詞。

傍線部の直後に「さまざまに言ひこしらへ（＝いろいろとなだめすかし）」とあることと合わせて、選択肢を検討する。

①は、「息子たちが……作者の袖に……すがりついてくる」が本文に書いていない事柄なので誤り。

③は、「どうせうまくいかない」が誤り。

④は、息子たちへの言及がないので、誤り。

⑤は、「息子たちから目を離せばどうなるかわからない」が誤り。正解は②。

問4　和歌の説明

和歌Bを直訳すると、「和歌の浦に掻き集めてある藻塩草。この藻塩草を昔の形見と見よ」となる。このままでは、なぜ海藻を形見として見なくてはならないのか、よくわからない。そこで、(注4・5)を見ると、「和歌の浦」は、「歌枕」で、「藻塩草」には「歌書」の意味が込められていると説明されているので、この和歌が「歌」に関する内容であることがわかる。そうすると、「かきとどめ」の「かき」も歌書に関連して、「書き」の意味でも用いられていると気づく。つまり、和歌Bは、「和歌の浦(＝歌枕という和歌にゆかりの場所)に書き集めてある歌書を昔の形見と見よ」と読み取ることができる。さらにここは、「代々に書きおかれける歌の草子ども」を送る際に添えられた歌なので、「和歌の浦」とは「代々続く歌道の家」と具体化できる。つまり、「和歌の浦にかきとどめたる藻塩草」は、「和歌の浦に掻き集めてある藻塩草」という意味と、「代々続く歌道の家に書き残された歌書」の、二重の意味が込められているということである。後者の意味であれば、「形見として見よ」という内容ともつながる。「形見」は、代々受け継がれ、父である為家の手元にあった歌書を作者を通して為相(侍従)が受け継ぐのだから、「亡き為家の形見」といってよいだろう。

和歌Cを逐語訳すると、「最後にはまさか無駄にはならないだろう。藻塩草の形見を三代の足跡として残すならば」となる。

よも(副詞)	①〈「よも～じ」の形で〉まさか～ないだろう。
あだなり(形容動詞・ナリ)	(問1の(イ)を参照)
跡(名詞)	①足跡。②形跡。③行方。④遺跡。

ここの「藻塩草」も「歌書」の意でとり、(注7)も踏まえると、第三句以降は「歌書という形見を、俊成・定家・為家の三代の足跡として残すならば」となる。さらに、和歌Cは、前に作者から為相へ送った歌の返歌だが、その作者からの和歌Bで「かたみとは見よ」と言っていることに注目すると、ここの「三代《みよ》」にも「見よ」の意味が掛けられていることに気づく。掛詞を踏まえて、「三代の足跡を残すこの歌書を形見として見よと(母上が私に)残すならば」などと理解すれば、文脈にも合う。この和歌は二句切れで「倒置」になっているので、通常の語順に戻して訳すと、「三

代の足跡を残すこの歌書を形見として見よと（母上が私に）残すならば、最後にはまさか無駄にはならないだろう」となる。為相はまだ若いが、代々の歌書を受け継いで勉強を重ねていけば、将来は作者の期待に応えうる歌人となるだろうと歌書を送ってくれた作者への感謝を込めて詠んでいるのである。

⑤は、和歌**C**を母との別れの悲しみを詠んだものとしている誤った説明である。**正解は⑤**。

問5　心情説明

しほたる　（動詞・ラ下二）	①　ぐっしょり濡《ぬ》れる。 ②　涙を流す。

接頭語「うち」は「ちょっと〜」「さっと〜」「ぱっと〜」といった意を添えるので、傍線部の「うちしほたれぬ」は、「ちょっと涙を流してしまった」などと訳す。この涙がどのような気持ちによるものかを最終段落で確認する。

i「この返りごと、いとおとなしければ」

〔已然形＋ば〕は「〜ので・〜と」などという意味を持つ。「おとなしけれ」は「①大人びている。大人っぽい。②思慮分別に富む」などの意を持つ形容詞。この部分は、「この為相の返歌は、とても大人びているので」と訳すことができる。「ちょっと涙を流してしまった」理由にあたる部分である。

ii「心やすくあはれなるにも、昔の人に聞かせたてまつりたくて」

心情が具体的に記されている部分である。「心やすく」は「安心で」、「あはれなる」は「しみじみとした思いである」、「せ」は使役の助動詞「す」の連用形、「たてまつり」は謙譲の補助動詞である。「安心してしみじみとした思いであるにつけても、昔の人に聞かせ申し上げたくて」と訳すことができる。本文6行目に、亡き夫である為家の枕を「昔の枕」と表現していたことなども考え合わせると、ここの「昔の人」も亡き夫である為家のことと考えるのがよい。

②は、「優しすぎて勢いがない」が「おとなしければ」の訳出の誤り、**③**は、「格調が高く趣も感じられる」が「心やすくあはれなる」の訳出の誤りである。

④は、「旅に出るのはやめようかと思っている」が、本文中に記述がないので誤り。

⑤は、「誇りたいと思っている」が誤り。息子の成長を夫に伝えたいが、伝えられない。そんな嬉しさと悲しみのまじった心情で涙を流しているのである。**正解は①**。

問6　内容合致

①は、「降りそうで降らない」が誤り。本文1行目「降りみ降らずみ」の「み」は接尾語で「〜み〜み」で「〜たり〜たり」と

訳す。「降ったり降らなかったり」と訳すのが正しい。
②は、「行きたくなければ行かなくてもよい程度のもの」が誤り。本文2行目「行きうしとてとどまるべきにもあらで」の「行きうし」は「行くのがつらい・行くのがいやだ」の意。正しくは「行くのがいやだと言ってやめるわけにもいかない」旅なのである。
③は、「夫の枕は、すっかり古びてしまっていた」が誤り。本文6行目「昔の枕のさながら変はらぬ」とある。「さながら」は「そのまま」の意、「ぬ」は打消の助動詞「ず」の連体形。「そのまま変わらない」と訳すのが正しい。
④は、「作者は……歌書を新しく作り上げて」が誤り。歌書を新しく作り上げたのは俊成・定家・為家であって、作者ではない。
⑤は、本文12行目「あなかしこ横波かくな」に合致する。「あなかしこ～な」は「けっして～するな」と訳す。「横波かく」は（注6）から「横道に入る」ことだとわかる。**正解は⑤**。

第9問

【解答と配点】

設問		正解	配点
問1	(ア)	④	4
	(イ)	③	4
	(ウ)	②	4
問2		⑤	5
問3		①	7
問4		②	7
問5		③	7
問6		④	7

【出　典】

○『栄花物語《えいがものがたり》』

平安時代後期に成立した歴史物語。正編三十巻、続編十巻からなり、正編の作者は赤染衛門《あかぞめえもん》、続編は出羽《でわ》の弁《べん》という説もあるが、未詳。宇多《うだ》天皇から堀河《ほりかわ》天皇までの十五代約二百年間の歴史を編年体で物語風に記す。藤原道長《ふじわらのみちなが》の栄華と、その周辺の道長に敗れ去った人々を中心に描く。

【本文の要旨】

女三の宮の琴の腕前を耳にした帝は、ぜひ聞きたいと熱望した。母御息所は喜び、美しく着飾らせた娘女三の宮を帝の前に参上させ、琴を弾くことになった。女三の宮は、琴を上手に弾き、かわいらしく高貴な様子ではあったが、親しみやすさは足りなかった。母御息所に似ていたが、母御息所は、きれいではあるものの老《ふ》けていて、古風な態度などは帝の気に入るものではなかった。

【全文解釈】

こうしているうちに、按察の更衣がお生みになった女三の宮が、琴をみごとにお弾きになるとお聞きになって、帝は、「どうしてもその（女三の）宮の琴（の音）を聞きたい。参上させなさい」と、御息所に何度もおっしゃったので、母御息所はとてもうれしくお思いになって、（女三の宮を）きれいに着飾らせて参上させなさった。

帝は、昼間退屈にお感じになっていた時に（御息所のお部屋に）行きなさって、「どこか、（女三の）宮は」と申し上げなさるので、（御息所が女三の宮に）「こちらに（いらっしゃい）」と申し上げなさったところ、（女三の宮は）膝行《しっこう》して出ていらっしゃった。十二、三歳くらいで、とてもかわいらしい様子で気高い様子をしていらっしゃる。親しみやすいご様子がおありであってほしい。帝は、どの子も（ご自分の）御子のいとおしさは区別しがたいとお思いになって、（この女三の宮も）いとおしく拝見なさるにつけて、「母御息所によく似ていらっしゃる」とご覧になるにちがいない。御息所もすっきりときれいな感じでいらっしゃるけれども、なんとなく老けていて、どうであろうかといったふうでいらっしゃって、少し古風な雰囲気や様子がして、会いたいという雰囲気はしなさらないのだろうか。姫宮（＝女三の宮）はまだとても若くていらっしゃるので、気高くかわいらしくいらっしゃる上に、御琴をじつにみごとにお弾きになるので、（帝は）「（御息所は）聞いていらっしゃるか。これは、どのような曲を弾いていらっしゃるのか」とおっしゃると、母御息所は、三尺の几帳を御自身に近寄せていらっしゃったが、その几帳とともに膝を立てて近寄りなさる有様が、（帝の御目には）なんとなく気にくわないとご覧になっていると、「『誰かと何かと道を歩いて行きましたところ経を一巻見つけたので、取って広げて声をあげて読むものは、仏説の中の摩訶般若心経であったよ』と弾いていらっしゃるのでしょう」とおっしゃるので、（帝は）どうしようもなく妙にお思いになって、何もおっしゃらない間、（御息所は）ひどく気後れした様子である。

【設問解説】

問１　語句の解釈

(ア)　いかで／そ／の／宮／の／琴／聞か／む

いかで（副詞）	①〈疑問〉どうして。どうやって。どのようにして。 ②〈反語〉どうして〜か、いや、〜ない。 ③〈願望〉なんとかして。どうしても。
む（助動詞）	①〈推量〉〜だろう。 ②〈意志〉〜よう。〜たい。 ③〈適当・勧誘〉〜のがよい。〜てくれないか。 ④〈仮定・婉曲〉〜たら。〜ような。 〈文法ポイント　p.159参照〉

「いかで」は、意志や願望の表現とともに用いる際には、「なんとかして（〜したい）。どうにかして（〜してほしい）」の意味に

なる。ここも意志の助動詞「む」と呼応している。**正解は④**。
③は「なんとしても」はよいが、「聞いてほしいのか」が誤り。

(イ) おぼえ／給へ／り

おぼゆ（動詞・ヤ下二）	① 思われる。感じる。 ② 記憶する。 ③ 似る。似ている。 ④ 思い浮かぶ。わかる。思い出される。 ⑤ ～に思われる。～に愛される。
給ふ（動詞・ハ四・ハ下二）	〈四段活用〉 ① 〈「与ふ」の尊敬語〉お与えになる。くださる。 ② 〈尊敬の補助動詞〉～なさる。お～になる。 〈下二段活用〉 ③ 〈謙譲の補助動詞〉～ます。～ております。 〈文法ポイント p.179参照〉

り（助動詞）	① 〈完了〉～てしまった。～た。～てしまう。 ② 〈存続〉～ている。～ていた。 〈文法ポイント p.158参照〉

ここは、帝が女三の宮と対面した場面である。女三の宮の母である御息所に「おぼえ給へり」と見ていることから、「おぼえ」は「似ている」の意。「給へ」は、完了（存続）の助動詞「り」の直上にあることから、ハ行四段活用の已然形（命令形）とわかるので、尊敬の補助動詞である。**正解は③**。

(ウ) いと／恥づかしげなり

いと（副詞）	① とても。たいそう。ひどく。非常に。 ② 〈打消表現と呼応して〉たいして（～ない）。それほど（～ない）。そんなに（～ない）。
恥づかしげなり（形容動詞・ナリ）	① 気後れした様子である。いかにも気が引けた感じである。

ここは、帝の問いかけに答えたにもかかわらず、帝が一言も発しないことに対して、御息所が見せた様子である。「いと」の訳

出が正しいのは①・②。①は「恥づかしげなり」の訳が誤り。

問2　文法
正解は②。

a　「給へ」
補助動詞「給ふ」には、尊敬語と謙譲語とがある。
波線部aは文末にある。文末の活用形は通常、終止形か命令形。ここは「給へ」なので命令形である。命令形が「給へ」となるのは四段活用なので、尊敬の補助動詞と判断できる〈文法ポイント　p.179参照〉。

b　「参ら」
「参る」には、尊敬語と謙譲語とがある。

参る（動詞・ラ四）	①〈「行く・来」の謙譲語〉参上する。参詣する。 ②〈「与ふ」の謙譲語〉さしあげる。 ③〈「食ふ・飲む」の尊敬語〉召し上がる。

波線部bは、「参らせ給へ」という帝の求めに応じて、女三の宮が「参上する」場面であるので、「行く」の謙譲語である〈文法ポイント　p.178参照〉。

c　「聞こえ」が敬語として用いられる場合は、次のように謙譲語だけである。

聞こゆ（動詞・ヤ下二）	①〈「言ふ」の謙譲語〉申し上げる。 ②〈謙譲の補助動詞〉～申し上げる。

ここは本動詞である〈文法ポイント　p.180参照〉。

d　「奉ら」
「奉る」には、次のような意味用法がある。

奉る（動詞・ラ四）	①〈「与ふ」の謙譲語〉さしあげる。 ②〈謙譲の補助動詞〉～申し上げる。 ③〈「食ふ・飲む」の尊敬語〉召し上がる。 ④〈「着る」の尊敬語〉お召しになる。 ⑤〈「乗る」の尊敬語〉お乗りになる。

「奉る」が補助動詞の場合、〈動詞（＋助動詞）＋奉る〉という形で使用される。ここはマ行上一段活用動詞「見る」の下に「奉る」があるので、謙譲の補助動詞と判断できる〈文法ポイント　p.178・180参照〉。

以上のことから、**正解は⑤。**

問3　内容説明

かなしさ〈名詞〉	①〈愛しさ〉かわいらしさ。いとおしさ。 ②〈悲しさ〉悲しいこと。
分きがたし〈形容詞・ク〉	①区別するのが難しい。区別できない。
おぼしめす〈動詞・サ四〉	①〈「思ふ」の尊敬語〉思いなさる。お思いになる。
る〈助動詞〉	①〈自発〉自然と〜れる。つい〜する。〜せずにはいられない。 ②〈受身〉（〜に）〜られる。 ③〈可能〉〜ことができる。 ④〈尊敬〉〜なさる。お〜になる。 〈文法ポイント p.156参照〉

傍線部は、帝が女三の宮に会った直後にある。よって、女三の宮を念頭に置いた内容と考えられる。本文中に、女三の宮をはじめとする帝の子どもが悲しみを抱えているとは書かれていないので、ここの「かなしさ」は「かわいらしさ。いとおしさ」の意味だと判断する。どの子に対しても、子どもに対するいとおしさは区別できない、ということである。

②の「立派に」は「かなしさ」の意味から外れているので、誤り。

③・**⑤**は「悲しみ」の方向なので誤り。

④は「かなしさ」の意味はよいが、「分きがたし」を「わかるだろう」としている点が誤り。**正解は①**。

問4　心情説明

心づきなし〈形容詞・ク〉	①気にくわない。心がひかれない。
御覧ず〈動詞・サ変〉	①〈「見る」の尊敬語〉ご覧になる。

「なま心づきなく」の「なま」は「なんとなく」などの意を添える接頭語。傍線部は「なんとなく気にくわないとご覧になって」などと訳す。これによって**②**・**④**に絞ることができる。次に帝が誰のどんな態度についてそう思っているのかは、傍線部直前の「母御息所、三尺の几帳を御身にそへ給へるを、几帳ながらゐざりより給ふほど」に注目する。「几帳」とは、室内の間仕切りなどに用いる道具。動かすことが可能で、人目を遮るために身を隠すようにしても用いる。「三尺」は約90㎝。当時、高貴な女性は自分の姿を親しい男性以外に見られることを嫌っていたため、几帳などで見られないようにした。とはいえ、御息所がわざわざ自

分で几帳をかかえながら移動することを、帝はもったいぶった妙な行動で、「なんとなく気に入らない」と思っているのである。御息所の几帳に隠れた態度を捉えているのは、①・②・③。その中で、「なま心づきなし」という帝の心情を正しくとらえているのは②のみ。**正解は②**。

問5　人物の説明

① 本文4行目「十二三ばかりにて」、8行目「姫宮はまだいと若くおはすれば」とあることに着目する。

② 本文4行目「いとうつくしげに」とあることに着目する。「うつくしげに」は、「いかにもかわいらしい様子である」という意の形容動詞。

③ 本文5行目「け近き御けはひぞあらせまほしき」とあることと合わない。直訳は「親しみやすい雰囲気があってほしい」。そう希望するということは、つまりその要素がないということ。これが**正解**。

④ 本文8行目「あてやかにをかしくおはする」とあることに着目する。「あてやかに」は「高貴だ。上品だ」の意の形容動詞、「をかしく」は「趣がある。すばらしい」などの意の形容詞。

⑤ 本文1行目「女三の宮、琴をなむをかしく弾き給ふ」とあることに着目する。

問6　内容合致

① 本文1・2行目「『いかでその宮の琴聞かむ。参らせ給へ』……たびたびのたまはせければ」に着目。帝が聞きたいのは女三の宮の琴であるので、合致しない。

② 本文2・3行目「御息所……したてて参らせ給へり」に着目。これは、帝が女三の宮を参上させるように要求したことを受けての行動なのだから、女三の宮を着飾らせて参上させたのである。合致しない。

③ 本文4行目「『こなたに』と聞こえ給へれば、ゐざり出で給へり」に合致しない。「ゐざり出で給へり」は、「膝行《しっこう》して出ていらっしゃった」の意。

④ 本文6・7行目「御息所もきよげにおはすれども、もの老い老いしく……古体なるけはひありさまして」に合致する。御息所に対しては、「きよげにおはすれども」と一定の美しさを認めつつも「もの老い老いしく」「古体なるけはひ」であった。これが**正解**。

⑤ 本文12行目「せんかたなくあやしうおぼされて」に合致しない。帝は「どうしようもなく妙だ」と思っているのである。

第10問

【解答と配点】

設問		正解	配点
問1	(ア)	③	4
	(イ)	④	4
	(ウ)	②	4
問2		①	5
問3		⑤	7
問4		③	7
問5		④	7
問6		②	7

【出　典】

○『古今著聞集《ここんちょもんじゅう》』

鎌倉時代に成立した世俗説話集。編者は橘 成季《たちばなのなりすえ》。日記や記録類、他の説話をもとに、日本を舞台とした説話約七百話を、神祇《じんぎ》・政道・文学など三十に分類し、年代順にまとめている。全二十巻。量的には現存説話集の中では『今昔物語集』についで多いものの、七百話のうち約八十話は、後世の人によって増補されたものである。

【本文の要旨】

先祖伝来の土地を奪われた尼は、源頼朝《みなもとのよりとも》にその窮状を訴えた。頼朝は、尼の言葉に耳を傾け、みずからの扇に和歌を書いて尼に与えた。先祖伝来の土地が尼のものであることを暗に認めた頼朝の和歌のおかげで、尼はもとどおり土地を所有することができた。尼の生んだ娘の時代になっても、頼朝の自筆の和歌のおかげで、安心してその土地に暮らすことができた。

【全文解釈】

鳥羽の宮が、天王寺の別当で、その寺の五智光院《ごちこういん》にいらっしゃったとき、鎌倉の前の右大将が参上なさっていた。三浦十郎左衛門義《よし》連《つら》と梶原景時《かじわらかげとき》が供としてお控えしていた。ご対面の後、退出の際に、弱々しい様子の尼がひとり出てきて、右大将に向かって、懐から文書を一枚取り出して言うことには、「和泉の国に先祖伝来の土地がございますのを、他人に強引に取られていますので、訴訟をしておりますけれども、わが身が弱々しくございますせいでうまくいかないのです。たまたま、君（＝源頼朝）が、ご上洛でございますので、申し入れましょうと思って致しておりますが、取り次ぎ申し上げる人もいませんので、ただ直接お目にかかりましょうと思って参上しております」と言って、その文書を捧げたところ、大将みずからが取ってご覧になった。「文書のとおり、たしかに先祖伝来の主であるか」と質問なさったところ、「どうして偽りを申し上げましょうか、いや、申し上げるはずはありません。お調べくださいますならば、まったく不審な点はないだろう」と申し上げたところ、義連に「硯を探して参れ」とおっしゃって、（義連が）探し出して差し上げたところ、墨をすって筆にしみ込ませて、ちょっと考えて、自分が持っていらっしゃった扇に一首の歌を書きなさった。

いづみなる……＝和泉の国にある信太《しのだ》の杜の尼鷺は、もとの古い枝に立ち戻るがよい。（和泉の国に住む尼はもとの先祖伝来の土地に戻るがよい。）

このように書いて、義連に「これに判を加えて尼に与えよ」と言って、投げてやったところ、義連は、判を加えて尼にお与えになった。年号月日は記すまでもなく、右大将自筆の書き下ろしくださった書であるので、（あれこれ）言うまでもない、もとのとおりに、その尼が、（土地を）領有したということだ。

その後、右大臣家（＝源実朝《さねとも》）の時、例の尼の娘が、この扇の証明書を携えて訴訟に出ておりましたところ、年号月日がないということを奉行が言ったけれども、その自筆であることは紛れもないことによって（幕府から承認され）安心してその土地に住むことになった。

例の扇は、檜の骨だけは彫刻があって、そのほかは細い骨でございました。間違いなく見たといって、ある人が語ったことです。

【設問解説】

問1　語句の解釈

(ア)　たび／て／けり

たぶ（動詞・バ四）	①〈「与ふ」の尊敬語〉お与えになる。くださる。 ②〈尊敬の補助動詞〉～なさる。お～になる。
つ（助動詞）	①〈完了〉～てしまう。～てしまった。～た。 ②〈強意〉きっと～。かならず～。～てしまう。
	〈文法ポイント　p.157参照〉

敬語は、尊敬・謙譲・丁寧を区別したうえで、それに応じて正

確に訳してあるかどうかまで見きわめる。ここの「たぶ」は「与ふ」の尊敬語、「て」は完了（強意）の助動詞「つ」の連用形で、ここは完了の意。選択肢④・⑤はそもそも動作が異なるので、誤り。①は敬語として訳していないので、誤り。②は「与ふ」の謙譲語として訳しているので、誤り。**正解は③。**

(イ) 子細／に／や／およぶ

傍線部は、係助詞「や」と「およぶ」で係り結びが成立している。「や」は疑問と反語の意があるが、ここは反語で、「『子細におよぶ』か、いや、およばない」となり、「子細におよばず」と同義になる。

正解は④。

子細におよばず（慣用句）	① あれこれ事情を言うまでもない。

(ウ) まさしく／見／たる

まさし（形容詞・シク）	① 正しい。間違いない。確かだ。
たり（助動詞）	①〈完了〉～てしまった。～た。～てしまう。 ②〈存続〉～ている。～ていた。 〈**文法ポイント** p.158参照〉

形容詞「まさし」の訳が正しいのは、②・⑤。⑤は「見たる」を「見えた」としている点が誤り。「見」は、マ行上一段活用動詞の連用形。「見える」と訳すのは、ヤ行下二段活用動詞「見ゆ」である。**正解は②。**

問2　文法

助動詞「る」と「らる」は意味が同じなので、意味の識別法も同じ。〈**文法ポイント** p.156参照〉

a　五智光院にいる鳥羽の宮の所に、右大将が「参ぜられたりけり」というのだから、尊敬の意である。

b　直前に「人に」という受身の対象があることに注目。「先祖伝来の土地を人に取られた」ということで、受身。

c　「仰せ」に続く「らる」は、かならず尊敬の意となる。

正解は①。

問3　内容説明

右大将に文書を渡す際の尼の発言は、本文3～5行目にある。

○「和泉の国に相伝の所領の候ふを」
……和泉国に先祖伝来の土地を持っている。

○「人に押し取られて候ふを」
……他人に強引に奪われた状態である。

○「沙汰し候へども」
……土地の所有権を訴訟で争っている。

○「身の尫弱に候ふによりて事ゆかず候ふ」

……体が弱いために訴訟がうまくいっていない。

○「たまたま、君、御上洛候へば、申し入れ候はんと仕まつり候へども」

……たまたま、頼朝が上洛するので、窮状を訴えようと思った。

○「申しつぐ人も候はねば、ただ直に見参に入り候はんとて参り候ふ」

……取り次いでもらえる人がいないので、直接対面しようと思ってやって来た。

①は、「武士たちが」「事件が多発」が誤り。尼の土地を奪ったのは「人」とあるのみで「武士」とは書いていないし、「多発」しているとも書かれていない。

②は「皆が一丸となって」が誤り。

③は、「右大将がこの土地に来てくれた時にも窮状を訴えた」が誤り。たまたま上洛するということなので、それなら訴えようと考えたのであり、過去にそうしたことがあったとも書かれていない。

④は「現状を直接見に来てほしい」が誤り。慣用表現「見参に入る」は、四段活用の場合が「お会いする。お目にかかる」、下二段活用の場合は「お見せする。お目にかける」の意である。ここは、四段活用で、尼が頼朝に直接お目にかかろうというのである。正解は⑤。

問4 内容説明

ん（む）（助動詞）	①〈推量〉～だろう。 ②〈意志〉～よう。～たい。 ③〈適当・勧誘〉～のがよい。～てくれないか。 ④〈仮定・婉曲〉～たら。～ような。 〈文法ポイント p.159参照〉
さらに（副詞）	①そのうえ。重ねて。いっそう。 ②改めて。新たに。 ③〈打消表現と呼応して〉まったく、けっして。ぜんぜん。
まじ（助動詞）	①〈打消当然〉～はずがない。 ②〈打消推量〉～ないだろう。 ③〈打消意志〉～まい。～ないつもりだ。 ④〈不可能〉～ことができない。 ⑤〈不適当〉～ないほうがよい。 ⑥〈禁止〉～てはならない。 〈文法ポイント p.161参照〉

助動詞「ん（む）」は、文の途中で連体形で用いられている場合、仮定・婉曲の用法である。ここも、助詞「に」の直上にあるので、連体形の「ん」と判断でき、仮定・婉曲の用法である。「さらに〜まじ」は「まったく〜ないだろう」などの意となる。傍線部を直訳すると、「お尋ねがありましたら、少しも隠れた点はないだろう」となる。「御尋ね」は、直前で問いかけている右大将頼朝の行為である。右大将が尋ねるのであれば、隠された事実は少しも残らない、すなわち、不審な点もなく本当のことを申し上げたと尼は言うのである。

①は、「尋ねないので」が、助動詞「ん」を打消の意でとらえているので誤り。

②は、「犯人は逃げも隠れもできないだろう」が誤り。ここは、犯人探しではなく、今、尼が偽りを述べていないということを言っているところ。

④・⑤は、「御尋ね」の主体が誤り。**正解は③**。

問5　和歌の説明

逐語訳すると、「和泉の国にある信太の杜の尼鷺は、もとの古い枝に立ち戻るがよい」となる。しかし、尼の訴えを聞いた後の右大将の言葉としては、合わない。そこで、「尼鷺」には「尼」という語が含まれていることと、尼には「和泉の国に相伝の所領」があることを考え合わせると、この歌は、「和泉の国にいる尼はもとの古くからの先祖伝来の所に立ち戻るがよい」という意味だと理解できる。「先祖伝来の土地を奪われ、訴訟で争ってはいるが、うまくいっていないので、何とかしてほしい」という尼の訴えに、権力者である右大将が「もとの所に立ち戻るがよい」と言ったということは、尼の訴えを認め、保証したという可能性と、「とっとと帰れ」と追い払った可能性とがある。ここは、直後で右大将の自筆の和歌によって、尼が土地を領有したとあるのだから、右大将は尼の訴えを認めたということ。適当でない選択肢を選ぶのだから、**正解は④**。

問6　内容合致

①は、本文1行目「鳥羽の宮……五智光院に御座ありける時、鎌倉の前の右大将参ぜ」に着目。頼朝が鳥羽の宮を訪ねたのである。

②は、本文11行目に「義連、判加へて」とある。義連が判を押したということは、頼朝は押さなかったということ。日付については、本文14・15行目に「年号月日なきよし奉行いひけれ」とあるように、記してなかったことがわかる。署名についても、署名したという記述はなく、また署名があるなら、「かの自筆そかくれなきによりて」（本文15行目）といった判断の仕方はしなくてよい。これが**正解**。

③は、「義連は尼に歌と印鑑を投げ与えた」が誤り。義連は判を押した上で、頼朝の歌が記された扇を尼に与えたのである。

④は、「みずから手作りした美しい彫刻」が誤り。頼朝所有の

扇で檜の骨に彫刻はあるが、自作したとの記述はない。

⑤は、本文15行目に「かの自筆そのかくれなきによりて安堵しにけり」とあるのに合致しない。

第11問

【解答と配点】

設問		正解	配点
問1	(ア)	②	4
	(イ)	②	4
	(ウ)	⑤	4
問2		③	5
問3		③	7
問4		①	7
問5		④	7
問6		①	7

【出　典】

○『撰集抄《せんじゅうしょう》』

鎌倉時代に成立した仏教説話集。編者未詳。西行《さいぎょう》自身が体験したことのように書かれ、西行が編者かのような跋文《ばつぶん》まであるため、近世までは西行作と言われてきたが、現在は、別人物が西行に仮託して書いたものだと考えられている。全九巻。

【本文の要旨】

一条摂政（藤原伊尹《これただ》）のもとで連歌の会が催されたところ、誰もが付けあぐねていた句に、わずか十三歳の一条摂政の息子義孝《よしたか》が見事な付け句をした。感激した一条摂政は、人々に広めようと思い、道長に話をした。若いのにすばらしいなどと言われると思ったが、適当にあしらわれただけだった。不本意に思った一条摂政が上東門院に伝えると、上東門院に仕える女房の中務《なかつかさ》が和歌を添えて送った。当時、風流なことだと話題になった。

【全文解釈】

昔、一条摂政の御もとで、人々が連歌をしていました時に、

秋はなほ……＝秋はやはり夕暮れが格別だ。

という句が出て来たところ、人々が声をあげて度々になりましたが、付け句をする人もいませんでした時に、摂政殿のご子息で義孝少将といって、十三歳におなりになった（ご子息）が、

萩の上風……＝萩の上を風が吹き、萩の下には露が降りることよ。

と付けなさったところ、一条摂政は、大いに感動なさって、これを埋もれさせておいてよいものか、いや、よくないと思って、翌日、「この若者が、このようにお詠みしております」といって、御堂殿（＝藤原道長）へ、このようにと申し上げなさると、（御堂殿は）「子はとてもいとおしいものでございますことよ」とだけおっしゃって、特別なお言葉もなく、いいかげんな感じで、「何度聞いても趣深いです」とだけ申し上げなさった。一条殿がお思いになったことは、「年齢の程度よりはたいへん上手にお詠みになった」などと、（御堂殿は）熱心（におっしゃる）だろうとお思いになったが、いいかげんな感じのお返事でしたので、実に不本意にお思いになって、また、上東門院へこのようにと申し上げなさると、中務と申し上げた歌人の女房が、（一条摂政が）差し上げた（手紙への上東門院の）お返事として、とても丁寧に、「特にめったになくて、柿本人麻呂や、山部赤人といった昔のすばらしかった人々が再び生まれたのか」などとまで（褒め称《たた》える）お返事があったところに、中務が、個人的にこのように申し添えた。

　萩の葉に……＝萩の葉に風が吹いて音を立てる夕暮れには、萩の下露がさらにたくさん降りたことよ。

とありました。趣のある様子をしております。本当であろうか、その頃は、このことを世の中の風流なこととして申し上げておりました。

【設問解説】

問1　語句の解釈

(ア)　仕まつり／侍り

仕まつる（動詞・ラ四）	①〈「仕ふ」の謙譲語〉お仕えする。 ②〈「す」の謙譲語〉いたす。し申し上げる。してさしあげる。 ※何をするのか、具体的に考える。
侍り（動詞・ラ変）	①〈「あり」の丁寧語〉あります。います。 ②〈丁寧の補助動詞〉～です。～ます。～でございます。 ③〈「あり」「をり」の謙譲語〉お控えする。お仕え申し上げる。

サ変動詞「す」は、基本的に「する」と訳すが、他の動詞の代用としての用法があるので、文脈にあわせて、別の動詞に置き換えることができる。それは、「す」の謙譲語「仕まつる」でも同じ。ここの「仕まつり侍り」の主語は、「小冠（＝義孝）」。義孝がしたのは、連歌の付け句を詠んだことなので、ここの「仕まつり」は、「詠む」の謙譲語として「お詠みする」と訳すとよい。「侍り」は、

動詞「仕まつり」に付いているので、丁寧の補助動詞。**正解は②**。

(イ) まこと／やらん

やらん（慣用句）	①〈「に（断定の助動詞「なり」）＋や（疑問の係助詞）＋あら（ラ変動詞「あり」）＋ん（推量の助動詞「ん（む）」）」の転化したもの。〉 ～であろうか。

「やらん」は「やらむ」と表記されることもある。ここは、「本当であろうか、どうであろうか、わからないけれども……」と、ことわった上で、直後で義孝の付け句や中務の歌が評判になったと述べている。**正解は②**。

(ウ) やさしき／わざ

やさし（形容詞・シク）	① 優美だ。風流だ。 ② 殊勝だ。けなげだ。 ③（痩せ細るほど）恥ずかしい。
わざ（名詞）	①（人間がする）こと。 ② 仏事。法事。

和歌や連歌は、当時、風流の第一にあげられる。ここも義孝の付け句や中務の歌について「風流なこと」と言っているのである。**正解は、⑤**である。

問2 文法

① 非活用語である名詞「物」に接続し、「に」の下に「あり」の丁寧語「侍り」がある。「～に（て）侍り」を「～でございます」と訳してもおかしくないので、断定の助動詞「なり」の連用形と判断できる。〈文法ポイント p.184参照〉

② 四段活用の尊敬語「給ふ」の已然形（命令形）に接続しているので、完了の助動詞「り」の終止形である。助動詞で「り」となるものは、完了・存続の助動詞「り」のみ。

③ 前後を品詞分解すると、「ねんごろなら／んず／らん」。「んず」は「むず」とも表記される、推量の助動詞である。仮に、「んず」を〔推量の助動詞「ん（む）」＋打消の助動詞「ず」〕だとすると、未然形接続の「ず」の直上に、〔○―○―ん（む）―ん（む）―め―○〕と活用する「ん（む）」の終止形か連体形があることになり、接続が合わない。これが**正解**。

④ 「せ」は、使役・尊敬の助動詞「す」の連用形。直下に尊敬の補助動詞がある場合、助動詞「す」も尊敬であることが多い。その際には、尊敬の助動詞「す」と尊敬の補助動詞「給ふ」は、二語をまとめて「～なさる。お～になる」と訳せばよい。ここも「上東門院へこのようにと申し上げなさる」と訳して文意も

おかしくないので、尊敬の意でよい。

⑤形容詞「めでたし」の連用形「めでたかり」に接続し、「し」自体は名詞「人々」の直上で連体形なので、過去の助動詞「き」の連体形である。

問3　連歌の説明

Aの句を直訳する。

なほ（副詞）	①（そうはいうものの）やはり。 ②（なんといっても）やはり。
ただならず（慣用表現）	①普通ではない。 ②並々ではない。格別である。 ③妊娠している。

「こそ〜ね」は、係り結び。係助詞「こそ」は文末の活用語を已然形にするので、この「ね」は已然形とわかる。已然形で「ね」となるのは、打消の助動詞「ず」の已然形。「こそ」は強意なので、特別な訳はしなくてもよい。Aの直訳は、「秋はやはり夕暮れが格別だ」などとなる。

一方、Bの句は「荻の上風」と「萩の下露」の二つが並ぶのみである。「荻」「萩」はともに秋の植物で、「荻」はススキに似た植物で、「萩」は赤紫色の小花をつける植物である。動詞を補ってわかりやすく訳すと「荻の上には風が吹き、萩の下には露が降りる」となり、Aの「格別な秋の夕暮れ」が感じられる景物を具体的に示した内容である。「秋の夕暮れ」というやや漠然とした指摘から、「荻の上風」「萩の下露」と、より具体的な秋の風情を示す連歌となっている。

①は、すべて誤り。枕詞は、ある一定の言葉を導くものであるが、「秋はなほ」という枕詞はない。また、枕詞は和歌の内容に関係せず、枕詞を取り去っても内容は変わらない。ところが、「秋はなほ」は「夕まぐれこそ」以下の語句と密接に関わっており、これを取り去ることはできないので、内容的にも枕詞ではない。

②は「『ね』は完了の助動詞」ではなく、打消の助動詞「ず」の已然形である。

④は、すべて誤り。「荻」や「萩」が比喩として用いられているのではない。

⑤は「反証」が誤り。「反証」とは「嘘《うそ》であることを示す証拠」のことだが、Bの句はAの内容が「本当である」ことを、具体的な景物を示すことで表している。**正解は③**。

問4　心情説明

傍線部を直訳すると、「殿は、大いに感動なさって」などとなる。「殿」は、一条摂政伊尹のこと、「御感あり」は「感動する・感激する」の意である。直前に着目して、連歌の会で誰も付け句をしない中、息子の義孝が句を付けたことに感動していることを読み取る。直後「これをばうちこめてはあるべき」に具体的な心情が表れている。この後で、道長や上東門院にわざわざ義孝の句を披露しているので、義孝の句の才能を閉じ込めておいてよいものか、いや、多くの人に知ってほしい、と思っていることを読み取ろう。このことを正しく説明しているのは、①だけである。

②は、息子義孝の句を否定的にとらえているので誤り。

③は、「参加者の中で最も優秀な句を付けた」が誤り。誰も付けなかった句に、義孝が付け句をしたのである。

④は義孝のしたことを否定的にとらえて「謝ってまわろう」としている点が誤り。

⑤は、義孝の句を判断できないでいる点が「感動」につながらない。

正解は①。

問5　理由説明

直訳すると、「実に不本意にお思いになって」などとなる。

よに（副詞）	① 実に。ほんとうに。 ② 〈「よに〜打消表現」で〉けっして（〜ない）。
本意（名詞）	① かねてからの願い。本来の願い。

思しめす（動詞・サ四）	① 〈「思ふ」の尊敬語〉お思いになる。思いなさる。

「なら」は断定の助動詞「なり」の未然形。ここは「本意ならず」で、「不本意だ」などと訳すとよい。

理由を考える場合、傍線部の直前に「〜ので」という訳を持つ〔已然形＋ば〕があれば、着目する。ここも、直前に「……御返事にて侍りければ」と、〔過去の助動詞「けり」の已然形＋接続助詞「ば」〕があるので、ここを含む一文を検討する。義孝の句を道長に披露した後の一条摂政の思いである。

i 「一条殿おぼしけるは、『年ほどよりもゆゆしくし給へり』なんど、ねんごろならんずらんとおぼしけるに」

……「ゆゆしく」は、「とても〜だ。不吉だ」という意の形容詞。ここは「とてもすばらしい」などの意。

「ねんごろなら」は「熱心だ。親切だ。丁寧だ」の意の形容動詞。一条摂政は、道長が息子義孝の句を「十三歳という年齢のわりにはとてもすばらしい」と熱心に言ってくれるだろうと思っていた。

ii 「なほざりがてらの御返事にて侍りければ」

……「なほざりがてら」は「いい加減に」「適当な感じに」などと訳せる。道長の返事は、「子はよくいとほしき物にて侍りけり」（本文7行目）、「返す返す面白く侍り」（本文8行目）とあり、「子どもはかわいいですよね」「本当に風流な句ですね」と、適当にあしらった感じのものだった。

息子の句を高く評価するだろうという予想に反した道長の反応を、一条摂政は不本意だと思っているのである。

①は、前半の一条摂政の心情が誤り。

②は「嫉妬される」が誤り。道長が「酷評した」も言いすぎである。

③は、「今年一番の出来映えだ」という評価の内容が誤り。

⑤は、道長の反応が誤り。**正解は④**。

問6　内容説明

一条摂政は、上東門院に手紙を送ったのだが、上東門院の代わりに女房の中務が返事をした。その返事が、本文11・12行目「ことに……生まれたるか」であり、さらに、中務が個人的に添えたものが、本文14行目の「荻の葉に……」の和歌である。

i「ことにありがたくて」

……「ことに」は「特に。格別に」という意の副詞。「ありがたく」は「めったにない」意の形容詞。義孝の句を「特にすばらしい」と褒めている。

ii「人丸、赤人が昔のめでたかりし人々の再び生まれたるか」

……「めでたし」は「すばらしい」の意の形容詞。「人丸、赤人が」の格助詞「が」は連体修飾格の用法。「人丸、赤人の（ような）昔のすばらしかった人々が再び生まれたのか」という直訳になり、「歌聖の再来か」と褒め称えている内容である。

iii「荻の葉に……」の和歌

……義孝の句と同趣旨で、義孝のすばらしい句をすばらしい和歌に仕立て直して表現した。

義孝、あるいは義孝の句についての返事となっているのは①・②・④。その義孝に対して「人麻呂や赤人が再び生まれたのか（と思われるほどすばらしい）」と褒め称えているのは①だけである。**正解は①**である。中務が、どこまで本音を書いたか疑わしく思い、②を正解と考える人もいるだろうが、②は人麻呂と赤人が「驚くことだろう」となっている点が誤りである。

第12問

【解答と配点】

設問		正解	配点
問1	(ア)	③	4
	(イ)	④	4
	(ウ)	⑤	4
問2		②	5
問3		③	7
問4		①	7
問5		⑤	7
問6		①	7

【出　典】

○『枕草子《まくらのそうし》』

平安時代中期に成立した随筆。作者は清少納言。内容面から、〈類聚《るいじゅう》的章段〉〈日記的章段〉〈随筆的章段〉に分けられる。中宮定子に仕える女房である作者が、その日常の中で体験したことや感じたことなどを、作者の機知ある言動とともに明るく描く。

【本文の要旨】

関白殿（藤原道隆《みちたか》）が黒戸から出て、女房たちが伺候する中を歩いていく。立派な権大納言（伊周《これちか》）に履き物を用意させる様子もすばらしい。男性貴族がずらりと控えている中、宮の大夫殿（藤原道《みち》長《なが》）だけはひざまずかない。しかし、最後にはひざまずく。これにつけても、関白殿の前世の善行がしのばれる。もしも中宮定子が長生きをして宮の大夫殿の華々しい将来を知ったら、彼がひざまずいたことがどれほどのことかもわかってもらえただろうにと思う。

【全文解釈】

関白殿が、黒戸からお出ましになるということで、女房が隙間なく（多く）お控えしているのを、（関白殿は）「まあ、たいそうすばらしい女房たちだなあ。（この）老人を（見て）どんなにか笑っていらっしゃるだろう」とおっしゃって、（女房の間を）かき分け（るようにし）て出ていらっしゃると、戸口に近い（所にお控えする）人々が、色とりどりの袖口で、御簾を引き上げていると、権大納言が（関白殿の）お履き物を（手に）取ってはかせ申し上げなさる（その権大納言の）ご様子は、たいそう重々しく美しく整っている様子で、下襲の裾を長く引いて、（あたりが狭く思われるほど）立派なお姿でお控えなさっている。「ああ、すばらしいこと。大納言ほどのお方に（関白殿は）履き物を取らせ申し上げなさることよ」と思われる。山の井の大納言や、官位が大納言に続く、中宮のお身内でない人々が、（黒色の上着を着て、まるで）黒い何かを一面に散らしているように、藤壺の塀のところから登花殿の前まで並んで座っているところに、（関白殿は）ほっそりと（していて）たいそう優美に、御佩刀（の具合）などを整えなさって、足をとめていらっしゃると、宮の大夫殿は、戸の前に立ちなさっているので、「ひざまずきなさらないつもりであるようだ」と（私が）思う時に、（関白殿が）少し（戸口から）歩き出しなさると、（宮の大夫殿が）すっとひざまずきなさったのは、「やはり（お積みになった）どれほどの前世の善行の程度（のため）であろうか」と（思って関白殿を）拝見したが、（そのご様子は）たいへんすばらしかった。

（女房の）中納言の君が、「（今日はある人の）命日だ」ということで殊勝ぶって勤行しなさっていたのを、（若い女房が）「（貸して）ください、その数珠を少しの間。（私たちも）勤行して、（関白殿のような）すばらしい身になりたい」と（数珠を）借りるということで、集まって笑うけれども、（それも）やはりたいそうすばらしい。中宮におかれても（その騒ぎを）聞きなさって、「（あの世で）仏になったらそのことの方が、（この世の）関白の位よりは勝るだろう」とおっしゃって、ほほえみなさっているのを、（私は）またすばらしく思って拝見する。宮の大夫殿が（関白殿に対して）ひざまずきなさったことを、くり返し申し上げると、（中宮は）「いつもの関白びいきね」と笑いなさった。まして、（宮の大夫殿の）この後のご様子を（中宮が）拝見しなさったならば、（私の言ったことを）もっともなことだときっと思いなさっただろうに。

【設問解説】

問1　語句の解釈

(ア)　ひまなく／さぶらふ

ひまなし（形容詞・ク）	①　隙間がない。 ②　絶え間がない。
さぶらふ（動詞・ハ四）	①〈「あり・居り」の謙譲語〉お仕えする。お控えする。伺候する。 ②〈「あり・居り」の丁寧語〉あります。います。 ③〈丁寧の補助動詞〉～です。～ます。～でございます。

傍線部(ア)の主語は、直前の「女房」。関白殿が出てくる場面なので、ここの「さぶらふ」は「お控えする」の意がふさわしい。「ひまなし」は、多くの女房が隙間なく伺候しているさまを言う。後に関白殿が女房たちの中を「分け出で」ることからも女房が密集していることがわかる。**正解は③**。

(イ)　あな、／めでた

あな（感動詞）	①　ああ。まあ。
めでたし（形容詞・ク）	①　すばらしい。

「めでた」は、形容詞「めでたし」の語幹。「あな＋形容詞・形容動詞の語幹」で、感動・詠嘆を表す語幹用法である。**正解は④**。

(ウ)　いみじう／なまめかしう

いみじ（形容詞・シク）	①　はなはだしい。 ②　はなはだしく〜。とても〜。たいそう〜。
なまめかし（形容詞・シク）	①　若々しい。 ②　優美である。 ③　色っぽい。

「いみじう」は形容詞「いみじ」の連用形「いみじく」のウ音便形。「なまめかしう」は、形容詞「なまめかし」の連用形「なまめかしく」のウ音便形。音便形になっていても訳は変わらない。「なまめかし」の訳出が正しいのは④・⑤で、「いみじ」の訳出も正しいのは⑤である。**正解は⑤**。

問2　文法

波線部a〜cは、いずれも助動詞「む」である。ここは、その文法的意味を見分ける問題である〈文法ポイント p.159参照〉。

a　波線部のある会話文に着目すると、「給へ、その数珠しばし」とある。「数珠をください」と言っている以上、その直後の「行ひして、めでたき身にならむ」は、「その数珠を使って勤行をしてすばらしい身になろう」という会話主自身の意志を述べていると考えられる。aの「む」は意志。

b　文の途中にある連体形の「む」は、仮定・婉曲。ここも「仏になったら、そのことの方が……」と訳せるので、bの「む」は仮定・婉曲である。

c　bの「仏になったら、そのことの方が」に続く箇所にある。ここは「これより勝るだろう」という意味である。cの「め」は推量。

正解は②。

問3　内容説明

まずは、傍線部を直訳する。

いかに（副詞）	① どのように。どう。 ② なぜ。どうして。 ③ どんなに。どんなにか。
給ふ（動詞・ハ四・ハ下二）	〈四段活用〉 ① 〈「与ふ」の尊敬語〉お与えになる。くださる。 ② 〈尊敬の補助動詞〉～なさる。お～になる。 〈下二段活用〉 ③ 〈謙譲の補助動詞〉～ます。～ております。 〈**文法ポイント** p.179参照〉
らむ（助動詞）	① 〈現在推量〉（今ごろ）～ているだろう。 ② 〈現在の原因推量〉～（ている）のだろう。 ③ 〈現在の伝聞・婉曲〉～（ている）とかいう。～（ている）ような。 〈**文法ポイント** p.160参照〉

「翁」は、老人男性のこと。ここは、他に老人は登場していないので、関白が自分自身のことを「翁」と称しているのだと判断する。若く華やかな女房たちを前に、関白は自分をことさら老人扱いして「老人のような私をどんなにか笑っていらっしゃるだろう」と逐語訳できる。関白が女房たちをからかっているのである。

正解は③。正解以外は、傍線部の訳出が誤っている。

問4　内容説明

傍線部「権大納言の御沓とりてはかせ奉り給ふ」の「はかせ奉り給ふ」は「はか／せ／奉り／給ふ」と単語に分けられる。「はか」は「（履き物を）はく」意の動詞、「せ」は、使役・尊敬の助動詞「す」の連用形、「奉り」は謙譲の補助動詞、「給ふ」は尊敬の補助動詞である。使役・尊敬の助動詞「す」は、直下に尊敬語がなければ、使役の意味であるので、ここも使役で訳すと「（お履き物を）はかせ申し上げなさる」となる。ここが、関白（道隆）が黒戸から出てきた場面であることを考えると、履き物をはくのは、関白（道隆）である。はく履き物は、当然、関白（道隆）の履き物であろう。すると、傍線部は、「権大納言の」の「の」を主格の意の格助詞と考え、「権大納言（伊周）が関白（道隆）のお履き物を手に取って関白の足にはかせ」たと理解することができる。

正解は①。

問5　内容説明

傍線部を直訳すると、「やはりどれほどの昔の御行いのほどであろうか」となる。「にか」は「にかあらむ」の省略形で、「に」は断定の助動詞「なり」の連用形、「か」は疑問の係助詞である。傍線部は心中部であるが、直後の「……と見奉りし」には謙譲語のみで尊敬語はないことから、作者自身が思っていると考えるのがふさわしい。また、作者が何を見て傍線部にあるように思ったのかは、傍線部直前の「宮の大夫殿は……ふと居させ給へりしこそ」に着目する。場面は、冒頭から変わらず、関白がお出ましになるところである。

i「宮の大夫殿は、戸の前に立たせ給へれば」

……他の人々が「居並みたる（＝並んで座っている）」のに対し、宮の大夫（＝道長）は戸の前に立っている。腰を低くする態度は、関白に敬意を表する礼儀にかなったものであるのに対し、立ったままなのは、反抗的な態度に受け取られかねない。

ii「『居させ給ふまじきなめり』と思ふほどに」

……「（道長は）腰を低くするつもりがないようだ」と私（作者）は思う。

道隆やその一族と道長の険悪な関係は有名で、ここも道長は反抗的な態度をしていると作者は思うのである。

iii「すこし歩み出でさせ給へば」

……関白（道隆）が少し歩き出す。

iv「ふと居させ給へりしこそ」

……道長がふと腰を落とす。

当時の人たちの考え方は、「現世でのすべての出来事は、前世の自分の行いによって決まっている」というものである。前世で善行をすれば、現世で果報（よい報い）があるということである。本文中に現世における具体的な「過去の行い」の記述がないので、傍線部の「昔の御行ひ」は、前世での行いの意だと判断する。反抗的な道長までもが敬意を表する道隆のすばらしさを、どれほどの前世の善行の結果であろうかと思っているのである。

①・②・④は「昔の御行ひ」が現世での行いなので、誤り。

③は、前世に言及しているが、「道隆が……道長を座らせ」が事実誤認である。正しくは道長が自発的に動いたのである。**正解は⑤**。善行の最たるものは、仏教的に良い行いである。

問6　解釈

奉る（動詞・ラ四）	①〈「与ふ」の謙譲語〉さしあげる。 ②〈謙譲の補助動詞〉～申し上げる。 ③〈「食ふ・飲む」の尊敬語〉召し上がる。

	④〈「着る」の尊敬語〉お召しになる。 ⑤〈「乗る」の尊敬語〉お乗りになる。 〈文法ポイント p.178参照〉
す（助動詞）	①〈使役〉〜させる。 ②〈尊敬〉〜なさる。お〜になる。 〈文法ポイント p.156参照〉
まし（助動詞）	①〈反実仮想〉 もし〜たならば、……ただろうに。 ②〈ためらいの意志〉 〜ようかしら。 ③〈願望〉 〜だったならばよかったのに。 〈文法ポイント p.162参照〉
ことわりなり（形容動詞・ナリ）	① もっともだ。当然だ。
思し召す（動詞・サ四）	①〈「思ふ」の尊敬語〉思いなさる。 お思いになる。

る（助動詞）	①〈自発〉自然と〜れる。つい〜する。〜せずにはいられない。 ②〈受身〉（〜に）〜られる。 ③〈可能〉〜ことができる。 ④〈尊敬〉〜なさる。お〜になる。 〈文法ポイント p.156参照〉
ぬ（助動詞）	①〈完了〉〜てしまった。〜た。 〜てしまう。 ②〈強意〉きっと〜。かならず〜。 〜てしまう。 〈文法ポイント p.157参照〉
給ふ（動詞・ハ四・ハ下二）	（問3を参照）

「奉る」は、動詞「見」の直下にあるので謙譲の補助動詞。「せ」は尊敬の助動詞「す」、「給ふ」は尊敬の補助動詞。助動詞「す」の直下に尊敬の補助動詞「給ふ」などがあるときは、「す」も尊敬の意になりやすい。「ましかば〜まし」は反実仮想の構文である。直訳すると、「もしこの後のご様子を拝見しなさったならば、もっともだときっとお思いになっただろうに」となる。反実仮想の表

現の場合、実際はどうだったのかの方向からまとめられることもあるので注意が必要である。

> ★反実仮想の構文
> 「〜ましかば……まし。」
> 〈直訳〉もし A たならば、 B ただろうに。
> ↓
> 現実は A ではないので、 B ではない。

先ほどの直訳を、実際はどうだったのかがわかりやすいように、言い換えると「現実はこの後のご様子を拝見しなさらなかったので、もっともだとお思いにもならない」となる。

傍線部直前にある「大夫殿の居させ給へるを、かへすがへす聞こゆれば」に着目すると、道長が道隆にひざまずいたという話題を受けて、「この後の道長のご様子を拝見しなさったならば、もっともだとお思いになっただろうに、実際には拝見しなさらなかったので、もっともだともお思いにならない」ということである。

実際はどうなのかの方向でまとめている③・④・⑤のうち、③は「ことわり」の訳が誤り。④は「給は」「思し召さ」の尊敬語の訳が誤り。⑤は最後が「ごもっともでしょう」とまとめているのが、誤り。直訳で訳している①・②のうち、②は謙譲語「奉る」の訳が欠けている。**正解は①**。中宮定子は、この数年後に亡くなるので、この後の道長の全盛期を目にすることはなかったのである。

第13問

【解答と配点】

設問		正解	配点
問1	(ア)	⑤	4
	(イ)	②	4
	(ウ)	①	4
問2	(i)	①	7
	(ii)	③	7
	(iii)	④	7
問3		①	6
問4		④	6

【出　典】

○『かざしの姫君』

室町時代に書かれた短編の物語を「御伽草子《おとぎぞうし》」と呼ぶが、その中の一つ。作者は未詳。

草花を愛するかざしの姫君が、ある秋の夕べ、菊花の衰えゆく様を惜しんでいると、少将と名乗る男が現れ、契りを結ぶ。少将はその後も通って来るが、帝が花揃《はなぞろ》えのため、かざしの姫君の父である中納言に庭の菊を差し出すよう命じた日、少将は姫君に二度と逢《あ》えない旨を告げ、形見に自らの髪を切って姫君に残して去る。その後、姫君が形見の包みを開くと、そこには黒髪ならぬ萎《しお》れた菊があり、姫君は少将が菊の精であったこと、花揃えのために宮中に献上されたことを悟る。やがて父母に事情を打ち明けた姫君は、少将の娘を生んで亡くなる。十数年後、菊の精の少将とかざしの姫君との間に生まれた娘は、美しく成長し、女御になって皇子、皇女をもうけて栄えた。

○『大和《やまと》物語』

第3問の【出典】を参照。

【本文の要旨】

本文は、かざしの姫君が少将の形見を見て、少将が菊の精であったことを知る場面である。

第一段落は、姫君に別れを告げた少将が、姫君に形見を残す場面である。少将は、鬢《びん》の髪を切って姫君に渡し、姫君に、お腹《なか》に自分の子が宿っていることを教え、自分の忘れ形見としてよく育てるように頼んで、去っていく。

第二段落は、中納言が庭の菊を帝に献上し、帝がそれを見たことが語られる。

第三段落は、姫君が一人物思いにふける場面である。少将が現れないので、姫君が見上げる月も涙で曇りがちである。姫君は、幾夜も待って、ついに、最後の夜に少将が置いていった形見の品を開く。そこには一首の和歌が書かれていたが、和歌は、むなしく萎れていく菊の花を詠んだものであった。さらに少将が姫君の目の前で切って包んだはずの少将の髪が、今開いてみると菊の花だったところから、姫君は少将が菊の精であったことを悟り、菊の花園に出て悲嘆に暮れる。

「花こそ散らめ、根さへ枯れめや」は古歌の引用である。引用文以外にも『古今和歌集《こきん》』秋下巻にもある。この作品では、かざしの姫君が、在原業平《ありわらのなりひら》の詠じたこの古歌を、少将を失った自分の身の上に適《かな》うものとして思い起こしている。

【全文解釈】

しばらくして少将は、涙を流す合間にも、「今となっては早く立ち帰ってしまおう。けっしてけっして（私のことを）お忘れにならないでください。私自身も、（あなたの）御愛情を、いつの世に忘れ申し上げようか、いや、忘れ申し上げるはずはない」などと言って、鬢の髪を切って、下絵を描いた薄手の紙に押し包んで、「もし（私のことを）思い出してくださるなら、その時は、これを御覧になってください」と言って、姫君にさしあげて、また「（あなたの）お腹の中にも幼な子を残しておくので、どうかどうかよいように育てておいて、（私の）忘れ形見だともお思いになってください」と言って、泣きながら出てお行きになるので、姫君も御簾《みす》のそばまで人目を忍びつつ出て見送りなさると、（少将が）庭の籬《まがき》のあたりへ（出て）しばらく立ち止まりなさるかと思って（そのすぐ後）、（お姿が）お見えにならない。

こうしてその夜も明けてしまったので、中納言は菊を帝に献上しなさった。帝は、ご覧にな（って賞美しなさ）ることがこのうえない。

姫君は夕暮れをお待ちになるけれども、少将は夢の中でもまったく現れないので、いたわしいことよ、姫君は、梢《こずえ》の向こうにある月の光は陰りもない、夜半の空ではあるものの、涙に曇る気持ちがして、長い夜を幾夜もお明かしになって、ある時、その人（＝少将）が言い残した忘れ形見を取り出し、思いあまって御覧になると、一首の歌がある。

にほひをば……＝匂いをあなたの袂《たもと》に残しておいて、はかなく色あせて衰えゆく菊の花だなあ。

とあって、その（人の）黒髪と思ったものは、萎れている菊の花なので、ますます不思議にお思いになり、それでは詠んで残した歌まででも、菊の精（のもの）かと感じられて、その白菊の花園に歩み出なさっておっしゃることは、「『花は散るだろうが、そのうえ根までも枯れるだろうか、いや、枯れるはずがない』と、（昔、在原業平が）詠んだ言葉も、今（自分の）身の上のこととして思い知らずにはいられなかった。たとえ（あの人が）菊の精であったとしても、もう一度（私と）言葉を交わさせてください」と言って、いても立ってもいられないご様子は、ほんとうにもっともなことだと自然と（思い）知られた。（帝の）花揃えがなかったならば、このようなつらい経験はないだろうに、いずれにしても最後まで生き長らえることのできる我が身ではないのでと思うにつけても、かえって（姫君が）気の毒だ。

【問2に引用の『大和物語』の解釈】

在中将《ざいちゅうじょう》に、后《きさい》の宮から菊をご所望になったので、（在中将が）さしあげた折に、

植ゑし植ゑば……＝しっかりと植えておくならば、秋のない時は咲かないだろうか、いや、（秋は必ず訪れるのだから、その時には）必ず咲くだろう。花は散るだろうが、根までも枯れるだろうか、いや、根までも枯れるはことはないだろう。

と書きつけてさしあげた。

【設問解説】

問1　語句の解釈

(ア)　あひかまへてあひかまへて

あひかまへて（副詞）	①〈命令表現と呼応して〉なんとしても。ぜひとも ②〈禁止表現と呼応して〉けっして。きっと。

下に続いている「思し召し忘れ給《たま》ふな」の「な」は、禁止の終助詞なので、「あひかまへてあひかまへて」の意味は、前記②である。同じ言葉を重ねて強調した表現である。少将が別れに際して、けっしてけっして自分のことを忘れるなと言うのは文脈にも合っている。

正解は⑤である。

(イ)　さらに／見え／ざれ／ば

さらに（副詞）	①そのうえ。重ねて。いっそう。 ②改めて。新たに。 ③〈打消表現と呼応して〉けっして。ぜんぜん。まったく。
見ゆ（動詞・ヤ下二）	①現れる。 ②見られる。

	③見せる。 ④見える。 ⑤～と思われる。 ⑥わかる。判断できる。
ず（助動詞）	①〈打消〉～ない。 〈**文法ポイント** p.158参照〉
ば（接続助詞）	①〈順接の仮定条件〉（「未然形＋ば」の形で）～ならば。 ②〈順接の確定条件〉（已然形＋ば」の形で）～と。～ところ。～ので。～から。～（する）といつも。 〈**文法ポイント** p.168参照〉

「さらに」は、下に打消の助動詞「ず」の已然形「ざれ」があるので前記③である。「見え」は、傍線部の前に「待ち給へども、少将は夢にも」とあるので、前記①の意味と考え、「ざれ」と合わせて考えると「現れない」となり、文脈にも合っている。**正解は②**である。

(ウ)　げに／ことわり

げに（副詞）	①なるほど。ほんとうに。 ※前の会話を肯定・納得する。
ことわり（名詞）	①道理。もっともなこと。

二つの語義からすると**正解は①**。少将が菊の精であることがわかっても、少将を恋い慕う姫君の「あるにあられぬ御ありさま（＝いても立ってもいられないご様子）」を「ほんとうにもっともなことだ」というのは文脈的にも正しい。

問2　空欄補充

引用の和歌の品詞分解と逐語訳は次のようになる。

動・ワ下二・用	副助	動・ワ下二・未	接助・順接仮定
植ゑ	し	植ゑ	ば
植え	に	植える	ならば

名	形・ク・体	名	係助・反語
秋	なき	時	や
秋の	ない	時は	

動・カ四・未	助動・打消・未	助動・推量・体
咲か	ざら	む
咲か	ない	だろう　か

名	係助	動・ラ四・未	助動・推量・已
花	こそ	散ら	め
花は		散る	だろうが

名	副助・添加	動・ラ下二・未	助動・推量・已	係助・反語
根	さへ	枯れ	め	や
根	までも	枯れる	だろう	か、いや、枯れない。

(i) 空欄 X は、この和歌の文法についての説明である。「し」は強意の副助詞で、過去の助動詞「き」の連体形ではないので、①が正解である。過去の助動詞「き」とした場合、直上の「植ゑ」は連用形なので、接続としては問題ないが、「し」の下に「植ゑ」という動詞がある。これはさらにその下の「ば」との関係から未然形である。連体形の「し」の下に活用語の未然形が来ることはないので、過去の助動詞「き」とすることはできない。それ以外の選択肢は、文法的に正しい。

(ii) 空欄 Y は、この和歌の内容を問うている。品詞分解と逐語訳は前記のようになるが、わかりづらいところを説明すると、「植ゑし植ゑ」は、同じ動詞を重ねることでその動作を強調する用法で、「しっかり植える」といった意味である。「秋なき時や咲かざらむ」は、「や」が疑問・反語の係助詞で、逐語訳は「秋のない時は咲かないだろうか（いや、咲く）」となるが、秋は必ず訪れるものであるから、「秋になれば必ず咲くだろう」ということを意味している。次に「花こそ散らめ」に注目する。「こそ～已然形」は、そこで文が終止している場合は単に強意を表すが、「こそ～已然形」で文が終止せず下に続いていく時は、強意逆接として「～が。～けれども。～のに」などと訳す。和歌には句読点がないので、「花こそ散らめ」が句切れとして終止しているのか、下に続いていくのかを判断するためには、前後の文脈の理解が必要だが、ここは後に「根さへ枯れめや（＝根までも枯れるだろうか、いや、根までも枯れることはないだろう）」と、前の内容を打ち消す表現が続いていることから、強意逆接と考えるのが妥当である。以上を踏まえて和歌全体を解釈すると、「しっかりと植えておくならば、秋のない時は咲かないだろうか、いや、秋は必ず訪れるのだから、その時には必ず咲くだろう。花は散るだろうが、根までも枯れるだろうか、いや、根までも枯れることはないだろう」となる。**正解は③**である。

①は、「冬になって花も根もすべて枯れてしまったとしても」が誤り。根は枯れないと言っている。

②は、「たとえ今年は咲かなかったとしても」が誤り。秋には必ず花が咲くと言っている。

④は、「きちんと植えないと……冬になると根までも枯れてしまって」が誤り。そもそも「きちんと植えないと」という条件は、本文中に記されてはいない。

(iii) 空欄 Z は、引用の和歌を踏まえた姫君の心情を読解する問題である。和歌は、菊の花は色あせても根までは枯れないということを言っているのだから、それを踏まえると、姫君の心情は、たとえ少将が菊の精であることを知っても少将を思う気持ちは永遠に「変わらない」ということになる。よって、**④が正解**である。

①は、「美しい菊として少将が永遠に生き続ける」、②は、「命をまっとうできた」が誤り。菊の精であった少将は、帝の花揃え

のために、寿命が尽きる前に手折られたのである。

③は、「少将が死んでしまった」は「花こそ散らめ」の比喩内容として間違いとは言えないかもしれないが、「悲しみは癒えようがない」を「根さへ枯れめや」の比喩内容ととらえるには無理がある。

問3　語句と表現

傍線部Bは、「かかる／憂き目／は／あら／じ／ものを、／とて／も／かくて／も／ながらへ／はつ／べき／我／が／身／なら／ね／ば」と単語に分けられる。

解釈するうえでポイントとなる語句は、「かかる」「憂き目」「じ」「ものを」「とてもかくても」「ね」である。

かかり（動詞・ラ変）	①　このようだ。
憂き目（名詞）	①　つらい経験。悲しいこと。
じ（助動詞）	①〈打消推量〉 ～ないだろう。～まい。 ②〈打消意志〉 ～つもりはない。～まい。 〈文法ポイント　p.158参照〉
ものを（接続助詞）	①〈逆接の確定条件〉 ～のに。～けれども。 〈文法ポイント　p.169参照〉
とてもかくても（連語）	①　いずれにしても。どちらにしても。
ず（助動詞）	（**問1**の(イ)を参照） ※ここでは、直上の「なら」が断定の助動詞「なり」の未然形なので、「ね」は、打消の助動詞「ず」の已然形である。 〈文法ポイント　p.158参照〉

傍線部Bは、少将が菊の精だとわかり、帝の花揃えのせいで、菊が宮中に献上されたために少将と二度と逢うことができなくなったことを、姫君が悟って嘆く部分である。それを踏まえて傍線部Bを解釈すると、「このようなつらい経験はないだろうに、いずれにしても最後まで生き長らえることのできる我が身ではないので」となる。

①が正解である。「かかる憂き目」は、帝の花揃えのせいで少将と二度と逢えなくなったことである。

②は、「あらじもの」を「今まで経験したことがないほどの出来事」とするところが誤り。「ものを」は、前記のように逆接の接続助詞で、帝の花揃えがなかったなら、このようなつらい経験することはないだろうにという意味である。

③は、「とてもかくても」を「少将と過ごした楽しい日々があれこれ思い出され」とするところが誤り。少将との思い出に浸っている内容は本文にはない。

④は、「ながらへはつべき」を「少将が生き長らえるはずだった」とするところが誤り。これは、後ろに「我が身ならねば」とあるし、姫君が妊娠していることを含めて、この先の自分の死を予感した発言で、姫君が生き長らえることである。

⑤は、「我が身ならねば」を「少将と結ばれない宿縁」にある我が身とするのが誤り。姫君が自分の死を予感しているのである。

問4　登場人物に関する内容説明

①は、「今度生まれてくる子どもは私の生まれ変わり」が誤り。本文は「胎内にもみどり子を残し置けば、いかにもいかにもよきに育ておきて、忘れ形見とも思《おぼ》し召せ」とあって、忘れ形見にと言っている。生まれ変わりとは言っていない。

②は、「夜も更けたころに……献上した」が誤り。本文は「その夜も明けぬれば、中納言は菊を君へぞ奉らせ給ひけり」とあって、帝に献上したのは、次の日の朝である。

③は、「花揃えの実施を中納言に任せたこと」が誤り。花揃えの実施を中納言が仕切ったことは本文にはない。

④が正解である。少将の残した和歌は、次のように解釈される。

にほひをば《匂いを》／君が袂に《あなたの袂に》／残し置きて《残しておいて》／あだにうつろふ《はかなく色あせて衰えゆく》／菊の花かな《菊の花だなあ。》

あだなり（形容動詞・ナリ）	①いいかげんだ。不誠実だ。②浮気だ ③はかない。一時的だ。かりそめだ。無駄だ。
うつろふ（動詞・ハ四）	①移動する。移り変わる。②色あせる。衰える。盛りが過ぎる。散る。③色づく。紅葉する。深まる。④心変わりする。心移りをする。

この解釈を、「匂いだけを姫君のもとに残しておくことしかできないむなしさ」と言い換えるのは正しい。

⑤は、「最後まで信じることはできなかった」が誤り。本文に「さては詠み置く言の葉までも、菊の精かとおぼえて」とあるように、姫君は少将が菊の精だとわかっている。

第14問

【解答と配点】

設問		正解	配点
問1		②	4
		⑤	4
問2		③	4
問3	(ア)	①	4
	(イ)	④	4
	(ウ)	③	4
問4		②	7
問5		②	7
問6		⑤	7

（※順不同）

【出　典】

○『赤染衛門集《あかぞめえもん》』

『赤染衛門集』は、赤染衛門の和歌を集めた私家集で、成立年代・編者については未詳である。

赤染衛門は、平安時代中期の歌人で、中古三十六歌仙の一人である。父は赤染時用《ときもち》（一説には平兼盛《たいらのかねもり》とも言う）で、大江匡衡《おおえのまさひら》と結婚し、藤原道長《みちなが》の妻倫子《りんし》に仕えた。『栄花物語』の正編の作者だとも言われる。

【本文の要旨】

実成《さねなり》の思いがけない訪問に驚いた赤染衛門は、引き歌によってその驚きの気持ちを伝えようとした。ところが、実成はその引き歌を知らなかった。後になって、赤染衛門の意図に気づいた実成は気落ちして、弁の内侍《ないし》にその事情を話した。その様子を道長が聞いて、赤染衛門が弁の内侍に贈った和歌に、道長みずからが気軽に返歌を詠み、さらにその返歌を赤染衛門が詠んで返した。

【全文解釈】

春、（部屋から）門の方を見出していると、実成の兵衛督が（牛車から）下りてお立ちになっているのを、思いがけない気持ちがして、「梅の立ち枝や」と書いて（使者に託して）さしあげたところ、「（兵衛督は）ほほえんでいらっしゃった」と（使者からの言葉が）あった後、しばらく経《た》って、（出仕先である道長の）邸《やしき》に戻って入っていたところ、弁の内侍が参上したのに来合わせて（言うことには）、「兵衛督が『このようなことがあったが、その（「梅の立ち枝や」という）和歌を知らなかったので、何も言わないで終わってしまった。後で人に尋ねて（「梅の立ち枝や」という古歌のことを）聞いた。これほどの恥はなかった。（赤染衛門に）会うことがあるなら、せめてこのように嘆くとだけでも語ってくれ』とおっしゃった」と言うのを、殿の御前（＝道長）がお聞きになって、はなはだしくお笑いになった。

そうして（実家に）退出して二日ほどして、十二月中に立春となった朝に、弁の内侍に、「先夜のお話しなさったことがつい思い出される」と言って、

　たよりあらば……＝機会があるなら来ても見よとほのめかそうかしら。今朝（季節はまだ冬なのに立春となってしまって）

　　春めいて高く伸びた梅の枝を。

殿の御前が御覧になって、ご自身でお詠みになった（歌）、

　春ごとに……＝春ごとに来ても見よという気持ちがあるのなら、霞を分けても花も探し求めよう。

すぐに（御返歌を）さしあげる。

　まことにや……＝ほんとうだろうか。訪れた時があったよと（言う機会があるかどうか）待ち（つつ）試みよう。花の散るまで。

【設問解説】

問1　和歌の内容説明

教師と生徒との会話から、引き歌の内容を本文の内容と合わせて判断する問題となっている。

傍線部の「梅の立ち枝や」というのは、実成の兵衛督が門のあたりに「立ち給へる」のを、「思ひがけぬ心地」がして赤染衛門が紙に書いて差し出したものである。だから、その「梅の立ち枝や」という表現には、赤染衛門の「思ひがけぬ心地」が表されていることはすぐに判断できる。教師と生徒との会話ではその引き歌との関連が話されているので、引き歌の内容と生徒の発言の是非を検討する。

まず、引き歌を検討する。これは教師が紹介しているように、『拾遺和歌集』に載る平兼盛の和歌である。

引き歌は、次のように各句に分けられる。

　我が宿の／梅の立ち枝や／見えつらむ／　思ひのほかに／君が来ませる

注意する古語は「ませ」である。これはサ行四段活用動詞「ます」の已然形（命令形）で、動詞の直後にあるので、尊敬の補助動詞である。語法で注意したいのは、係助詞「や」の結びが「らむ」で、三句切れの和歌になっていることと、「つ＋らむ」が、強意の助動詞「つ」の終止形＋現在推量の助動詞「らむ」で、「きっと～ているだろう」の意味となっていることである。

以上のことを踏まえて、この引き歌を逐語訳すると、

　私の家の／梅の立ち枝が／きっと見えているのだろうか。／
　思いがけなく／あなたがいらっしゃったよ。

となる。つまり、「君」が思いがけなく我が家に来てくださったのは、私に逢《あ》うためではなく我が家の梅の立ち枝を見るためなのだろう、と、「君」の思いがけない訪問を喜ぶ気持ちを素直に表すのではなく、遠回しに表しているのである。

　赤染衛門は、この引き歌を意識して「梅の立ち枝や」と書いて差し出したのである。だから、その伝えたい気持ちは、引き歌の中の「思ひのほかに君が来ませる」である。実成の兵衛督の思いがけない訪問に驚く気持ちを伝えようとしたのである。

　以上のことを念頭に置きながら、生徒の発言を検討する。

①　「きっと意外な訪問客も訪ねて来るだろうと期待して」という点が誤り。この引き歌は、「梅の立ち枝」を見て訪ねて来たのだろうと推測しているのであって、訪問したことは既成事実であり、期待しているわけではない。

②　これが一つ目の**正解**。前に確認した内容と適合している。

③　①のAさんの解釈を支持している点で誤り。「兼盛と同じように、赤染衛門も自分の家の梅の花が咲くのを待っていた」というのは不適当である。梅はすでに咲いているのである。

④　これも①のAさんの解釈を支持している点で誤り。「兵衛督もこの和歌を知っていてわざわざ訪ねて来たんだろうということを、確かめたかったんじゃないのかな」というのも誤り。引き歌を知っているかどうかを確かめたかったかどうかはここでは判断できない。むしろ、知っているのがあたりまえと思って、「梅の立ち枝や」と書いて差し出したのである。

⑤　これが二つ目の**正解**。前に確認した内容と適合している。

⑥　②のBさんに賛同している点はよいが、「あなたは知らないだろうけど、こんな古歌があるのよということで、兵衛督をからかっている」という点が誤り。からかいではなくて、引き歌を用いて「思ひのほかに君が来ませる」という驚きの気持ちを伝えたいのである。

問2　語句と表現

各選択肢の内容を、本文と照らし合わせて検討する。

①　「見出《い》だし」は、「内から外を見る」の意味で、ここは赤染衛門が邸《やしき》の部屋の内から外を見ると、そこに実成がいたということを表しているので、「見出だし」を「外から内側を見ること」としているのが誤り。

②　「うち笑みてなむおはしぬる」の前に、赤染衛門が実成にそれを手紙に書いてさしあげたとあるが、直接実成に手紙を渡したのではなく、本文には表れないが古典常識として、使者に届けさせているのである。したがって、波線部の発言は、手紙を届けた使者のもので、波線部直後の「とありし」というのは、手紙を読んだ実成の様子が波線部のようであったことを赤染衛

門に報告したということである。「おはし」は、「あり」の尊敬語で、話し手の使者から実成への敬意を表している。「赤染衛門から」の敬意ではないので誤り。

③「で」は打消の接続を表す接続助詞で、「〜ないで」と訳すので、「何も言わないで」という意味は正しい。選択肢の後半は、直前に「かかることのありしを、その歌知らざりしかば（＝このようなことがあったが、その和歌を知らなかったので）」とあることと合致するので正しい。よって、**③が正解**。

④本文の「恥」は、赤染衛門に言われた「梅の立ち枝や」の古歌を知らず、「後に人に問ひてなむ聞きし」ことを言っている。この「人」は特定の人を表していない。したがって、「赤染衛門自身に……聞いてしまった」が誤り。

⑤ここは、実成の失敗談を聞いた殿の御前自身が笑っているのである。「せ」は尊敬の意味の助動詞で「せ給ひ」で最高敬語になっている。女房に話したという記述はないので誤り。

問3　語句の解釈

(ア) かく／なむ／わぶる／と／だに／語れ

ポイントは「わぶる」「だに」の訳出である。

かく（副詞）	①　このように。
わぶ（動詞・バ上二）	①　嘆く。 ②　つらく思う。 ③　落ちぶれる。 ④　〜しにくい。〜しかねる。
だに（副助詞）	①〈類推〉〜さえ。 ②〈限定〉せめて〜だけでも。（意志・希望・願望・命令・仮定表現と呼応） 〈**文法ポイント**　p.172参照〉

ここは、実成の兵衛督が赤染衛門の示した「梅の立ち枝や」の引き歌がわからずに恥ずかしく思っていることをいっている場面である。「だに」は、ラ行四段活用動詞「語る」の命令形と呼応していることも踏まえて逐語訳すると、「せめてこのように嘆くとだけでも語ってくれ」となる。**正解は①**。

(イ)「まかで／て」

まかづ（動詞・ダ下二）	①〈「行く・来」の謙譲語〉 退出する。下がる。下る。下りる。 出かける。

ここは、赤染衛門が道長邸から実家に「まかでて」ということである。**正解は④**。

(ウ)　一夜《ひとよ》

一夜（名詞）	① 先夜。先日の夜。 ② 一晩。 ③ 一晩中。

ここは、実成の兵衛督が、赤染衛門とやりとりのあった二、三日後に弁の内侍に語っている場面で、「一夜」あった出来事を話しているのだから、「先夜」の意味である。**正解は③。**

問4　古典常識による和歌判断

傍線部「師走のうちに節分したりし」というのは、師走（十二月中）に、「節分」（季節の変わり目の時／立春・立夏・立秋・立冬の前日）がきたということである。「師走」は冬であるので、その冬のうちに、「節分」、ここでは「立春の前日」がきたという暦のことをいっている。

選択肢の和歌の中で、冬の間に立春の前日、もしくは立春を迎えた暦のことを詠んでいるものを選ぶことになる。確認しよう。

① 昨日といひ／今日と暮らして／明日香川／
　　　　　　　　　　流れて早き／月日なりけり

逐語訳すると、「昨日といっては暮らし、今日といっては暮らして、また明日になる。明日香川の流れが早いように早い月日の流れであったことよ」となる。つまり月日が経つ早さを詠んだものであり、「節分」を詠んだものではない。

② 年のうちに／春は来にけり／一年を／
　　　　　　　　　　去年とやいはむ／今年とやいはむ

これは、新年になる前に立春を迎えた日に詠んだもので、逐語訳すると、「年内のうちに春が訪れた。この一年を去年と言おうか、今年と言おうか」となる。これが**正解**。

③ 明日からは／若菜摘まむと／しめし野に／
　　　　　　　　　　昨日も今日も／雪は降りつつ

逐語訳すると、「明日からは若菜を摘もうと思い、標《しめ》を結っておいた野に、昨日も今日も雪は降り続いていることよ」となる。若菜を摘む季節になるのに、まだ雪が降っていることを詠んでいる。「節分」の和歌ではない。暦は春でも冬の雪が降るというのである。

④ 年暮れて／遠ざかり行く／春しもぞ／
　　　　　　　　　　一夜ばかりに／へだてきにける

逐語訳すると、「年が暮れて遠ざかってゆく春が、一夜だけ隔てて来てしまったことよ」となる。年の初めの春が、夏・秋・年末と月日が経っていくと、その年の春からは遠ざかってゆくが、年末から年始へのたった一夜だけで次の年の春がまた来るということを詠んでいる。「節分」の歌ではなく、春の訪れを詠んだものである。

⑤ 年のうちに／積もれる罪は／かきくらし／
　　　　　　　　　　ふる白雪と／ともに消えなむ

逐語訳すると、「年のうちに積もっている罪は、空を暗くして降る白雪と共に消えてほしい」となる。一年の罪を払いたい気持ちを詠んだもので、「節分」の和歌ではない。

問5 和歌の説明

Ⅰ～Ⅲの和歌をそれぞれ検討する。

Ⅰ　この和歌は、赤染衛門が、弁の内侍から実成の気持ちを聞かされて詠んだものである。

たよりあらば／来ても見よとや／かすめまし／
　　今朝春めける／梅の立ち枝を

たより（名詞）	①つて。縁故。 ②ついで。機会。 ③便宜。配置。
まし（助動詞）	①〈反実仮想〉もし～たならば……ただろうに。 ②〈ためらいの意志〉～ようかしら。 ③〈願望〉～だったならばよかったのに。 〈文法ポイント p.162参照〉

かすむ（動詞・マ四・マ下二）	〈霞む〉（四段活用） ①霞がかかる。 ②ぼんやり見える。 〈掠む〉（下二段活用） ①かすめ取る。 ②ほのめかす。

逐語訳すると、「機会があるなら来ても見よとほのめかそうかしら。今朝春めいて高く伸びた梅の立ち枝を」となる。思いがけず訪ねて来た実成に対して、「梅の立ち枝や」と引き歌を使って気持ちを伝えたのにわかってもらえなかったことを知った赤染衛門が、今度は「機会があるならほのめかそうかしら」と自分のもとを訪ねてほしいという気持ちをストレートに伝えているのである。

Ⅱ　この和歌は「たよりあらば来ても見よ」と誘っているⅠの和歌を見た道長が詠んだものである。

春ごとに／来ても見よといふ／けしきあらば／
　　霞をわけて／花もたづねむ

逐語訳すると、「春ごとに来ても見よという気持ちがあるのなら、霞を分け行って花も探し求めよう」となる。「来ても見よ」という思いが赤染衛門にあるのなら、道長も「霞を分けて」、「花」つまり「赤染衛門」を探し求めに行こうと、恋愛めいた和歌として詠んでいるのである。

Ⅲ　この和歌はⅡの和歌に対する赤染衛門の返歌である。

　まことにや／たづぬる折は／ありけると／
　　　待ちこころみむ／花の散るまで

逐語訳すると、「ほんとうだろうか。訪れた時があったよと待って試みよう。花の散るまで」となる。道長の和歌の思いに対して、その気持ちがほんとうかどうか、この花が散る時まで待って、道長の気持ちを試してみようというのである。道長の色めいた気持ちに対して、冗談めかして、あなたの訪れを待ってみようと詠んでいるのである。

以上のことを踏まえて、選択肢を検討する。

① 「あらば〜まし」という反実仮想の構文ではない。「かすむ」の内容をはっきりさせるために『　』を付けると、上の句は「『たよりあらば来ても見よ』とやかすめまし」となる。ここの「まし」は反実仮想の構文になっていなくて、疑問の係助詞「や」とともに用いられているので、ためらいの意志の用法である。

② 「かすめ」は、前述したように「ほのめかす」の意味だから、下二段活用動詞「かすむ（掠む）」の連用形であるが、春の「霞」と関連させると、「霞め」を意味していることがわかり、掛詞にもなっていると判断できる。これが**正解**。

③ Ⅰの歌に応えてというのはそのとおりだが、「一緒に見に出かけよう」というのは誤り。「花」のような「あなた」を探し求めに行こうとしているのである。

④ Ⅱの和歌の「花」はたしかに「赤染衛門」を喩《たと》えているかもしれないが、Ⅲの和歌の「花」は梅の花そのものである。

⑤ Ⅲの和歌は、「本心かどうかわからないと、相手の愛情を疑っている」のではなく、その「愛情」を確かめたいと詠んでいるのである。

問6　内容合致

本文の内容と選択肢をしっかりと比較検討する。

① 全体が誤り。実成は、赤染衛門の「梅の立ち枝や」という言葉に対して、その引き歌が何であるかわからず、そのため返歌ができなかったことを「恥」だとしているのである。

② 「二日ほどの間」というのが誤り。「梅の立ち枝や」という言葉に対して、実成が「うち笑みて」いた後、「ほど経て」とあり、さらには弁の内侍から話を聞いたのは、「二日ばかり」が経っている。

③ 弁の内侍は、実成が面目なく思っているという話をしただけで、赤染衛門を非難しているわけではない。

④ 実成が自分の無知を隠そうとする、というのが誤り。実成は引き歌を知らなかったことを正直に弁の内侍に話しているし、弁の内侍がそのことを赤染衛門に話すのを聞いて道長は笑っている。

⑤ これが**正解**。ⅡとⅢの和歌は真剣な恋心を詠んでいるので

はなく、実成にあてた『拾遺和歌集』の引き歌を用いて道長がⅡの和歌でからかい、それに対してⅢの和歌で赤染衛門が冗談めかして返歌するような気心が知れた関係であったと読み取れる。

第15問

【解答と配点】

設問		正解	配点
問1	(ア)	③	4
	(イ)	①	4
	(ウ)	②	4
問2		⑤	8
問3		④	7
問4		③	8
問5		②	5
		⑥	5

（※順不同）

【出　典】

○『うつほ物語』

第2問の【出典】を参照。

【本文の要旨】

本文は、清原俊蔭《きよはらのとしかげ》の娘が、太政大臣の子息と一夜の契りを結ぶに至る場面を描いている。

ある時、太政大臣の子である若小君《わかこぎみ》は、父とともに賀茂《かも》神社に参詣する途中で、娘を垣間見《かいまみ》し心引かれる。若小君は、参詣の帰り、昼間見た娘の邸《やしき》を訪れる。邸は荒れ果ててはいるが、随所に趣が感じられる。こんなわび住まいをする女のことがますます気になって奥に進むと、折しも女は琴を弾いていた。ところが、男が入ってきたことに気づいた女は逃げるように奥に入ってしまう。若小君は声をかけるが返事はないので、女の後を追って中に入って、再度声をかけると、女の歌を詠む声が聞こえ、いたく趣を感じるのであった。

【全文解釈】

若小君が、（女の）家の（中を）、秋の空も穏やかな折に、巡り歩いて御覧になると、野原の藪《やぶ》のように恐ろしい様子ではあるけれども、風流心のあった人が急ぐこともなくて、心を込めて造った庭であるから、木のたたずまいをはじめとして水の流れている様子、草木の形など、趣深く見るだけの価値がある。蓬《よもぎ》や、葎《むぐら》の中から秋の花がわずかに咲き出て、池は広いので（その水面に）月が趣深く映っている。恐ろしいと思われることもなく、趣深い所を（若小君は）中に分け入って御覧になる。秋風は、川から吹いてくる風が混じってさっと（吹いてきて）、草むらでは虫の声が乱れて聞こえる。月は、陰りもなくしみじみと風情のある様子である。人の声は聞こえない。このような（わびしい）所に住んでいるような人を（若小君は）思いやって、独り言で、

虫だにも……＝虫さえもたくさんは鳴く声がしない浅茅《あさじ》の生えた（こんな寂しい）所に一人で住んでいるような人を（どんなにわびしいことかと私は）思う。

と言って、深い草の中を分け入りなさって、建物のそばに寄りなさったが、人（の姿）も見えない。ただ薄《すすき》（の穂）だけが（風に揺れて）とても趣深く（人を）招いている。（月の光に照らされて）陰になるところもなく（一面明るく）見えるので、さらに（建物の）近くに寄りなさる。

東に面した部屋の格子を一間《けん》だけ上げて、琴をひそかに弾く人がいる。（若小君がそちらに）立ち寄りなさると、（琴を弾いていた人は、部屋の奥へ）入ってしまった。「飽かなくにまだきも月の（＝まだ私は満足していないのに、早くも月が隠れてしまうように、あなたももうお入りになるのですか）」などと（若小君は）おっしゃって、縁側の端にすわりなさって、「このような住まいをしなさっているのはどなたなのですか。（どういう身分か）名乗ってください」

などとおっしゃるけれども、（女は）返事もしない。部屋の中は暗いので、（女が）入ってしまった所も（よく）見えない。月がしだいに沈んできて、

立ち寄ると……＝立ち寄って見るうちに、たちまち月が入ってしまったので、月の光を頼りにしていた人はやるせない。私がここに立ち寄って見るやいなや、あなたが奥に引っ込んでしまったので、あなたの琴（を聴くこと）を期待していた私はつらいことだ。

（と、若小君は歌を詠んで、さらに）また、

入りぬれば……＝月が沈んでしまったので、その光も残っていない山の入り口で宿もわからず途方にくれて嘆いている旅人のように、あなたが部屋の奥に入ってしまったので、姿も見えない所で途方にくれて嘆いています。

などとおっしゃって、あの女が入って行った方に入ってみると、塗籠の部屋がある。その前に（若小君は）座って、何かおっしゃるけれども、少しも返事もしない。若小君は、「ああ、不気味なことだ。何かおっしゃってください」とおっしゃる。（さらに、若小君が）「（私は）いいかげんな気持ちではこのように（あなたのもとに）参上して来ようか（いや、けっしてそんなことはない）」などとおっしゃると、（若小君の）様子が親しみやすく、（まだ元服前の）童（姿）でもあるので、いくぶん軽く応対してもよい（＝遠慮しなくてもよい）と（女には）思われたのだろうか、

かげろふの……＝いるのかいないのかわからないようにかすかに生きている（私の）ことは（ここに）居るとも思わないでほしい。

と（女が）かすかに言う声が、とてもすばらしく聞こえる。

【問5に引用の和歌と詞書の解釈】

惟喬《これたかの》親王《みこ》が狩りしたお供に参上して、宿に帰って、一晩中酒を飲み話をしたところ、十一日の月も（山に）隠れてしまおうとした時に、親王が酔って奥の部屋へ入ってしまおうとしたので、詠みました（歌）。

飽かなくに……＝十分に満足していないのに、早くも月が隠れてしまうのだなあ。山の稜線が逃げて月を沈ませないでほしい。

【設問解説】

問1　語句の解釈

(ア)　心／あり／し／人

心あり（慣用句）	〈心（名詞）＋あり（動詞・ラ変）〉 ① 思いやりがある。 ② 情趣を解する。風流心がある。 ③ ものの道理がわかる。

き（助動詞）	①〈過去〉〜た。

「心あり」の語義からすると、**③**「風流心のあっ」、**④**「思慮分別のあっ」、**⑤**「思いやりのあっ」が適当である。文脈を考えると、傍線部は、若小君が邸の中に入って巡り歩いてみると、庭は荒れてはいるけれども、「心ありし人の急ぐことなくて、心に入れて造りしところ」とある。庭を造った人のことを言っているのだから、傍線部は「風流心のあった人」となり、**正解は③**。

(イ)　くまなう

くまなし（形容詞・ク）	① 曇りや影がない。暗いところがない。陰りがない。 ② 行き届かないところがない。 ③ 隠すところがない。 ④ ぬかりがない。

「くまなう」は、ク活用形容詞「くまなし」の連用形のウ音便。語義からすると、**①**「陰りもなく」と**⑤**「すみずみまで」が正しい。文脈を考えると、「月、くまなうあはれなり」とあり、「月」の様子を言っていることがわかる。月が「くまなう」、しみじみと風情のある様子なのだから、**⑤**「すみずみまで」ではおかしい。**正解は①**。

(ウ)　をさをさ／いらへ／も／せ／ず

をさをさ（副詞）	①〈打消表現を伴って〉ほとんど。めったに。少しも。
いらへ（名詞）	①返事。返歌。

二つの語義からすると正解は②。文脈的にも若小君が女に声をかけたけれども、「少しも返事もしない」ということで正しい。

問2　和歌の説明

A～Dの和歌を各句に分けて逐語訳すると次のようになる。

A　虫だにも／あまた声せぬ／浅茅生《あさぢふ》に／ひとり住むらむ／人をこそ思へ
虫さえも／たくさんは鳴く声がしない／浅茅の生えた所に／一人で住んでいるような／人を思う

B　立ち寄ると／みるみる月の／入りぬれば／影を頼みし／人ぞわびしき
立ち寄って見るうちに／たちまち月が／入ってしまったので、／月の光を頼りにしていた／人はやるせない

C　入りぬれば／影も残らぬ／山の端《は》に／宿まどはして／嘆く旅人
沈んでしまったので／その光も残っていない／宿もわからず途方にくれて／嘆いている旅人

D　かげろふの／あるかなきかに／ほのめきて／あるはありとも／思はざらなむ
いるのかいないのかわからないように／かすかに／生きていることはいるとも／思わないでほしい

だに（副助詞）	①〈類推〉～さえ。 ②〈限定〉せめて～だけでも。（意志・希望・願望・命令・仮定表現と呼応） 〈文法ポイント　p.172参照〉
影（名詞）	①光。 ②（光によって見える）姿。形。 ③（水や鏡に映る）姿。
頼む（動詞・マ四・マ下二）	〈四段活用〉 ①頼みに思う。あてにする。 〈下二段活用〉 ②頼みに思わせる。あてにさせる。
わびし（形容詞・シク）	①ものさびしい。もの悲しい。 ②つらい。やるせない。 ③みすぼらしい。貧しい。
山の端（名詞）	①稜線。 ②山の入り口。

まどはす（動詞・サ四）	① 心を混乱させる。分別を失わせる。途方にくれさせる。 ② たぶらかす。
かげろふの（枕詞）	① 「燃ゆ」「あるかなきか」「ほのか」などにかかる。
ほのめく（動詞・カ四）	① かすかに〜する。ほのかに〜する。 ※（形や光や声が）見える。聞こえる。

Aの「だに」は、「意志・希望・願望・命令・仮定」表現と呼応していないので、類推の用法である。「まして」以下の内容は直接表現されていないが、「虫さえ」多くは声がしないと言っているのだから、「まして」以下に類推されることは「人のいる気配もしない」「人が訪れる様子もない」などである。よって、①「人がまったく訪れないうらさびしいこの邸の状況をより際立たせる表現効果がある」とするのはこの和歌の説明として正しい。よって①は正解ではない。

Bは、若小君が女を見つけて立ち寄ると、女は奥に逃げてしまい、女に声をかけても返事もなく、月もだんだん山に沈んでいくといった状況で詠まれたのだから、沈んでいく「月」は中に入った「女」、若小君が女に近づくことを頼みにして寄ったのだから、「影」は「女の姿」、「人」は「若小君」を喩《たと》えている。②のこの和歌の説明は正しい。よって②は正解ではない。

さらに、「みるみる」の部分は、「立ち寄ると」からの続きでいえば、「立ち寄って見る」の意で「立ち寄ると見る」となり、また、「みるみる」は「たちまち」と訳す副詞の意味があるので、「みるみる」の「みる」は掛詞になっている。また、「月」と「影」は縁語である。よって⑤「A〜Dの中で、縁語・掛詞が用いられている和歌はない」は誤りである。**⑤が正解。**

Cの「影」も「女の姿」である。月が「山の端」に入ってしまって暗くなり、宿がどこにあるのか迷って嘆く「旅人」のように、中に入ってしまって「女の姿」は見えなくなり、途方にくれて嘆いているのは若小君である。③のこの和歌の説明は正しい。よって③は正解ではない。

Dの「かげろふの」は枕詞なので、解釈には影響しない（和歌の主な修辞法と発見法については 文法ポイント p.187参照）。「あり」は人が主語の場合は、「いる（居る）。生きる。する」などと解釈できる。Dは、女が若小君に声をかけられてはじめて詠んだ和歌である。荒れ果てた邸に一人住む女は、いくら声をかけても返事をしなかった。それはつまり、女が自分の存在を若小君に知られたくないという意思表示であろう。そういった心情がこの和歌に込められていると考えてこの和歌を解釈すると「私がいるのかいないのかわからないようにかすかに生きている（私の）ことは（ここに）いるとも思わないでほしい（＝思われたくないのだ）」となり、④はこの和歌の説明として正しい。よって④は正解ではない。

問3　内容と表現

まず、傍線部の内容を確認する。傍線部は、「おぼろけに／て／は／かく／参り来／な／む／や」と単語に分けられる。ポイントとなる古語や語法は、次のものである。

おぼろけなり（形容動詞・ナリ）	①　並一通りだ。 ②　並一通りでない。格別だ。
かく（副詞）	①　このように。
参り来（動詞・カ変）	①「来」の謙譲語 参上する。うかがう。
なむや（助動詞＋助動詞＋助詞）	①〈勧誘〉〜てくれないか。〜たらどうだ。 ※「な」は強意の助動詞、「む」は適当の助動詞、「や」は疑問の終助詞。 ②〈反語〉〜だろうか、いや、〜ではない。 ※「な」は強意の助動詞、「む」は推量の助動詞、「や」は反語の終助詞。

若小君が女にどうしても逢《あ》いたくてやって来たのだということを訴えているところである。傍線部を逐語訳すると、「並一通りで参上するだろうか、いや、参上しない」となり、並々ではなく格別な気持ちで参上したことを言い表しているのである。

各選択肢を、この傍線部の内容と照らし合わせて検討する。

①は、女のもとを訪れたのは若小君であり、傍線部の発言をしているのも若小君であるから、「参り来なむや」の主語も若小君である。「女のものであり、若小君への誘いの気持ち」は誤り。

②は、「おぼろけにて……参り来なむや」で、「並一通りで……参上するだろうか、いや、参上しない」、つまり、「格別な気持ちで参上したのだ」ということを表している。したがって、「おぼろけに」は「並一通りだ」の意味を表し、続く反語表現とあわせて「いや、並一通りではない」と強く打ち消すことで「思いの強さ」を表しているので誤り。

③と④は、「なむや」の捉え方を問題にしているので、まとめて検討する。ここは、②で検討したように、若小君が女のもとに「おぼろけにて……参り来なむや」と、自分の行動は女への格別な気持ちからのものだと訴えているのだから、③の「む」を「勧

誘」とするのは誤り。「や」を「反語」とする**④が正解**である。

⑤は、「参り」に謙譲の補助動詞の用法はないので、誤り。

問4　理由説明

若小君が再三和歌を詠みかけたり、発言しても、女はいっさい返事をしなかったのに、なぜ返事をしたと考えられるか、その理由は和歌Dの前にある「けはひなつかしう、童にもあれば、少しあなづらはしくやおぼえけむ」の内容からわかる。

なつかし（形容詞・シク）	① 心ひかれる。慕わしい。 ② 親しみやすい。
あなづらはし（形容詞・シク）	① 遠慮しなくてよい。気がおけない。 ② 軽く扱ってよい。
おぼゆ（動詞・ヤ下二）	① 思われる。感じる。 ② 記憶する。 ③ 似る。似ている。 ④ 思い浮かぶ。わかる。思い出される。 ⑤ ～に思われる。～に愛される。
けむ（助動詞）	①〈過去推量〉～た（の）だろう。 ②〈過去の原因推量〉～たのだろう。 ③〈過去の伝聞・婉曲〉～たとかいう。～たような。 〈**文法ポイント** p.160参照〉

傍線部は、若小君が「おぼろけにてはかく参り来なむや」（問3**【設問解説】**参照）と言った後に続くものである。（注8）を参照して、人物関係がわかるように解釈すると、「若小君の様子が親しみやすく、まだ元服前の童姿でもあるので、いくぶん遠慮しなくてもよいと女には思われたのだろうか」となる。

①は、「懐かしく感じられるところがあり、この人なら昔のことをも語り合えるかもしれない」が誤り。「なつかし」の意味が文脈から外れているし、「童」についての説明もない。

②は、「少々小馬鹿にした対応を取っても相手はどうすることもできないだろう」が誤り。「あなづらはし」を「小馬鹿にする」と解釈するのは間違っていないが、「なつかし」と感じたからこそ和歌を詠んだのである。一番大きな要素が欠落している。

③が正解。「若小君の様子に心引かれるものがあり」は、「なつかし」を文脈に即して説明している。また、「若小君が元服前

の童姿でもある」は、（注8）の内容である。「心をゆるして対応してもよい」は、「あなづらはし」を文脈に即して説明している。

④は、「若小君は荒廃した邸を怖がるような子どもっぽいところがある」が誤り。若小君の発言に「あなおそろし」とあるが、これは、いくら呼びかけても女が返事をしないことに対して言ったのであって、荒廃した邸を怖がっているのではない。

⑤は、選択肢全体が前記「けはひなつかしう……おぼえけむ」の内容をまったく踏まえていないので誤りである。

問5　和歌の説明

『古今和歌集』の和歌を各句に分けて逐語訳すると次のようになる。

飽かなくに／まだきも月の／隠るるか／山の端逃げて／入れずもあらなむ

十分に満足していないのに、／早くも月が／隠れることだなあ／山の稜線が逃げて／入れないでほしい。

飽く（動詞・カ四）	① 満足する。 ② 嫌いになる。飽きる。
なくに（連語）	① ～ないのに。 ② ～ないので。 ③ ～ないのだなあ。 ※打消の助動詞「ず」の未然形＋接尾語「く」＋助詞「に」

まだき（副詞）	① 早くも。もうすでに。
か（終助詞）	①〈疑問〉～か。 ②〈反語〉～か、いや、（そんなことは）ない。 ③〈詠嘆〉～なあ。 〈文法ポイント p.174参照〉
なむ（終助詞）	①〈願望（あつらえ）〉～てほしい。 〈文法ポイント p.173参照〉

設問中にあるこの和歌が詠まれた経緯から、惟喬親王が酒に酔って奥の部屋に入ろうとした時に、在原業平が詠んだ和歌だとわかる。それを踏まえて解釈すると、表では、沈み行く月を惜しみながら、裏では、親王との親交にまだ十分に満足していないので、奥の部屋に入らないでほしいと詠みかけた和歌である。ところが、『うつほ物語』では、女はすでに中に入ってしまっている状況で引き歌をしている。業平と若小君の心情は、次のような対応関係を持っていることがわかる。

※引き歌

月…山の端に沈もうとしている。
‖比喩
親王…奥に入ろうとしている。
⇐ 業平の心情…まだ親王に入ってほしくない。

※『うつほ物語』

月…山の端に沈もうとしている。
‖比喩
女…奥に入ってしまった。
⇐ 若小君の心情…女がすでに入ってしまって残念でたまらない。

①は、「親王を『山の端』に喩え、……『月』を自分に喩え」が不適当。また、願望の終助詞「なむ」は他者への願望も表すので、「私も一緒に部屋に入りたい」とするのも誤り。

②が正しい。「『月』を親王に喩えている」が前記の検討から正しい。「まだまだ見ていたい月が山の端に沈まないために山の端に逃げてほしい」と沈む月を惜しむ気持ちを詠みながら、「実際は親王を引き止めているんだ」という内容も前記の解釈から適当である。これが一つ目の**正解**。

③は、引き歌の比喩も解釈も「Aさんの意見がいい」とする時点で誤り。「まさにこの和歌を引用することで、女の後を追って若小君も中に入りたい気持ちを表した」とするのも、若小君の引き歌に託した心情ではない。

④は、親王の比喩を「Aさんと同じ」とする時点で誤り。よって、引き歌の解釈を「親王にこの場から逃げて部屋の中に入らないでほしい」とするのも間違っている。願望の終助詞「なむ」を「自分がしたいのでなく、相手にお願いする意味」とするところは正しいが、若小君の引き歌に託した心情を「女に対して、中に入らないで聞き足りない琴をここで弾いてほしいという若小君の気持ち」とするところは、女がすでに奥に入っていることからしても誤り。

⑤は、「和歌の比喩の関係はBさんでいい」とするところは正しいが、引き歌の解釈を「親王に出て来てほしいと思っている」は、親王がまだ奥に入っていない状況に合わないし、若小君の心情についても「女に出て来てほしい気持ち」と考えることはできない。

⑥が二つ目の**正解**。「和歌の解釈はBさんのほうが正しい」とする点も、引き歌は「親王が中に入ろうとした」とし、『うつほ物語』は、「女が中に入ってしまってから思いおこしている」として、「違いは大きい」とする点など、正確に状況を説明している。そして、それによって、若小君の引き歌に託した心情を「まだ十分会って話もしていないので中に入ってほしくないのにと、入っ

たことを残念がる気持ち」とするのも前記の検討から正しい。

第16問

【解答と配点】

設問		正解	配点
問1	(ア)	③	4
	(イ)	①	4
	(ウ)	④	4
問2		②	4
問3		②	7
問4	x	①	4
	y	⑤	4
問5		③	8
問6		②	6

【出　典】

○【文章Ⅰ】『大和物語《やまとものがたり》』

第3問の【出典】参照。

○【文章Ⅱ】『宝物集《ほうぶつしゅう》』

『宝物集』は、平安時代末期から鎌倉時代初期に成立した仏教説話集。嵯峨《さが》清涼寺《せいりょうじ》における僧や出家していない人との談話という対話・問答形式となっている。

【本文の要旨】

【文章Ⅰ】も【文章Ⅱ】も同じような内容で、僧正遍昭《そうじょうへんじょう》の出家の機縁についての話である。

僧正遍昭は、出家する前は良岑宗貞《よしみねのむねさだ》という貴族であった。仕えていた帝（＝仁明天皇）が崩御した後、【文章Ⅱ】によれば「賢人は二君に仕へず」ということで、宗貞は出家をしてしまう。【文章Ⅰ】では長谷寺《はせでら》、【文章Ⅱ】では笠置《かさぎ》で修行していたが、ある時、妻子が、行方知れずになった宗貞の消息を知るために参詣、仏に祈願していた。それに気づいた宗貞は、すぐにも妻子の前に姿を現したかったが、それでは仏道修行が成り立たないという思いで耐えた。その後、亡き帝の喪が明けた頃、宗貞は、公卿《くぎょう》や殿上人が喪服を脱いでいることに対して、自分はいつまでも「苔《こけ》のたもと＝僧衣」のままであり、亡き帝への思いに涙が涸《か》れないという和歌を詠んだ。

【全文解釈】

【文章Ⅰ】

（良少将《りょうしょうしょう》は）こうして世間でも経験豊かな人と思われ、お仕えする帝が、この上なく（頼りになる臣下だと）お思いになっているうちに、この帝が、お亡くなりになってしまった。御葬送の夜、御供としてすべての人がお仕えしていた中で、その夜から、この良少将は（姿を）消してしまった。友だちや、妻も「どういうことだろう」と思って、しばらくはあちらこちらを探し求めるけれども、噂《うわさ》も聞こえてこない。（実は）この良少将は法師になって、蓑《みの》一枚を着て、世間をあちらこちら修行して回って、（今は）初瀬《はつせ》の御寺（＝長谷寺）で修行する時であった。（その御寺の）ある部屋近くにいて勤行していると、（その部屋にいる）この女が、導師に言うことは、「この人（＝良少将）がこう（行方がわからなく）なってしまっているのを、もし生きてこの世にいるものであるなら、もう一度会わせてください。もし（川などに）身を投げて死んでいるものであるなら、その供養をしてください。そしてたとえ死んでいるとしても、この人の有様を夢でも現実でも聞いたり見せたりしてください」と言って、良少将自身の装束・表着《うわぎ》と袴《はかま》・帯・太刀《たち》まですべて読経のための布施に（差し出）した。この女自身も最後まで申し上げきれず泣いた。（良少将は）最初は「どういう人が参詣しているのだろう」と思って聞いていたところ、自分自身のことをこのように申し上げながら、自分自身の装束などをこのように読経のための布施にするのを見ると、（自分の妻であることがわかり）思慮分別もなく（なるほど）悲しいことはたとえようがない。（すぐにその妻である女のもとに）「走り出てしまおうかしら」と何度も思ったけれども、（修行が破綻することを思って）何度も思い返して一晩中泣き明かした。自分の妻子どもが、泣きながら（仏に）申し上げる声も聞こえる。（良少将は）はなはだしく悲しくつらい気持ちがした。しかし耐えて泣き明かして朝に（なってから）見ると、蓑も何もかも、涙のこぼれかかっているところは、血の涙（で真っ赤）であった。「はなはだしく泣くと、血の涙というものがあるものであったことよ」と（良少将は）言った。「その時は走り出て行ってしまいそうな気持ちがした」と後になって言った。しかしやはり（良少将の行方を）聞くことができず（＝わからなく）、（亡き帝の）御喪が明ける頃になってしまった。御喪服を脱ぐために、あらゆる殿上人が、河原に出ていると、童で風変わりな童が、柏《かしわ》（の葉）に書いてある手紙を持って来た。（殿上人が）受け取って見ると、（その柏の葉には、）

　みな人は……＝みなは（亡き帝の喪が明けて喪服を脱いで）華やかな衣になってしまったようだ。（亡き帝のことを偲《しの》んで流す涙で濡《ぬ》れたわが）僧衣の袂《たもと》よ、せめて乾いてくれ。

と（書いて）あったので、（その歌を見て）良少将の筆跡だと見なした。

【文章Ⅱ】

主と別れることは格別に悲しいことでございました。だから、「賢人は二君に仕えない」ということで、長く俗世を捨て（て出家す）る人が多くいるようです。

深草の帝が、お亡くなりになってしまったので、良岑宗貞といって、蔵人頭であった人が、すぐに法師になって、笠置という所で、蓑というものを敷いて、勤行していたところ、人を多く伴っていた者が参詣して、数珠を一時（＝約二時間）ばかりすって、「行方がわからず出て行ってしまった人に、もう一度会わせてください」と（仏に祈願して）言う声を聞くと、（宗貞は）自分の妻の声だと聞きなした。あまりにしみじみと悲しくて、「ここにいる」と言いたかったけれども、このように心弱くては、仏道修行は成就しないだろうと思い返して、夜明け前ごろに（妻が）帰るのを御覧になると、（妻は）九つになる女の子を先に立てて、五つになる男の子を、乳母子《めのとご》である帯刀《たちはき》という者に抱かせて帰るのを見たところ、最後まで隠れおおせることができそうにも思われなかったけれども、とうとう（自分の存在を）知られないで終わりなさってしまった。そうして、残りの公卿や殿上人は、（亡き帝の）御喪中の終わりということで、墨染め（の喪服）などを脱ぎ捨てて、華やかな装束にみななっているということを聞いて詠んだ（歌）。

みな人は……＝みなは（亡き帝の喪が明けて喪服を脱いで）華やかな衣になってしまったことよ。（亡き帝のことを偲んで流す涙で濡れたわが）僧衣の袂よ、せめて乾いてくれ。

そうして、修行を積み（僧の階級が）上がって、僧正にまでおなりになってしまった。花山《かざん》僧正遍昭と申し上げるのはこの人の御事である。

【設問解説】

問１　語句の解釈

(ア)　労ある／者／に／覚え

ポイントとなるのは「労ある」「覚え」である。

労あり（動詞・ラ変）	①　経験豊かだ。物慣れている。ものごとによく通じている。
覚《おぼ》ゆ（動詞・ヤ下二）	①　思われる。感じる。 ②　記憶する。 ③　似る。似ている。 ④　思い浮かぶ。わかる。思い出される。 ⑤　～に思われる。～に愛される。

「労ある」の意味から、**正解は③**と判断できる。「良少将」が世間の人から「労ある者」と思われていたということである。だからお仕えする帝からも信頼されていたという文脈につながって

いる。

(イ) かわき／だに／せよ

ポイントとなるのは副助詞「だに」の用法である。

だに（副助詞）	①〈類推〉〜さえ。 ②〈限定〉せめて〜だけでも。（意志・希望・願望・命令・仮定表現と呼応）。 〈**文法ポイント** p.172参照〉

ここの「だに」は、サ行変格活用動詞「す」の命令形「せよ」と呼応しているので、限定用法となる。「せめて乾くことだけでもしてくれ」が逐語訳となる。よって、**正解は①**と判断できる。

(ウ) 行ひ／あがり／て

ここのポイントは「行ひ」の意味の知識と「あがり」の意味の文脈からの判断である。

行ふ（動詞・ハ四）	① 仏道修行する。勤行する。 ② (行事・儀式などを) 執《と》り行う。 ③ 処理する。治める。

ここは、出家して法師となった良岑宗貞が「行ひ」をするのだから、「仏道修行する。勤行する」の意味となる。また、その結果「あがりて」僧正まで「なり給ひにけり」とあるのだから、僧としての地位が上がったということを意味していることがわかる。よって、**正解は④**となる。

問2　語句と表現

各選択肢の内容を、本文と照らし合わせて検討する。

①は、「に」が完了の助動詞というのは正しいが、「突然官職を失った」が不適当である。「うせ」は、良少将がいなくなったことを言っているのである。

②が正解。「〜や……まし」で、ためらいの意志を表している。良少将が、かつての妻が嘆きを仏に訴える様子を見て、今すぐにでも飛び出して妻と会いたいが、出家修行の身としてはそれもできないと、ためらっているのである。

③は、「良少将が手下の童に詠ませた」が不適当。ここの「手」は「筆跡」の意味であり、殿上人が柏に書かれた和歌の筆跡を見て、良少将のものであると判断したのである。

④は、「あまた具し」が「多く引き連れて」というのは正しいが、「笠置で勤行をするために、都から多くの僧を連れてきた」が不適当。この後で、「行く方なく失《う》せにし人に、今一たびあはせ給へ」という声を聞いた良岑宗貞が「わが妻の声」だと気づいている。したがって、宗貞の妻が都から、「人（＝供）」を多く連れて笠置寺にやって来たことを表しているのである。

⑤は、「れ」を「可能」としているのが不適当。「僧の正体が

最後まで誰にもわからず」も不適当である。ここの「れ」は受身の意味で、良岑宗貞の行方が最後まで誰にも知られることなく終わってしまったことを表している。

問3　指示内容説明

A　ここは、「この女」、つまり良少将の妻が、長谷寺に参詣して導師に願っている場面である。「この人」というのが、良少将のことで、「この人」が「かくなりにたる（＝こうなってしまっている）」と言い、その直後に「生きて世にあるものならば……聞き見せ給へ」と言っていることを考えると、ここの「かく」は、友だち・妻が「しばしはここかしこ求むれども」とあることからも、「良少将うせにけり」を受けていることがわかる。つまり「良少将が行方知れずになった」ことを指している。

B　ここは、「この女」、つまり良少将の妻が、「わが装束・上下・帯・太刀まで」すべて誦経にして、「わが上」を「かく」申しているという場面である。「この女」が導師に言っている「この人かくなりにたるを、生きて世にあるものならば、今一たびあひ見せ給へ。身を投げて死にたるものならば、その道成し給へ。さてなむ死にたりとも、この人のあらむやうを夢にてもうつつにても聞き見せ給へ」をこの「かく」は受けていると考えられる。

以上のことから、**正解は②**となる。

問4　同内容語句の指摘

x　「やがて」は、副詞で「そのまま。すぐに」の意味がある。

やがて（副詞）	① そのまま。（状態の連続の様子） ② すぐに。（時間の連続の様子）

ここは深草の帝が亡くなって、「やがて」良岑宗貞は出家して法師になったという文脈だから、「すぐに」の意味が適合する。**【文章Ⅰ】**では、1・2行目「この帝、うせ給ひぬ。御葬の夜、御供に皆人仕うまつりける中に、その夜より、この良少将うせにけり」とある。よって、「やがて」については「その夜より」と表現されているとわかる。**正解は①**。

y　「墨染め」は「墨染めの衣」のことで、ここでは「喪服」のことである。

墨染め（名詞）	① 墨汁で黒く染めること。また、そのような色。 ② 僧衣・喪服の色。 ③ 「墨染めの衣」の略 →墨染めの衣　1 僧衣。　2 喪服。

ここは、「公卿・殿上人」が亡き帝の「御はて（御喪中の終わり）」ということで、「墨染め」などを脱ぎ捨てて華やかな衣装に着替

えたということである。【文章Ⅰ】で、この場面に相当するのは、13行目「御はてになりぬ。御服《ぶく》脱ぎに」である。この「御服」が「御喪服」のことである。

以上のことから、正解は⑤となる。

問5　文章構成の異同判定

【文章Ⅰ】と【文章Ⅱ】の設定や構成などの違いを確認する。

【文章Ⅰ】	【文章Ⅱ】
○良少将は経験豊かな者として帝に信頼されていた。	○良岑宗貞は、蔵人頭という役職以外の人物設定は描かれていない。
○良少将は帝の御葬送の夜姿を消した。	○良岑宗貞が姿を消したのは「やがて」とだけ書かれて、いつだとは明記されていない。
○良少将は法師となり、蓑一枚の姿で諸国行脚の後、長谷寺で修行していた。	○良岑宗貞は法師となり、笠置というところで蓑を敷いて修行していた。
○女が参詣して、良少将のことを導師に事細かく話しているのを聞いた良少将は、この女が自分の妻であることに気づく。	○人を多く連れた女が参詣して、祈願しているのを聞いた良岑宗貞は、それが自分の妻の声だと判断した。
○良少将は、妻のもとにすぐに走り出ようと思ったが、修行が破綻することを思って耐えた。	○良岑宗貞は、妻に「ここにいる」と言いたかったが、修行が破綻することを思って耐えた。
○良少将は、妻子の声を聞き、泣きながら夜を明かしたところ、血の涙で蓑が染まっていた。	○良岑宗貞は、暁ごろ寺から帰る妻子の姿を見て、隠れきれそうにもないと思ったが、なんとかやりすごした。
○亡き帝の喪が明けて、殿上人たちが「御服脱ぎ」に河原に出ていたところ、良少将の筆跡で和歌が届けられた。	○公卿や殿上人が、亡き帝の喪が明けたということで、喪服を脱いで華やかな衣装を着ていると聞いて、良岑宗貞は和歌を詠んだ。

○良岑宗貞は、修行によって僧の階級が上がり僧正にまでなった。花山僧正と呼ばれる人物である。

以上の確認に基づきながら、選択肢を検討する。

① 長谷寺は観音信仰の名刹《めいさつ》である。また「笠置」の「笠」と「蓑」はいずれも雨具で、縁語のような関連性の深い語である。よって本文の内容と矛盾しない。

② 妻の言動が【文章Ⅰ】では細かく、妻の良少将への思いが具体的に伝わってくる。【文章Ⅱ】では簡潔に記されている。よって本文の内容と矛盾しない。

③ 【文章Ⅰ】で「血の涙」を流したのは妻子ではなく、良少将である。また、【文章Ⅱ】で妻子の姿を見送った主人公は、出家の志を新たにしたのではなく、出家した以上、俗世の縁に感情的になっては修行が破綻すると思って耐えていたのである。よって、これが**正解**。

④ 【文章Ⅰ】【文章Ⅱ】は、たしかに主人公の和歌が亡き帝への思慕が尽きない気持ちを表した歌であるし、【文章Ⅰ】では童が持参したことになっている。【文章Ⅱ】では話の流れの中で、主人公が和歌を詠んだという事実だけが表現されている。よって本文の内容と矛盾しない。

⑤ 【文章Ⅰ】では、主人公を探す妻の心情がその発言によって表現されているし、その妻や子に対する世俗的な感情に揺れ動く主人公の思いも描かれている。【文章Ⅱ】にもそれと同様の場面はあるが、【文章Ⅰ】と比べると、かなり簡潔な描写となっている。よって本文の内容と矛盾しない。

問6　文学史問題

②が正解。歌物語の代表は、『伊勢物語』『大和物語』『平中物語』の三つである。『住吉物語』は、鎌倉時代前期に成立した擬古物語である。

第17問

【解答と配点】

設問		正解	配点
問1		⑤	4
問2	(ア)	②	4
	(イ)	⑤	4
問3	(i)	③	6
	(ii)	①	7
問4	(i)	⑤	6
	(ii)	④	7
問5		②	7

【出　典】

○【文章Ⅰ】『西行上人談抄《さいぎょうしょうにんだんしょう》』

『西行上人談抄』は、鎌倉時代に成立した歌論書。西行の弟子である蓮阿《れんあ》の編。西行が語るという形式で、和歌に関することをまとめている。

○【文章Ⅱ】『今鏡《いまかがみ》』

第4問の【出典】参照。

【本文の要旨】

【文章Ⅰ】も【文章Ⅱ】も、いずれも源頼実《みなもとのよりざね》の「木の葉散るやどは聞きわくことぞなきしぐれする夜もしぐれせぬ夜も」の和歌を巡っての逸話である。

【文章Ⅰ】では、まず和歌を紹介して、その成り立ちを臨終の時に焦点をあてて述べている。【文章Ⅱ】では、時間の流れに沿って和歌が詠まれたことを述べている。

【文章Ⅰ】では、三十歳で重病となった頼実が、「寿命の半分と引き換えに秀歌を詠ませてほしい」と賀茂《かも》大明神に祈っていたが、これといった秀歌を詠むこともできないまま死ぬことになったと嘆いたところ、家の七、八歳の子に神が憑依《ひょうい》して、「六十歳までの寿命だったが、半分の寿命に換えて『木の葉散る』の秀歌を詠ませたので、三十歳で死ぬことになるのだ」と託宣したことで、頼実は納得して、命への執着心も消えて亡くなった、としている。

【文章Ⅱ】では、頼実が「五年の寿命と引き換えに秀歌を詠ませてほしい」と住吉《すみよし》明神に祈った結果、「木の葉散る」の和歌を詠んだのだが、これがその秀歌だとは思わず、重病になった際には延命の祈りをしていたところ、家の侍女に神が憑依して、「あのような秀歌を五年分の寿命と引き換えに詠ませたのだから、もう生きられない」と託宣したことで、納得した頼実は、延命の祈りから来世の祈りをすることになった、としている。

【全文解釈】

【文章Ⅰ】

木の葉散る……＝木の葉が（絶えず）散るわが家は、（その散る音がまるで時雨のように聞こえて、）聞き分けることがない。時雨の降る夜も時雨の降らない夜も。

この和歌は、源頼実が、自分の寿命と引き換えにした和歌である。（頼実の）年齢が三十歳の時、病が格別で（＝重病で）死にそうになったところ、（頼実が）「寿命がいくらであっても、その半分を取り上げなさって秀歌を（詠ませて）いただきたい」と賀茂大明神に祈り申し上げたのに、これといった秀歌も詠まないで死んでしまいそうだ」と言った時、この（頼実の）家に（いる）七、八歳ぐらいの者に（賀茂）大明神が憑依して、「『木の葉散る』の和歌は、六十歳まであるはずであった（おまえの）寿命を、（寿命の半分を引き換えに）祈り申し上げたのに従って、（半分の）三十年分の寿命を取り上げなさって、私が（おまえに）詠ませた和歌ではないか」と託宣なさったので、頼実は、「このことを知ることができませんでした。今は気が楽です。命はまったく惜しくございません」と申し上げて、二、三日ぐらい経《た》って亡くなってしまった。

【文章Ⅱ】

（源）頼実が、「人に知られるぐらいの和歌を詠ませてください。五年分の寿命と引き換えよう」と住吉明神に申し上げたところ、「落葉雨の如し」という題で、

木の葉散る……＝木の葉が（絶えず）散るわが家は、（その散る音がまるで時雨のように聞こえて、）聞き分けることがない。時雨の降る夜も時雨の降らない夜も。

と詠んでおりましたが、（頼実は）必ずこれだとも思いつかなかったのであろうか、病気になって、生きようと（延命の）祈りなどをしていたところ、家に仕えていた女に住吉明神が憑依なさって、「あのような秀歌を詠ませたよ。だから（五年分の寿命をもらったので、おまえはもう）生きることができるはずがない」とおっしゃったので、（それ以降、延命の祈りは）ひたすら来世の祈りになってしまったということだ。

【設問解説】

問1　語句と表現

各選択肢の内容を、本文と照らし合わせて検討する。

①は、「ぞ」が強意の係助詞で、「なき」が結びの語であるのはその通りだが、「時雨の降る音が聞こえない」が誤り。「時雨の降る音」と「木の葉の散る音」とを聞き分けられないのである。

②は、「なむ」がナ変動詞「しぬ（死ぬ）」の連用形「しに」に接続しているので、「強意の助動詞＋推量の助動詞」で「きっと死んでしまうだろう」の意味になる。よって「臨終を迎えることを願っていた」というのは誤り。

③は、「え」が打消の助動「ざり」と呼応して不可能を表す副詞であることは正しいが、「願いもしない和歌を神が詠ませたとは気づくことができなかった」が誤り。「木の葉散る」の和歌が頼実の寿命と引き換えに神が詠ませたことに気づけなかったというのである。それに頼実は「秀歌を詠むこと」を神に祈っていた。

④は、「いか」に「生か」と「行か」の意味がこめられている点が誤り。「病のつきて」とあるように、病気になって祈ったのであり、直後に「家に侍りける」とあって、自邸で療養していたことがうかがえるので、都へ「行く」の意味はなく、ただ「生きよう・生きたい」と祈ったのである。

⑤が正解。「さる歌よませしは」は、住吉の神が託宣したものである。「さる歌」というのは、頼実が詠みたかった秀歌のことであり、「木の葉散る」の和歌を指している。

問2　語句の解釈

(ア)　させる／秀歌

ポイントは「させる」である。

させる（連体詞）	①　これといった。それほどの。（多く、打消表現と呼応する） ＊同義語に「さしたる」がある。

「させる」の意味から、**正解は②**と判断できる。ここは病気になって危篤状態の頼実が、賀茂大明神に祈っていたのに、「これといった秀歌も詠まないで死ぬ」ことを悔やんでいるのである。

(イ)　心やすく／候ふ

ポイントとなるのは「心やすく」の意味である。「候ふ」は形容詞の連用形の直後にあることから、丁寧の補助動詞である（補助動詞の見分け方については、**文法ポイント** p.180参照）。

心やすし（形容詞・ク）	①　安心だ。気が楽だ。 ②　親しい。気さくだ。気軽だ。 ③　容易だ。たやすい。

「心やすく」の意味から、**正解は⑤**と判断できる。ここは、秀歌も詠まないで死ぬことに未練を抱いていた頼実が神の託宣を受けて、秀歌を詠むことができていたと確信して「心やすく（＝気

が楽に」なったというのである。

問3　内容説明

（i）　傍線部Aをまずは逐語訳する。その際にポイントとなるのは次の語である。

命（名詞）	①寿命 ②一生。生涯。
なから（名詞）	①半分。なかば。 ②中ほど。途中。 ③真ん中。中心。
召《め》す（動詞・サ四）	①〈「呼ぶ・取り寄す」の尊敬語〉お呼びになる。取り寄せなさる。 ②〈「食ふ・飲む」の尊敬語〉召し上がる。 ③〈「乗る」の尊敬語〉お乗りになる。 ④〈「着る」の尊敬語〉お召しになる。
たまはる（動詞・ラ四）	①〈「受く」の謙譲語〉いただく。

申す（動詞・サ四）	①〈「言ふ」の謙譲語〉申し上げる。 ②〈謙譲の補助動詞〉〜申し上げる。
む（助動詞）	①〈推量〉〜だろう。 ②〈意志〉〜よう。〜たい。 ③〈適当・勧誘〉〜のがよい。〜てくれないか。 ④〈仮定・婉曲〉〜たら。〜ような。 〈**文法ポイント** p.159参照〉

「命」はここでは「寿命」の意味。人は寿命が定まっており、「天命」ともいう。その「命」の「なから」というのだから、「寿命の半分」ということになる。「めし」は、「命（＝寿命）」を「めし」というのだから、「取り寄す」の尊敬語と考え、「取り上げなさり」などと訳す。「たまはら」は、「神から秀歌をいただく」ということ。ここの「む」は意志。

以上のことを踏まえて、傍線部を逐語訳すると、「寿命がいくらであっても、その半分を取り上げなさって秀歌をいただきたいと賀茂大明神に祈り申し上げた」となる。

頼実は秀歌を詠みたくて、自分の寿命の半分を神に差し出すこと引き換えに、秀歌を詠ませてもらいたいと思って神に祈ったというのである。

よって、**正解は③**。

(ii) (i)のことは、**【文章Ⅱ】**では、1行目「『人にしらるばかりの歌よませさせたまへ。五年が命にかへむ』と住吉に申したりけれ」と記されている。この部分を逐語訳する。ポイントとなるのは次の語である。

る（助動詞）	①〈自発〉自然と〜れる。つい〜する。〜せずにはいられない。 ②〈受身〉（〜に）〜られる。 ③〈可能〉〜ことができる。 ④〈尊敬〉〜なさる。お〜になる。 〈文法ポイント p.156参照〉
ばかり（副助詞）	①〈程度〉〜ぐらい。 ②〈限度〉〜だけ。
す・さす（助動詞）	①〈使役〉〜させる。 ②〈尊敬〉〜なさる。お〜になる。 〈文法ポイント p.156参照〉
たまふ（動詞・ハ四・ハ下二）	〈四段活用〉 ①〈「与ふ」の尊敬語〉お与えになる。くださる。 ②〈尊敬の補助動詞〉〜なさる。お〜になる。 〈下二段活用〉 ③〈謙譲の補助動詞〉〜ます。〜ております。 〈文法ポイント p.179参照〉

ここの「る」は、ラ行四段活用動詞「しる」の未然形に接続し、「人に」とあることから、受身の助動詞「る」の終止形、「ばかり」は程度の副助詞、「せ」は使役の助動詞「す」の未然形、「させ」は直後に「たまへ」があることから、尊敬の助動詞「さす」の連用形、「たまへ」は尊敬の補助動詞「たまふ」の命令形である。

以上のことを踏まえて逐語訳すると、「『人に知られるぐらいの歌を詠ませてください。五年分の寿命と引き換えよう』と住吉明神に申し上げていた」となる。

頼実が住吉明神に、五年分の寿命と引き換えに秀歌を詠ませてほしいと願っていることになる。よって、**正解は①**。

(i)と(ii)の違いは、祈願の対象が「賀茂大明神」と「住吉明神」、秀歌を詠ませてもらう条件が「寿命の半分」と「五年分の寿命」の二点である。

問4　内容説明

(i)「託宣」が示されているのは、**【文章Ⅰ】**4〜6行目「ここに七、八ばかりなるものに大明神つきて……と託宣し給ひければ」とある部分の、「木の葉散るの歌は、六十まであるべかりつる命を、祈り申せしにまかせて、三十の命をめして、我がよませたるにはあらずや」である。この部分を逐語訳してみる。ポイントとなる語は次のものである。

ずや（助動詞＋終助詞）	①〈疑問・反語・詠嘆〉〜ではないか。なんと〜ではないか。

逐語訳すると、「『木の葉散る』の和歌は、六十歳まであるはずであった寿命を、祈り申し上げたのに従って、三十年分の寿命を取り上げなさって、私が詠ませた和歌ではないか」となる。

つまり、「木の葉散る」の和歌は、賀茂大明神が頼実の願いどおり、寿命の半分である三十年分をもらって詠ませた秀歌だから、六十年の寿命の半分をもらった以上、三十歳で命が尽きることになった、というのである。

よって、**正解は⑤**となる。

(ii)**【文章Ⅱ】**における「託宣」は、5行目「家に侍りける女に住吉のつき給ひて……とのたまひける」の中の「さる歌よませしは。さればえいくまじ」である。この部分を逐語訳してみる。ポイントとなるのは次の語である。

え（副詞）	①〈打消表現と呼応して不可能を表す〉〜できない。
いく（動詞・カ四）（生く）	①生きる ※「生く」は中古までは四段活用、中世以降は上二段活用である。
まじ（助動詞）	①〈打消当然〉〜はずがない。 ②〈打消推量〉〜ないだろう。 ③〈打消意志〉〜まい。〜ないつもりだ。 ④〈不可能〉〜ことができない。 ⑤〈不適当〉〜ないほうがよい。 ⑥〈禁止〉〜てはならない。 〈文法ポイント p.161参照〉

以上のことを踏まえて逐語訳すると、「そのような歌を詠ませたよ。だから生きることができるはずがない」となる。

頼実は住吉明神に五年分の寿命と引き換えに秀歌を詠ませてほしいと願っていた。「落葉雨の如し」の題で「木の葉散る」の和歌を詠んだ。その後、病気になって延命の祈りをしていたところ、神が憑依して託宣をしたのである。

「さる歌」は「木の葉散る」の和歌のことで、「されば（＝だから）」というのは、今重病となって死にそうになっているのは、五年分の寿命をもらった結果、頼実の寿命が尽きるのだから、ということなのである。寿命が尽きる以上、「えいくまじ」は「生きることができるはずがない」というのである。

よって、**正解は④**となる。

問5　二つの文章の内容説明

【文章Ⅰ】で、賀茂大明神の託宣を受けた頼実については、6行目に「これをえしり候はざりける。いまは心やすく候ふ。命さらに惜しく候はず」と言っている。この部分を逐語訳してみる。ポイントとなるのは次の語である。

え（副詞）	（問4の(ii)を参照）
候ふ（動詞・ハ四）	①〈「あり・居り」の謙譲語〉お仕えする。お控えする。伺候する。 ②〈「あり・居り」の丁寧語〉ありります。います。 ③〈丁寧の補助動詞〉～ます。～です。～でございます。
心やすし（形容詞・ク）	（問2の(イ)を参照）
さらに（副詞）	① そのうえ。重ねて。 ② 改めて。新たに。 ③〈打消表現と呼応して〉まったく。けっして。ぜんぜん。
惜し（形容詞・シク）	① 惜しい。残念だ。

以上のことを踏まえて逐語訳すると、「このことを知ることができませんでした。今は気が楽です。命はまったく惜しくございません」となる。神に寿命と引き換えに秀歌を詠ませてもらったことを理解した頼実は、寿命の尽きることに納得して亡くなったのである。

【文章Ⅱ】で、住吉明神の託宣を受けた頼実については、5・6行目に「ひとへに後の世の祈りになりにける」と記されている。

ひとへに（副詞）	① ひたすらに。むやみに。 ② まったく。まるで。

後の世（名詞）	① 来世。死後の世。 ② 後世。後代。

ここは「ひたすら来世の祈りになってしまった」ということである。五年の寿命と引き換えに秀歌を詠んだ頼実は、それに気づかず、重態になった時、延命の祈りをしていた。**問4**でも確認したように、神が憑依して、「五年の寿命と引き換えに秀歌を詠ませたのだから、生きることができるはずがない」と伝えた。つまり、五年分の寿命を取り上げた結果、頼実の寿命が尽きたというのである。それを知った頼実は、納得して、今までの延命の祈りから、死後の世の安楽を祈るようになったというのである。

以上のことを踏まえると、選択肢の中では、**②が正解**となる。

第18問

【解答と配点】

設問		正解	配点
問1	(ア)	③	4
	(イ)	①	4
	(ウ)	⑤	4
問2		②	7
問3		④	7
問4	(i)	③	6
	(ii)	①	6
問5		④	7

【出典】

○『松浦宮物語《まつらのみや》』

『松浦宮物語』は、鎌倉時代初期に成立した擬古物語。作者としては藤原定家《ふじわらのさだいえ》説があるが未詳。橘氏忠《たちばなのうじただ》が、神奈備《かんなび》の皇女《みこ》との恋に破れて入唐《にっとう》し、唐帝の妹華陽公主《かようのみこ》と契りを交わすが間もなく亡くなってしまう。その後、唐の内乱を平定し、先帝の后《きさき》（＝后宮《きさいのみや》）と契りを交わす。帰国後、生まれ変わった公主と再会する。妖艶で夢幻的世界を描いているとされる。

【本文の要旨】

九月の菊の宴《うたげ》が終わった後、氏忠（＝君）は神奈備の皇女に逢《あ》えるかもしれないと思い后宮の御殿を訪れた。すると、皇女の鳴らす琵琶《びわ》の音が聞こえて心が騒ぐ。氏忠が白菊の花に託して皇女への恋心を和歌に詠むと、皇女はその思いをやんわりと拒絶する返歌を詠む。その様子にますます心ひかれて、氏忠はその場を立ち去れず、高欄に寄りかかって笛を吹く。その氏忠の姿は、誰もが心を奪われてしまうほどに魅力的であった。

【全文解釈】

（橘氏忠も神奈備の皇女も）どちらもたいそう若いときで、男女の情を理解している心もないので、（氏忠は物思いを）すっかり晴らす方法もなくて（時が）過ぎてしまったが、九月、（宮中の重陽《ちょうよう》の）菊の宴が終わって、夕暮れに人々が（宮中から）退出して散会するが、（氏忠は）「そうはいってもやはり（皇女に逢える）ふさわしい機会もあるだろうか」と（思い）、后宮の御殿に参上して様子をうかがうと、后宮も（御殿の）御前（の庭）の枯れ野をご覧になるということで、（部屋の）端近くいらっしゃるときであった。（后宮のもとに）親しく参上していらっしゃる君（＝氏忠）であるので、（后宮も）すぐには（部屋の奥に）お入りにならない。（皇女が）御琵琶をさりげなくかき鳴らして（そこに）いらっしゃる様子がはっきりしているので、（氏忠は）ますます胸騒ぎがして、階《はし》隠《かくし》の間《ま》に座ったところ、二の間に座っている女王の君が、「菊の宴は終わりましたか。思いがけない時分にどうして（いらっしゃったのか）」と言う。（氏忠は）ただこのように（和歌を詠んだ）。

おほみやの……＝宮中の庭の白菊が秋の終わりになって色づくように、あなたへの恋しい思いに染まった私の心をあなたは知っているのだろうか。

（氏忠は）なんとも言えないほど美しい（白菊の）一枝を持っていたので、（皇女がいるだろうと）思いあたった部屋の御簾《みす》の下に（その白菊に和歌を添えて）差し入れると、（皇女は）気にくわないことだとご覧になる。神奈備の皇女が（詠んだ返歌は）、

秋を経て……＝秋を過ごして宮中の白菊がたとえ色づいたとしても、不誠実な人が袖をかけて（手折って）よいものか、いや、よくない。

かすかにおっしゃってはぐらかしている（皇女の）ご様子が、はなはだしく心ひかれるので、（氏忠は）ますます（その場を）立ち去ることができず、気ままに笛を吹いて、高欄に寄りかかって座っている様子は、（ふつうの女房たちにはもちろん、たとえ高貴な）皇女たちであっても、かたくなに意志を強く保つことができそうもないことよ。紫苑《しおん》の直衣《のうし》、竜胆《りんどう》の指貫《さしぬき》、吾亦紅《われもこう》の深く染み込んだ（衣の）一襲《ひとかさね》に、太刀を身につけている様子は、わざわざ着飾ったものであるような昼間の正装でも、これほどにできないことよと見える（ほどすばらしい）。

【設問解説】

問1　語句の解釈

(ア)　世づき／たる／心

ポイントは「世づき」の意味である。

世づく（動詞・カ四）	①　世慣れる。 ②　男女の情を理解する。色気づく。 ③　世間並みになる。 ④　俗っぽくなる。

ここは、「いづれもいと若き（氏忠も皇女もどちらもたいそう若い）」ので、まだ「世づきたる心」もないというのだから、前記①・②・③のいずれかの意味と考えられる。選択肢の中では

③が該当する。思いはあっても「男女の情を理解する」心がまだなかったため、どうしてよいかわからず「晴るけやる（気を晴らす）」すべもなかったというのである。**正解は③**となる。

(イ) え／なら／ぬ／一枝

ポイントは「えならぬ」の意味である。

えならず（慣用句）	① なんとも言えないほどだ。 ※副詞「え」＋断定の助動詞「なり」の未然形＋打消の助動詞「ず」から成っている ※多くは「なんとも言えないほどすばらしい」の意味で用いられる。

ここは、慣用句「えならぬ」の意味から①と判断できる。氏忠が皇女に自分の思いを伝える和歌を送る際に、菊の「えならぬ一枝」にその和歌を添えて御簾の下から差し入れるのだから、その枝は「すばらしい」ものであるのが当然である。⑤の「今まさに咲き誇っている色鮮やかな一枝」も「すばらしい」の方向だが、「えならず」の意味としてはふさわしくない。**正解は①**。

(ウ) いみじう／なつかしき／に

ポイントは「いみじう」と「なつかしき」の意味である。

いみじ（形容詞・シク）	① はなはだしい。 ② はなはだしく〜。とても〜。たいそう〜。
なつかし（形容詞・シク）	① 心ひかれる。慕わしい。 ② 親しみやすい。

「いみじう」は、形容詞「いみじ」の連用形ウ音便、「なつかしき」は形容詞「なつかし」の連体形である。氏忠が思いを寄せる皇女の「ほのかにのたまひまぎらはせる御気配」が「いみじうなつかしき」というのだから、「はなはだしく心ひかれる。はなはだしく慕わしい」の意味と判断できる。よって、**正解は⑤**となる。

問2　語句と表現

二重傍線部は、「『なほ／さり／ぬ／べき／ひま／も／や』／と、／宮／に／参り／て／気色／を／とる／に」と単語に分けられる。解釈する上でポイントとなる語句は、「なほ」「さりぬべき」「ひま」「や」「参り」「気色をとる」である。

なほ（副詞）	① （そうはいうものの）やはり。 ② （なんといっても）やはり。
さりぬべし（慣用句）	① きっとそうなるはずだ。 ② 適当だ。ふさわしい。相当だ。

	※複合ラ変動詞「さり」の連用形＋強意の助動詞「ぬ」の終止形＋当然（適当）の助動詞「べし」から成っている。
ひま（名詞）	① すきま。 ※「絶え間・油断・不和・機会・ゆとり」など、具体的に何の「すきま」なのかを考えることが求められる。
や（係助詞）	① 〈疑問〉～か。 ② 〈反語〉～か、いや（そんなことは）ない。 ※文末に用いられて「疑問・反語・詠嘆」を表す場合は終助詞とする説もある。 ※文中に用いられて、整調や呼びかけの意味を表す場合は間投助詞である。 〈**文法ポイント** p. 170参照〉

参る（動詞・ラ四）	① 〈「行く・来」の謙譲語〉参上する。参詣する。 ② 〈「与ふ」の謙譲語〉さしあげる。 ③ 〈「食ふ・飲む」の尊敬語〉召し上がる。
気色をとる（慣用句）	① 事情や様子を見てとる。様子をうかがう。 ② 機嫌を取る。 ③ 意向を尋ねる。

二重傍線部は、リード文にあったように、氏忠が「幼い頃から」「恋心を抱いて」いた「皇女に逢える機会をうかがっている場面」に相当することに気づきたい。宮中の菊の宴が終わって、多くの人が退出するが、氏忠は「なほさりぬべきひまもや」と思って、后宮のいる御殿に参上して、「気色をとる」のである。つまり、氏忠は「そうはいうもののやはり（皇女と逢う）ふさわしい機会があるのではないか」と思って、后宮のいる御殿に参上して様子をうかがっているというのが、二重傍線部の意味となる。このことを踏まえて各選択肢の正誤を判断する。

①は、「なほ」の意味を「よりいっそう」としている点が誤り。

②が正解。

③は、「や」を「反語」としている点が誤り。二重傍線部の「や」は疑問の意味で、「もや」の後に「あらむ」などが省略されて「機会もあるだろう」の意味を表しており、「皇女に逢える機会」を期待しているのである。

④は、「さり」を「去り」の意味ととらえている点が誤り。この「さり」は「さあり」の約《つづ》まった語で「さりぬべき」で「そうなるはずの・ふさわしい」の意味を表している。皇女がその場を去ることを心配するのではなく、皇女に逢うのにふさわしい機会があることを期待しているのである。

⑤は、「皇女の母である后宮の監視からのがれる機会をうかがっている」が誤り。后宮が二人を監視していたとは本文には書かれていない。

問3　和歌の解釈

傍線部の和歌を各句に分けると、次のようになる。

おほみやの／庭の白菊／秋を経て／
うつろふ心／人知らむかも

この場面は、氏忠が、宮中の菊の宴が終わった後、皇女のいる后宮の御殿に参上して逢える機会を探っていたところ、皇女のいるらしき辺りから琵琶の音色が聞こえてきた。そこに氏忠を見つけた女房の女王の君が、「どうして思いがけない時にいらっしゃったのか」と話しかけてきたところである。

傍線部の和歌は、氏忠が、女王の君の問いかけに応じて詠んだものである。

おほみや（名詞） （大宮）	① 皇居（宮中）や神宮の敬称。 ② 太皇太后《たいこうたいごう》（天皇の祖母）・皇太后（天皇の母）の敬称。 ③ 母にあたる内親王の敬称。
うつろふ（動詞・ハ四）	① 移動する。移り変わる。 ② 色あせる。散る。衰える。盛りが過ぎる。 ③ 色づく。深まる。紅葉する。 ④ 心変わりする。
む（助動詞）	① 〈推量〉～だろう。 ② 〈意志〉～よう。～たい。 ③ 〈適当・勧誘〉～のがよい。～てくれないか。 ④ 〈仮定・婉曲〉～たら。～ような。 〈文法ポイント　p.159参照〉
かも（終助詞）	① 〈疑問〉～か。

②〈反語〉～か、いや、～（そんなことは）ない。 ③〈願望〉～ほしいなあ。～ないかなあ。

これらを意識して、和歌を逐語訳すると、「宮中の庭の白菊が秋の終わりになって色づく心を人は知るだろうか」となる。宮中で行われた菊の宴の後のことだから、「おほみや」は「宮中」を表し、「うつろふ」は、菊の宴の行われた九月なので、晩秋を迎えて菊が「色づく」の意味を表していると判断する。白菊は晩秋になると、枯れる前に花弁の端から紫色に色づいてゆく。これを「移ろい色」といい、白菊より美しいといわれた。この和歌では、その菊が美しく色づく「心」というのが、氏忠の皇女への思いの比喩であるということに気づきたい。つまり、菊が美しく色づくように皇女への思いに染まった自分の心ということを表している。以上のことを踏まえて具体的に和歌を解釈すると、「宮中の庭の白菊が秋の終わりになって色づくように、あなた（＝皇女）への思いが深まる私（＝氏忠）の心をあなたは知るだろうか」となる。この内容が正確に示されている**④が正解**。

①は、「受け止めてくれない」「飽きが生じてしまう」が誤り。氏忠の皇女への深い思いとは正反対の内容である。

②は、「初めて気づいてしまった」が誤り。リード文にもあったように、幼い頃から皇女への思いはあったのである。

③は、「枯れて散る」「飽きて他の女性に心が移ってしまいそう」が、①と同じ理由で誤り。

⑤は、「色あせるように」「恋心が薄れていくこと」が、①と同じ理由で誤り。

問4

(i) **心情説明**

傍線部は、**問3**で確認した氏忠の和歌を受け取った時の皇女の思いである。まずは、「めざましう」の意味を確認しておく。

めざまし（形容詞・シク）	① 心外だ。気にくわない ② 目が覚めるほど立派だ。

氏忠の、思いを吐露する和歌に対して、皇女が「心外だ・気にくわない」と思ったのか、それとも「立派だ」、すなわち「すばらしい」と思ったのか、それを判断するには、設問に「和歌を踏まえた」とあるように、皇女の返歌を確認する必要がある。

皇女の和歌は、

秋を経て／うつろひぬとも／あだ人の／袖かけめやも／宮の白菊

と、各句に分けられる。

うつろふ（動詞・ハ四）	（問3を参照）

ぬ（助動詞）	①〈完了〉～てしまった。～た。～てしまう ②〈強意〉きっと～。かならず～。～てしまう。 〈**文法ポイント** p.157参照〉
とも（接続助詞）	①〈逆接の仮定条件〉もし・たとえ～（とし）ても。 〈**文法ポイント** p.168参照〉
あだ人（名詞）	①不誠実な人。 ②心変わりしやすい人。浮気者。
めや（助動詞＋終助詞）	①〈反語〉～か、いや、（そんなことは）ない。 ※和歌語法で「めやも」となることもある。

これらの語句を意識して、皇女の和歌を逐語訳すると、「秋を過ごしてたとえ色づいたとしても不誠実な人が袖をかけてもよいだろうか、いや、よくない。宮中の白菊を」となる。つまり、宮中の色づいた白菊を不誠実な人（＝氏忠）が袖をかけて折ってはいけないと詠んでいることになる。さらに、その和歌の後に「ほのかにのたまひまぎらはせる御気配」とあり、氏忠の和歌に対して、かすかに反応してはぐらかしているというのである。だから、皇女は氏忠の和歌での思いの吐露に対して、「めざましう（気にくわなく・心外に）」に思っていたと判断できる。選択肢の中で、以上のことを正確に表している**③が正解**。

①は、「思いがけない」が「めざまし」の語意から外れているし、「一時的な戯れ」も文脈に合わないので、誤り。

②は、「心外だ」は「めざまし」の語意としては正しいが、菊を折るふるまいを「『軽薄な人』のすることだと諭し」というのが誤り。

④は、「いじらしい」が「めざまし」の語意から外れ、「身の程知らずな人」が「あだ人」の語意から外れているので、誤り。

⑤は、「風流だ」が「めざまし」の語意から外れ、「風流な人」が「あだ人」の語意から外れているので、誤り。

(ii) **心情説明**

傍線部「めざましう」が異本では「あさましう」となっているというのである。氏忠が唐突に簾の下から、菊の枝に付けた和歌を差し入れたことに対して、「めざましく」ではなく「あさましう」思うというのである。

あさまし（形容詞・シク）	① 驚きあきれるほどだ。意外だ。 ② 興ざめだ。 ③ 情けない。 ④ 見苦しい。

(i)でも確認したが、皇女は唐突な氏忠の求愛の和歌に対して「めざましう（気にくわなく・心外に）」思って、はぐらかす返歌を詠んでいた。それを異本では、皇女はこうした氏忠の態度を「あさましう（意外に）」思って、「驚きあきれ」て、その気持ちをはぐらかすような返歌を詠んだと考えられる。語意からは①・②が残るが、②「不作法で見苦しい」はまだしも、「腹を立てる」様子は、ここでは読み取れない。よって、**正解は①**となる。

問5　内容説明

ここは、氏忠が皇女の態度に心ひかれ、その場を立ち去ることができないまま、高欄に寄りかかって笛を吹いている様子に対して傍線部のようであったというのである。こうした物語の定番の場面であり、男君の容姿のすばらしさに女性たちが心奪われていることを表現している。

傍線部は、「皇女たち／に／て／も、／え／心強かる／まじう／ぞ／ある／や」と単語に分けられる。

に＋て（助動詞＋接続助詞）	① ～であって。 ※断定の助動詞「なり」の連用形「に」に、接続助詞「て」が付いたもの。
え（副詞）	①〈打消表現と呼応して不可能を表す〉～できない。 ※ここでは、助動詞「まじ」と呼応して「～できるはずがない。～できそうもない」の意味を表す。
心強し（形容詞・ク）	① 意志が強い。気丈だ。がまん強い。 ② 人情味がない。つれない。
ぞ（係助詞）	①〈強意〉（訳出しなくてよい） 〈**文法ポイント**　p.170参照〉
や（係助詞）	（問2を参照）

傍線部を逐語訳すると、「皇女たちであっても、意志を強く保つことができそうもないことよ」となる。「心強し」は「気丈だ。

意志が強い」の意味で、文末の「や」は詠嘆用法である。つまり、氏忠のすばらしい容姿に、ふつうの女房たちはもちろん、皇女たちのような高貴な女性であっても、その魅力に負けまいとかたくなに意志を強く保つことができそうもないほどだというのである。選択肢の中では④が正解となる。

①は、「氏忠に振り向いてもらいたいという希望」「氏忠の態度があまりにも生真面目である」が誤り。

②は、「自分の部屋に立ち寄ってほしい」「他の女性に向いている」が誤り。①も②も、皇女たちが氏忠の気を引こうとしているように説明されているが、そのようなことは本文には書かれていない。

③は主体と客体が逆転している。誰もが心を動かされるほど氏忠の容姿がすばらしいのであって、氏忠が女性に心を動かすことを話題にしているのではない。

⑤は、「氏忠の吹く笛の音色に強く心を奪われ」が誤り。笛を吹いている氏忠の姿に魅了されているのである。氏忠の笛の音色については、本文に書かれていない。

第19問

【解答と配点】

設問		正解	配点
問1	(ア)	④	4
	(イ)	③	4
	(ウ)	⑤	4
問2		②	7
問3		④	7
問4		③	7
問5	(i)	③	6
	(ii)	⑤	6

【出典】

○『俊頼髄脳《としよりずいのう》』

『俊頼髄脳』は、平安時代後期に成立した歌論集。作者は『金葉《きんよう》和歌集』の撰者《せんじゃ》でもあった源《みなもと》俊頼である。

藤原忠実《ふじわらのただざね》の依頼で、その姫君（のちの鳥羽《とば》院皇后）のために書いた作歌の手引き書。歌体論・歌病論・和歌効用論・題詠論・秀歌論・歌語論などが語られている。

○【資料】『古本説話集《こほんせつわしゅう》』

平安時代後期の説話集。編者は未詳で、前半は和歌説話、後半は仏教説話となっている。王朝時代への追慕と無常観の中に滑稽な話も盛り込まれている。

【本文の要旨】

「朝倉《あさくら》や……」の和歌は、天智《てんじ》天皇が筑前《ちくぜん》の朝倉に退去していたときのことを詠んだものだ。この和歌を本歌として「木のまろ殿」で名乗りをすることを詠んだ和歌の一つが、惟規《のぶのり》が大斎院《だいさいいん》の御所から退去する際に詠んだ「神垣は……」の和歌である。この惟規の和歌を聞いて感動した大斎院が「木のまろ殿」の由来について女房に話すと、それを伝え聞いた惟規も、ずっと由来を知りたいと思っていたと喜んだ。

【全文解釈】

1 朝倉や……＝朝倉の木のまろ殿に私が居ると、名乗りをしながら通って行くのは誰の子だ。

2 この和歌は、昔、天智天皇が、皇太子でいらっしゃったとき、筑前の国に（ある）朝倉と言っているところに、人目を避けて住んでいらっしゃった。その建物を、わざわざすべての部分を丸い形に作っていらっしゃったことから、木のまろ殿とは言い始めたのであった。（天智天皇は）世間に気兼ねしなさっていることがあって、都にはいられなくおなりになって、そのような（筑前の国という）遠いところにいらっしゃったのである。そうして、人目をはばかりなさっているために、（木のまろ殿に）入ってくる人に、「必ず、（こちらから）尋ねないうちに、名乗りをして出入りせよ」と、誓約することをお命じになっていたので、必ず出入りする人が名乗りをしたと、申し伝えている。この和歌を本歌として、（後の人は）木のまろ殿に名乗りをして（ということ）を詠むのである。

3 大斎院と申し上げた斎院の御代に、蔵人惟規が、（斎院に仕える）女房に物を申し上げよう（＝求愛し申し上げよう）と思って、人目を避けて、夜、（斎院の御所に）参上していたところ、侍たちが、（惟規を）見つけて不審に思って、「（あなたは）どういう人か」と、（惟規に）尋ね聞いたところ、（惟規は女房の部屋に）隠れ始めて、誰とも言うことができなかったので、（侍どもは御所の）御門を閉ざして（惟規を）足止めしていたが、情を交わしていた女房が、（斎院に、「このようなことがございます」と、申し上げたところ、（斎院は）「あの者（＝惟規）は和歌を詠む者と聞く。早く、許してやれ」と、お命じになったので、（惟規は）許されて（斎院の御所から）退出するということで、詠んだ和歌、

神垣は……＝斎院の御所の神垣は木のまろ殿ではないけれども、名乗りをしないので人が咎《とが》めたことよ。

と詠んだ。斎院が、（この惟規の和歌を）お聞きになって感動しなさって、「この、木のまろ殿と（和歌の中で）言っていることは、（かつて）私が聞いたことである」ということで、（木のまろ殿の由来を）おっしゃったことを、女房がお聞きしてこの惟規に語ったところ、（惟規が）「この（木のまろ殿に関する）ことは、（自分で和歌に）詠みながらも、詳しくは知らなかったことである」と言って、「この（由来を知らなかった）ことが、つらかったので、このことをしっかりとお聞きしたいと思って、過ごしてきたことである（それをこうして知ることができてうれしいことだ）なあ」と言って、喜んだと、盛房《もりふさ》が（私〈＝俊頼〉に）語った。その惟規が（盛房の）先祖であって、（惟規のことを）詳しく聞き伝えているということだ。

【資料】

今となっては昔のことだが、大斎院と申し上げる方は、村上《むらかみ》天皇の十番目の皇女でいらっしゃる。天皇がたびたび何度もお替わりになるけれども、この斎院は、お替わりになることがなくていらっ

しゃった。斎宮や斎院は、（神に仕える身なのだから）仏法や経典を忌避しなさるのだが、この斎院は、仏法や経典までも崇《あが》め申し上げなさって、朝ごとの御念誦《ねんじゅ》を欠かしなさらない。三尺の阿弥陀仏《あみだぶつ》（像）に向かい申し上げなさって、法華経《ほけきょう》を明け暮れお読みになっていたと、人が申し伝えている。

（この斎院は）賀茂《かも》祭の日に、「一条《いちじょう》の大路に多く集まっている人よ、皆（私と）ともに成仏しよう」と誓いなさったというのは、やはり驚きあきれるほどで（あった）。

【設問解説】

問1　語句の解釈

(ア)　都／に／は／え／おはせ／で

ポイントは「え」「おはせ」「で」の三語である。

え（副詞）	①〈打消表現と呼応して不可能を表す〉～できない。
おはす（動詞・サ変）	①〈「あり」の尊敬語〉いらっしゃる。 ②〈「行く・来」の尊敬語〉いらっしゃる。 ③〈尊敬の補助動詞〉～ていらっしゃる。お～になる。～なさる。
で（接続助詞）	①〈打消の接続〉～ないで。～なくて。 〈文法ポイント p.169参照〉

まず、「え～で」の不可能の意味が訳出されていない②は誤り。また、「おはす」の尊敬の意味が訳出されていない②・③・⑤は誤り。①・④はどちらも逐語訳としては正しいが、本来「太子」は都で暮らしているはずなので、①の「都に」「お行きになれ」は不適当である。

ここは、直前に「世につつみ給へることありて（世間に気兼ねしなさっていることがあって）」とあることから、「都にはいられなくおなりになって」の意味とわかる。直後に「さるはるかなる所におはしける」とあることからも、あえて都から離れて過ごしていたと判断できる。**正解は④**。

(イ)　かたらひ／ける／女房

ポイントは「かたらひ」である。

かたらふ（動詞・ハ四）	①語り合う。 ②親しく交際する。 ③男女の情を交わす。 ④説得して仲間に入れる。

	⑤ 依頼する。

語意だけで判断すると①・②・③は間違いとはいえないが、ここは、大斎院に仕えている女房のもとに、惟規が「物申さむ（求愛し申し上げよう）」と思い、「忍びて（人目を避けて）」通っていたというのだから、前記③の意味と判断できる。この意味に合う**③が正解**である。そのことを知らなかった侍が惟規を見つけて誰何《すいか》するのである。

(ウ) わびしかり／つれ／ば

ポイントは「わびしかり」「つれ」「ば」である。

わびし（形容詞・シク）	① ものさびしい。もの悲しい。 ② つらい。やるせない。 ③ みすぼらしい。貧しい。
つ（助動詞）	①〈完了〉～てしまった。～た。～てしまう。 ②〈強意〉きっと～。かならず～。～てしまう。 〈文法ポイント p.157参照〉
ば（接続助詞）	①〈順接の仮定条件〉（「未然形＋ば」の形で）～ならば。 ②〈順接の確定条件〉（「已然形＋ば」の形で）～と。～ところ。～ので。～から。～（する）といつも。 〈文法ポイント p.168参照〉

「つれ」は助動詞「つ」の已然形なので、「ば」は順接の確定条件を表している。選択肢はすべて「たので」となっているため、「つれば」の部分の訳としてはどれも正しい。次に「わびし」の語意に注目すると、①と⑤に絞れるので、文脈から適当なものを選ぶ。ここは、「このこと（＝木のまろ殿の故事）」を知らなかったことが、「わびしかりつれば」というのだから、①「さびしかったので」では文意が通じない。したがって、⑤「つらかったので」という意味だと判断できる。**正解は⑤**。

問2 語句と表現

各選択肢について、文法の正誤と文脈とを合わせてそれぞれ判断する。

①は、「太子にておはしましける」の「に」は断定の助動詞「なり」の連用形、「おはしまし」は尊敬の補助動詞で、「皇太子でいらっしゃった」の意味を表している。「おはしまし」を「あり」の尊敬語としているのが誤り。

②が正解。「女房に物申さむ」は惟規の思考部だから、「む」

は意志の助動詞であり、「物申す」は「物言ふ」の謙譲表現である。「物言ふ」には「語り合う。気の利いたことを言う。情を交わす」の意味があるので、ここは、惟規が女房に対して「気の利いたことを言いたい」あるいは「情を交わしたい」すなわち、「言い寄りたい」の意味だと判断できる。

③は、「はべる」を丁寧の補助動詞としているのが誤り。ここは、「このようなことがあります」と訳し、この「はべる」は「あり」の丁寧語で本動詞である。

④の「まかり」は、宮中から退出するのではなく、斎院の御所から退出するので誤り。

⑤は、「む」を適当として「理解するのがよい」としているのが誤り。ここは、「古歌に基づいた故事のことをもっとよくお聞きしたい」ということで、「む」は意志の意味である。

問3　内容説明

1段落は和歌一首のみである。まず、この和歌を解釈する。

これも各句に分けると、次のようになる。

朝倉や／木のまろ殿に／我居れば／
　　名のりをしつつ／行くは誰が子ぞ

これという重要古語はないので、そのまま逐語訳すると、「朝倉の木のまろ殿に私が居ると、名乗りをしながら通って行くのは誰の子だ」となる。和歌の作者が朝倉にある「木のまろ殿」にいる時に、通る人が名乗りをしながら行くことを詠んだものとなっている。

2段落は、1段落の和歌が詠まれた事情が説明されている。

・天智天皇は皇太子だったとき、筑前の国の朝倉という所に人目を避けて住んでいた。
・天智天皇は住んでいた建物のすべての部分を丸く作ったので、「木のまろ殿」と言っていた。
・天智天皇は都で気兼ねすることがあって筑前の国にまで移動していた。
・その建物に入ってくる人に名乗りをすることを要請した。
・それ故に出入りする人は必ず名乗りをしたということだ。
・この和歌を本歌として、その後「木のまろ殿」を「名のり」とともに読むことになった。

このことを踏まえて各選択肢を検討する。

①は、天智天皇が「誰だと咎めた和歌」が誤り。天皇が名乗りをするように命じたのである。

②は、「人が勝手に入らないように防御するために作らせた」が誤り。「木のまろ殿」とはすべてを丸く作ったのであって、丸木で作ったとは書かれていないし、それがどういう目的であったのかも記されていない。

③は、「名乗りが必要な建物のことを『木のまろ殿』というようになった」が誤り。「木のまろ殿」と「名乗り」がいっしょに用いられて詠まれるようになったのである。

④が正解。

⑤は、『木のまろ殿』を詠んだ和歌を披露するときには、必ず詠み手が名乗りをすることになっている」が誤り。和歌の詠み手が名乗るのではなく、「名乗り」という言葉を用いるというのである。

問4　内容説明

3段落は惟規と大斎院の逸話が描かれている。

・蔵人惟規が、大斎院のもとに仕える女房と情を交わしたいと思って、夜に人目を避けて通っていた。

・斎院の御所の侍たちがその惟規を見つけて「誰だ」と尋ねた。

・惟規は、隠れていて名乗りができなかったので、侍は門を閉ざしてしまった。

・女房が大斎院に助けを求めた。

・大斎院は「あの者は歌詠みだと聞く」「許してやれ」と言い、惟規は許された。

・惟規は斎院の御所を退出する際に、「神垣はあの木のまろ殿ではないけれども、名乗りをしないので人が咎めたことよ」と詠んだ。

・大斎院はその和歌に感動して、「木のまろ殿」について自分は知っていると言った。

・女房がこのことを惟規に知らせると、惟規は「木のまろ殿」の故事を自分はよく知らず、そのことがつらいので、しっかりとお聞きしたいと思っていたといって喜んだ。

・この話は、盛房が、惟規は自分の先祖だったことにより、しっかり聞き伝えていたということだ。

このことを踏まえて各選択肢を検討する。

①は、「しかたなく名乗ったが、侍に信用されず」が誤り。惟規は隠れていて名乗ることができなかったのである。

②は、「一首和歌を詠ませて、その出来によって解放させるように取り計らった」が誤り。「歌人だから怪しいものではない。許してやれ」と大斎院は言ったのである。

③が正解。

④は、「惟規が何も知らずに詠んだ」が誤り。大斎院は、惟規の「木のまろ殿」に関する知識がどの程度か知るはずもない。また、「今回の場面にはふさわしくないと判断した」も誤り。そのようなことはどこにも描かれていない。

⑤は、「大斎院にまでお礼の気持ちを女房を通じて伝えた」が誤り。惟規は、大斎院が「木のまろ殿」の故事について知っていたことを、女房を介して聞き、喜んだとは書かれているが、「お礼の気持ち」を大斎院にまで伝えたとは記されていない。

問5　空欄補充

【資料】として「教師」が示した『古本説話集』の大斎院のあり方をしっかりと読み取ることがポイントとなる。大斎院は、（注6）にあるように賀茂神社に仕える皇女である。つまり、神に仕える身である。生徒たちの会話も、そのことを踏まえて語られている。

(i) 空欄 X は、神に仕える身である斎院や斎宮が「仏経忌ませ給ふ」というところをとらえたものである。「仏経」は「仏法や経典」ということで、神に仕えるのだから、仏教関係のものは忌避していたというのである。**正解は③**。

(ii) 空欄 Y は、仏教的なものを忌避するはずの大斎院が「仏経をさへ崇め申させ給ひて、朝ごとの御念誦欠かせ給はず。三尺の阿弥陀仏《ほとけ》に向かひ参らせ給ひて、法華経を明け暮れ読ませ給ひけり」というのだから、普通の斎院とは違っていたということを発言していることになる。①「神事を疎かにして」、③「神のことを忘れるほどに」は誤り。そこまでは書かれていない。②は「神に向かって祝詞と経文を唱える」が誤り。大斎院は「三尺の阿弥《あみ》陀《だ》仏《ほとけ》」に向かって「法華経」を読んでいたのである。④は「仏道修行の中に神事をも取り入れ」が誤り。斎院は神に仕えるのだから、これでは主客転倒である。

また、空欄 Z は、そんな大斎院が賀茂祭の日、つまり神事を行う日、行列を見ている大衆に向かって「ともに仏にならむ」つまり「ともに成仏しよう（ともに浄土に生まれよう）」と誓ったということ。この意味になっている選択肢は②・⑤である。④は「極楽」を願って死のう」が誤り。「極楽往生しよう」なら正しいが、願って死ぬだけでは救われない。

したがって、空欄 Y ・空欄 Z ともに正しい**⑤が正解**。

第20問

【解答と配点】

設問	問1 (ア)	問1 (イ)	問1 (ウ)	問2	問3	問4 (i)	問4 (ii)	問4 (iii)
正解	④	④	③	①	①	④	③	④
配点	4	4	4	6	6	8	8	5

【出　典】

○【文章Ⅰ】『栄花物語《えいが》』

平安時代後期の歴史物語。正編三十巻、続編十巻から成り、正編の作者は赤染衛門《あかぞめえもん》、続編は出羽《でわ》の弁《べん》という説もあるが、未詳。宇多《うだ》天皇から堀河《ほりかわ》天皇までの十五代約二百年間の歴史を編年体で物語風に記す。藤原道長《ふじわらのみちなが》の栄華と、その周辺の道長に敗れ去った人々を中心に描く。

○【文章Ⅱ】『紫式部日記《むらさきしきぶにっき》』

平安時代中期の日記。作者は『源氏《げんじ》物語』の作者である紫式部。宮廷儀式・行事についての見聞、また、仕えていた中宮彰子《しょうし》の出産に関する出来事と、消息文の形式での女房評などが記されている。

【本文の要旨】

【文章Ⅰ】も【文章Ⅱ】も、いずれも権勢を誇った藤原道長に、孫の敦成《あつひら》親王（のちの後一条《ごいちじょう》天皇。母は道長の娘である中宮彰子）が誕生し、その五十日《いか》の祝いで酒宴が行われた場面を描いたものである。

【文章Ⅰ】は、【文章Ⅱ】の8行目以降と同内容。『紫式部日記』などに基づく記述になっていて、かなり簡略化されている。

【文章Ⅱ】は、作者紫式部が実際に体験したことが記されている。前半は、道長たちの酩酊《めいてい》を懸念している作者の様子から始まり、敦成親王の生後五十日を祝う紫式部と道長の和歌のやりとりが描かれ、後半は、道長が妻の倫子《りんし》と娘の彰子に、酔って気分のよい中、冗談を言いかけ、それを聞く女房たちが笑う場面などが記されている。

【全文解釈】

【文章Ⅰ】

あれほど（ひどく）酔っていらっしゃるけれども、（道長が）思っていらっしゃる方面のことなので、このように続け（て詠み）なさったのだと思われた。

こうして通例の作法どおりの（人々に与える）褒美のことなどがあって、（列席の人々は）まったくだらしない様子でよろけながら退出しなさった。殿の御前（＝道長）は、「宮（＝彰子）を（わが）娘としてお持ち申していることは、（この）私は恥ではない（＝誰にもひけをとることはない）。私を父としてお持ちになっていることは、宮として悪くない（＝恥ずかしくなどない）。また母（＝倫子）もまことに幸福で、立派な夫をお持ちになっている」などと、冗談をおっしゃるのを、北の方（＝倫子）はとてもきまりが悪いとお思いになって、あちら（の部屋）へ行っておしまいになった。

【文章Ⅱ】

恐ろし（いことになり）そうな今夜のご酩酊（のご様子）であるようだと思って、宴が終わるとすぐに、宰相の君と言い合わせて、隠れてしまおうとすると、東面《ひがしおもて》の間《ま》には、殿のご子息たちや、宰相の中将などが入って、さわがしいので、（宰相の君と私の）二人で御帳台《みちょうだい》の後ろに座って隠れていたのを、（道長は隔てている几帳《きちょう》を）取りはらいなさって、二人いっしょに（袖を）捕らえて（そこへ）座らせなさった。「（祝いの）和歌を一首ずつお詠みせよ。そうしたら許そう」と（道長が）おっしゃる。煩わしくもあり恐ろしくもあるので（私が）申し上げる。

いかにいかが……＝この五十日の祝いの日に、どうしてどのように数えあげることができようか、いいえ、できるはずがない、幾千年もの、あまりにも長く続く若宮の御代を。

「なんと、うまくお詠みしたものよ」と、（道長は）二度ばかり口ずさみなさって、たいそうすばやくおっしゃった（和歌）、

あしたづの……＝（私に千年の寿命を保つという）鶴の寿命があるならば、若宮の御代の千年の数も数え取ることができるだろうよ。

あれほど（ひどく）酔っていらっしゃった御心地においても、（お詠みになった和歌は道長が）お心にかけていらっしゃる（若宮の）方面のことであるので、ほんとうにしみじみと、もっともだ。ほんとうにこのように（道長が若宮を）大切に取り持ち申し上げなさるからこそ、万事における儀式や装飾もいっそう立派にお見えになるようだ。千年でも満足できそうにないほどの（末長い若宮の）ご将来（の繁栄）が、（私のような）とるに足らない者の気持ちにさえも、

自然と思い続けられる。

「宮の御前よ、お聞きか。（私はこんなに上手に）お詠みしたよ」と、（道長は）自画自賛しなさって、「宮の御父として私は悪くはないし、私の娘として宮も悪くいらっしゃらない。母上もまた幸福だと思って、お笑いになるようだ。よい夫を持ったことよと思っているようだ」と、戯れ申し上げなさるのも、格別のご酩酊の勢いにまぎれてのことだと思われる。（冗談だけで）たいしたこと（＝酩酊による不適切なことなど）もないので、不安な気持ちはしながらも、結構なことととばかり（思う）。（そんな戯れ言を）聞いていらっしゃる北の方は、聞きづらいとお思いになるのだろうか、（あちらの部屋へ）おいでになってしまう様子なので、「送りをしないということで、母上がお恨みなさるだろうよ（＝恨みなさるといけないな）」と言って、（道長は）急いで御帳台の中をお通り抜けになる。「宮は（こんな私を）無作法だと思いなさっているだろう。（しかし）親があるからこそ子もすぐれているのだ」と、つぶやきなさるのを、女房たちは笑い申し上げる。

【設問解説】

問１　語句の解釈

(ア)　いと／かたはらいたし

いと（副詞）	①　とても。たいそう。まったく。ひどく。非常に。 ②　〈打消表現と呼応して〉たいして（〜ない）。それほど（〜ない）。
かたはらいたし（傍ら痛し）（形容詞・ク）	①　にがにがしい。 ②　きまりが悪い ③　いたたまれない。 ④　気の毒だ。心苦しい。 ⑤　見苦しい。

祝いの酒に酔って気分のよい道長が、妻倫子に向かって発した「よき夫《をとこ》持《も》給《たま》へり（〈あなたは〉立派な夫をお持ちになっている）」という冗談を受けて、倫子がいたたまれなくなり、席を立ってしまうという場面である。「いと」については③以外は正解の候補であるが、「かたはらいたし」については④しか正しいものはない。

よって、**正解は④**。

(イ)　あはれ、／仕うまつれ／る／かな

あはれ（感動詞）	①ああ。なんと。あれ。 ②ああ（～だ）。
仕うまつる（動詞・ラ四）	①〈「仕ふ」の謙譲語〉お仕えする。 ②〈「す」の謙譲語〉いたす。し申し上げる。してさしあげる。 ※何をするのか、具体的に考える。
り（助動詞）	①〈完了〉～てしまった。～た。～てしまう。 ②〈存続〉～ている。～てある。 〈文法ポイント　p.158参照〉
かな（終助詞）	①〈詠嘆〉～だなあ。～（こと）よ。

道長が「和歌一つづつ仕うまつれ。さらば許さむ」と作歌を求めてきたので紫式部が「いかにいかが……」と詠んだ。傍線部は、その和歌（和歌の内容は**問3**参照）に対する道長の感想である。「仕うまつる」が謙譲語ということから④と⑤に絞れる。⑤は「あはれ」を「やはり」と訳しており、また、「甲斐があるね」という補いも誤りである。よって、**正解は④**。

(ウ)　なめし／と／おぼす／らむ

なめし（形容詞・ク）	①無礼だ。無作法だ。
おぼす（動詞・サ四）	①〈「思ふ」の尊敬語〉思いなさる。お思いになる。
らむ（助動詞）	①〈現在推量〉（今ごろ）～ているだろう。 ②〈現在の原因推量〉～（ている）のだろう。 ③〈現在の伝聞・婉曲〉～（ている）とかいう。～（ている）ような。 〈文法ポイント　p.160参照〉

傍線部の主語は「宮（＝彰子）」である。直上には「（道長は）いそぎて御帳のうちを通らせ給ふ」とある。いくら父親でも娘の御帳台を急いで突っ切るのは失礼極まりないことであろう。傍線部はそれを道長自身が冗談めかして言った言葉。「なめし」の意味から③・④が正解の候補。「おぼす」は尊敬語なので④ははずれる。よって、**正解は③**。

問2　内容説明

各選択肢の該当箇所を一つずつ見ていく。

①「恐ろしかるべき夜の御酔ひなめり」の「な」は、断定の助動詞「なり」の連体形「なる」が「なん」と撥音便化し、その「ん」が無表記となった形である。直訳は「恐ろしそうな夜の御酔いであるようだ」である。「御酔い」が原因で「恐ろし」いことになると紫式部は想像しているのであろう。この選択肢は排除できない。

②「宰相の君に言ひあはせて、隠れなむ」の「なむ」について、「隠れ」はラ行下二段活用動詞「隠る」だが、未然形と連用形が「隠れ」と同形になるので、文脈での判断が必要となる〈**文法ポイント** p.182参照〉。未然形と考えると「隠れてほしい」、連用形と考えると「きっと隠れるだろう」や「隠れてしまおう」などの訳となる。「言ひあはす」は「相談する」の意なので、酩酊する貴人たちのそばから離れたい紫式部と宰相の君が相談して、「隠れてしまおう」と考えたとするのがよい。選択肢は「隠れてほしい」となっていて文脈に合わない。

③「さわがしければ」の「けれ」は、シク活用形容詞「さわがし」の已然形の一部であり、過去の助動詞「けり」の已然形ではない。もちろん、「紫式部が回想」という説明も当たらない。

④「二人ながらとらへ据ゑさせ給へり」の「二人ながら」は、紫式部と宰相の君の「二人とも」の意。「とらへ据ゑさせ」の「据ゑ」は「置く・座らせる」の意で、「させ」は尊敬の助動詞で、道長が隠れている二人を捕らえて座らせたということ。道長が息子の頼通《よりみち》・教通《のりみち》兄弟をこの場にいさせようとしたのではない。

⑤「いとはしく恐ろしければ聞こゆ」は、「煩わしくもあり恐ろしくもあるので申し上げる」という意味で、道長から「和歌を詠め」と言われたことに対する紫式部の反応を表している。道長は、息子の頼通・教通兄弟に和歌の無理強いをしたのではない。

以上から、**正解は①**。

問3　和歌の説明

Aの和歌（詠み手…紫式部）

いかにいかが／かぞへやるべき／八千歳《やちとせ》の／あまり久しき／君が御代をば

〈訳〉この五十日の祝いの日に、どうしてどのように数えあげることができようか、いいえ、できるはずがない。幾千年もの、あまりに長く続く若宮の御代を。

〈語法〉

a「いかに」の「いか」に生後五十日の祝いの「五十日」が掛けられている。

b「べき」は助動詞「べし」の連体形で、ここでは「可能」の意味。また、「いかにいかが～べき」と呼応して反語文となっている。

c「八千歳のあまり久しき君が御代」は、これからずっと続くであろう若宮の「御代」を表している。

Bの和歌（詠み手…道長）

あしたづの／よはひしあらば／君が代の／千歳のかずも／かぞへとりてむ

〈訳〉（私に千年の寿命を保つという）鶴の寿命があるならば、若宮の御代の千年の数も数え取ることができるだろうよ。

〈語法〉

a「あしたづの」は「葦鶴《あしたづ》の」で、葦の生えた水辺の鶴を表し、「よはひしあらば」の「よはひ」は「齢（＝寿命）」で、「し」は強意の副助詞、「あらば」の「ば」は未然形に付いているので、順接の仮定条件を表している。全体で、長寿だと言われている鶴のように長生きできるならという道長の希望を表している。

b「君が代の千歳」は、「若宮の長く続く千年もの数」を言う。

c「かぞへとりてむ」の「て」は強意の助動詞「つ」の未然形、「む」は推量の助動詞「む」の終止形で、「きっと数えとる（ことができる）だろう」の意。

以上の説明と齟齬のない**①が正解**。

② 「べき」の説明が間違っているので、「迷いの気持ち」も当たらない。

③ Bの和歌がAの和歌の返歌になっているという説明が誤り。Aの和歌は問いかけにはなっていない。また、Bの和歌の内容として「明日のことは誰にもわからない」としている点も誤りである。

④ 「あしたづ」に「朝《あした》」が掛けられているという説明が間違っている。

⑤ 「て」が「強意」の助動詞というのは正しいが、それが「自分は必ず若宮の御代を見届けるのだ」という強い気持ちを表しているとは言えない。

問4　内容説明

(i)「思《おぼ》しけることのさま」というのは、リード文や注からわかるように、娘の中宮彰子が一条天皇の皇子である敦成親王を産んだ後の五十日の祝いの日に、道長が喜んで、紫式部の詠んだ和歌に返す和歌を詠んだのだが、その内容があまりにも大げさなものであり、それほどに道長が喜んでいたことを示している。このことは、**【文章Ⅱ】**のBの和歌から判断できる。それは**問3**でも確認した。これは、娘の産んだ敦成親王が無事に成長すれば、春宮ともなり、さらには天皇にもなることで、道長が敦成親王の外祖父として政権の上で権力を握るきっかけをもたらしたことになるということを示しているのである。基本的な古典常識がポイントとなる問題である。**正解は④**。

(ii) 空欄 Y の前に「紫式部の感想」とあるので、その紫式部の感想部分をおさえて選択肢の適否を判断する。

① 酔っているとはいえ、道長の詠んだ和歌はいつも気にかけている若宮に関することなので、その内容もしみじみもっともだというのが「いとあはれに、ことわりなり」の趣旨である。家族のことを事細かに記憶している道長に感心しているなどという内容ではない。

② 「とるに足りない身ながらも思いをはせている」という内容は正しいが、「思いをはせている」対象は「若宮の将来の繁栄」であって「これからも末長く続く輝かしい道長の栄華」ではないので不適当。

③ 道長が自分の和歌を自画自賛している箇所は、【文章Ⅱ】の11行目、妻に軽口を叩くのは、【文章Ⅱ】11〜13行目、それを紫式部がどう思っているかは、【文章Ⅱ】13・14行目に「こよなき御酔ひのまぎれなりと見ゆ」「さわがしき心地はしながら、めでたくのみ」に記されている。作者はそんな道長をほほえましい気持ちで見ているのである。**③が正解。**

④ 「さわがしき心地はしながら、めでたくのみ」は、道長に酒による不都合の心配があるとはいえ、冗談だけですみ、結構なことだとばかり思うという紫式部の感想である。「人々が皆はめをはずして大騒ぎする」が誤り。「さわがしき心地」は、何か問題が起こるのではないかという、作者紫式部自身の胸中を表しているのである。

(iii) 文学史的な知識が問われている。今後、共通テストで知識・技能に関する設問として、語意・語法だけではなく、こうした対話的な設問の中で文学史的知識が問われることは、多くはないだろうが、それなりに予測できるものである。

『栄花物語』は、出典でも触れたように、ジャンルは「歴史物語」である。また、「日記」は、当然のごとく作者の実体験を中心に、その出来事などに対する心情を記したものだから、「当事者」の視点で描かれるものである。**正解は④。**

付　録

文法ポイント

用言活用表

動詞

種類	例語	語幹	未然形	連用形	終止形	連体形	已然形	命令形
四段	飲む	飲	ま	み	む	む	め	め
ナ変	死ぬ	死	な	に	ぬ	ぬる	ぬれ	ね
ラ変	あり	あ	ら	り	り	る	れ	れ
上一段	居《ゐ》る	○	ゐ	ゐ	ゐる	ゐる	ゐれ	ゐよ
上二段	恥づ	恥	ぢ	ぢ	づ	づる	づれ	ぢよ
下一段	蹴《け》る	○	け	け	ける	ける	けれ	けよ
下二段	絶ゆ	絶	え	え	ゆ	ゆる	ゆれ	えよ
カ変	来	○	こ	き	く	くる	くれ	こ（よ）
サ変	す	○	せ	し	す	する	すれ	せよ
下につく主な語			ず	たり	。	とき	ども	。

形容詞

種類	例語	語幹	未然形	連用形	終止形	連体形	已然形	命令形
		下につく主な語	は・ず	て・き	。	こと・べし	ども	。
ク活用	めでたし	めでた	(く) から	く かり	し ○	き かる	けれ ○	○ かれ
シク活用	はづかし	はづか	(しく) しから	しく しかり	し ○	しき しかる	しけれ ○	○ しかれ

形容動詞

種類	例語	語幹	未然形	連用形	終止形	連体形	已然形	命令形
		下につく主な語	ず	き・なる	。	とき	ども	。
ナリ活用	静かなり	静か	なら	なり に	なり	なる	なれ	なれ
タリ活用	堂々たり	堂々	たら	たり と	たり	たる	たれ	たれ

語幹用法の注意点

語幹の使われ方	説明	例文
① あな＋語幹	感動表現となる。	あなかま。（ああ、やかましい→静かにせよ）（「かま」は形容詞「かまし」の語幹）
② 語幹＋の＋名詞	連体修飾の用法。	をかしの御髪《みぐし》や。（美しい髪だことよ）（「をかし」は形容詞「をかし」の終止形だが、ここでは語幹の扱いになっている）まめやかの心の友。（ほんとうの心の友）（「まめやか」は形容動詞「まめやかなり」の語幹）
③ 名詞（＋を）＋語幹＋み	多くク活用の語幹が来て、和歌の中で使われる。「〜が…なので」の意味となる。	瀬を早み（浅瀬の流れが早いので）（「早」は形容詞「早し」の語幹）山高み（山が高いので）（「高」は形容詞「高し」の語幹）

＊形容詞シク活用の場合は、終止形が語幹の扱いになる。

活用形の用法

活用形	用法	説明
未然形	未然形接続の助動詞・助詞につく。	・助動詞「ず・じ・む・むず・す・さす・る・らる・まし」などに接続する。 ・助詞「ば・で・ばや・なむ（終助詞）」などに接続する。
連用形	1 連用修飾法	主として形容詞・形容動詞が、副詞のように用言を修飾する。
	2 中止法	文を途中で一時中止する。連用形の下に読点（、）を打つことができる。
	3 名詞法	動詞の連用形が、名詞に転成した場合。
	4 連用形接続の助動詞・助詞につく。	・助動詞「き・けり・つ・ぬ・たり・けむ」などに接続する。 ・助詞「て・して・そ」などに接続する。

終止形	1 終止法	文を言い切る形。
	2 終止形接続の助動詞・助詞につく。	・助動詞「なり（伝聞・推定）・めり・らし・べし・まじ・らむ」などに接続する。 ・助詞「と・とも・な・や」などに接続する。
連体形	1 連体修飾法	下の体言を修飾する。
	2 係り結び	係助詞「ぞ・なむ・や・か」の結びとなる。
	3 疑問・反語の副詞と呼応する。	副詞「いかに・いかで・など・なに」などと呼応して文末を連体形で結ぶ。
	4 体言の省略	・連体形の下に体言が省略された形。 ・連体形の下に体言と格助詞が省略された形。
	5 連体止め	余韻効果を表すために終止形で止めずに連体形で止めた形。
	6 主格の「の」の結びとなる。	和歌の中でよく現れる。
	7 連体形接続の助動詞・助詞につく。	・助動詞「なり」（断定）に接続する。 ・助動詞「なり（伝聞・推定）・めり・べし・まじ・らむ」などに接続する——ラ変動詞の場合。 ・助詞「が・に・を・ものを」などに接続する。
已然形	1 係り結び	係助詞「こそ」の結びとなる。
	2 已然形接続の助動詞・助詞につく。	・助動詞「り」に接続する——四段動詞の場合。 ・助詞「ば・ど・ども」に接続する。
命令形	1 命令形	命令（～せよ）の意を表す。
	2 放任法	放任・許容（～するなら、～してもいい）の意を表す。

助動詞一覧表

※アミカケは識別で問われやすいもの。

接続		助動詞	未然形	連用形	終止形	連体形	已然形	命令形	活用の形	意味
未然形	1	る	れ	れ	る	るる	るれ	れよ	下二段型	①自発 ②受身 ③可能 ④尊敬 ※「る」は四段・ナ変・ラ変の未然形に、「らる」はそれ以外の未然形に接続する。
	2	らる	られ	られ	らる	らるる	らるれ	られよ		
	3	す	せ	せ	す	する	すれ	せよ		①使役 ②尊敬 ※「す」は四段・ナ変・ラ変の未然形に、「さす」はそれ以外の未然形に接続する。
	4	さす	させ	させ	さす	さする	さすれ	させよ		
	5	しむ	しめ	しめ	しむ	しむる	しむれ	しめよ		
	6	ず	（ず）ざら	ず ざり	ず ○	ぬ ざる	ね ざれ	○ ざれ	特殊型	打消
	7	じ	○	○	じ	じ	じ	○	無変化型	①打消推量 ②打消意志
	8	む（ん）	○	○	む〔ん〕	む〔ん〕	め	○	四段型	①推量 ②意志 ③仮定・婉曲 ④適当・勧誘
	9	むず（んず）	○	○	むず〔んず〕	むずる〔んずる〕	むずれ〔んずれ〕	○	サ変型	
	10	まし	ましか（ませ）	○	まし	まし	ましか	○	特殊型	①反実仮想 ②ためらいの意志 ③願望
	11	まほし	（まほしく）まほしから	（まほしく）まほしかり	まほし ○	まほしき まほしかる	まほしけれ ○	○	形容詞型	希望
連用形	12	き	（せ）	○	き	し	しか	○	特殊型	過去
	13	けり	（けら）	○	けり	ける	けれ	○	ラ変型	①過去 ②詠嘆

	14	つ	て	て	つ	つる	つれ	てよ	下二段型	①完了 ②強意
	15	ぬ	な	に	ぬ	ぬる	ぬれ	ね	ナ変型	
	16	たり	たら	たり	たり	たる	たれ	たれ	ラ変型	①完了 ②存続
	17	けむ	○	○	けむ〔けん〕	けむ〔けん〕	けめ	○	四段型	①過去推量 ②過去の原因推量 ③過去の伝聞・婉曲
	18	たし	（たく） たから	たく たかり	たし ○	たき たかる	たけれ ○	○	形容詞型	希望
終止形（※ラ変型活用語には、連体形につく）	19	べし	（べく） べから	べく べかり	べし ○	べき べかる	べけれ ○	○	形容詞型	①当然 ②推量 ③意志 ④可能 ⑤適当 ⑥命令
	20	らむ	○	○	らむ〔らん〕	らむ〔らん〕	らめ	○	四段型	①現在推量 ②現在の原因推量 ③現在の伝聞・婉曲
	21	らし	○	○	らし	らし	らし	○	無変化型	（根拠のある）推定
	22	めり	○	（めり）	めり	める	めれ	○	ラ変型	①推定 ②婉曲
	23	まじ	（まじく） まじから	まじく まじかり	まじ ○	まじき まじかる	まじけれ ○	○	形容詞型	①打消当然 ②打消推量 ③打消意志 ④不可能 ⑤不適当 ⑥禁止
	24	なり	○	（なり）	なり	なる	なれ	○	ラ変型	①伝聞 ②推定
体言 連体形	25	なり	なら	なり に	なり	なる	なれ	なれ	形容動詞型	①断定 ②存在
体言	26	たり	たら	たり と	たり	たる	たれ	たれ		断定
サ変の未然形 四段の已然形	27	り	ら	り	り	る	れ	れ	ラ変型	①完了 ②存続
体言・連体形 助詞（の・が）	28	ごとし	（ごとく）	ごとく	ごとし	ごとき	○	○	形容詞型	①比況 ②例示

※ラ変型活用語とは、ラ変動詞（「あり」「をり」「はべり」「いますかり」）、形容詞（カリ系列）、形容動詞、および上の三つの型の助動詞（「けり」「たり」「り」「べし」「まじ」「まほし」「なり」「ず」）である。

主要な助動詞の意味用法と注意点

〈る・らる〉

「る・らる」の接続と活用

接続	未然形	連用形	終止形	連体形	已然形	命令形
四・ナ・ラの未然形	れ	れ	る	るる	るれ	れよ
右以外の未然形	られ	られ	らる	らるる	らるれ	られよ

① **自発**＝自然と〜れる。つい〜する。〜せずにはいられない。

○命令形は使われない。

○**心情語・知覚語**についているときが多い。

（心情語＝「思ふ・思《おぼ》す・思《おぼ》し召《め》す・思ひ〜・泣く・笑ふ・驚く・嘆く」などをいう。）

② **受身**＝（〜に）〜られる。

○平安時代の文では、無生物が主語となる受身は少ない。

③ **可能**＝〜ことができる。

○命令形は使われない。

○**平安時代**までは、多く**打消・反語**を伴う。

④ **尊敬**＝〜なさる。お〜になる。

○「仰《おほ》せらる」の「らる」は例外なく尊敬となる。

○「れ給ふ」「られ給ふ」の「れ・られ」は絶対に尊敬にはならない。

〈す・さす〉

「す・さす」の接続と活用

接続	未然形	連用形	終止形	連体形	已然形	命令形
四・ナ・ラの未然形	せ	せ	す	する	すれ	せよ
右以外の未然形	させ	させ	さす	さする	さすれ	させよ

① **使役**＝〜させる。

② **尊敬**＝〜なさる。お〜になる。

○下に**尊敬の補助動詞**（給ふ・おはす・おはします）が付く場合、「す・さす」は**尊敬**であることが普通である。

○右のような場合でも、**使役の対象**（だれだれに）が明らかな場合は、「す・さす」は**使役**である。

○「宣《のたま》はす」・「給はす」・「参らす」・「聞こえさす」など一語として扱うべき敬語があることに注意する。

〈き〉

「き」の接続と活用

接続	未然形	連用形	終止形	連体形	已然形	命令形
連用形	(せ)	○	き	し	しか	○

＊「き」は、カ変・サ変には未然形にも接続する。

① 過去＝～た。［直接経験の回想＝自分で実際に経験・見聞した事実を回想する］

＊未然形の「せ」は、反実仮想の構文で使われるのみである。

〈けり〉

「けり」の接続と活用

接続	未然形	連用形	終止形	連体形	已然形	命令形
連用形	(けら)	○	けり	ける	けれ	○

① 過去＝～た。～たそうだ。［間接経験の回想＝伝聞した過去のことを回想する］

② 詠嘆＝イ　なんと～であったことよ。［今まで気づかなかったことに驚く気持ちを表す］

ロ　～たことだなあ。［過去から現在まで続いている事実を詠嘆的に表す］

〈つ〉

「つ」の接続と活用

接続	未然形	連用形	終止形	連体形	已然形	命令形
連用形	て	て	つ	つる	つれ	てよ

① 完了＝～てしまった。～た。～てしまう。

② 強意＝きっと～。かならず～。～てしまう。

○「つべし」「てむ」「てまし」など推量系の助動詞を伴うことが多い。

〈ぬ〉

「ぬ」の接続と活用

接続	未然形	連用形	終止形	連体形	已然形	命令形
連用形	な	に	ぬ	ぬる	ぬれ	ね

① 完了＝～てしまった。～た。～てしまう。

② 強意＝きっと～。かならず～。～てしまう。

○「ぬべし」「なむ」「なまし」など推量系の助動詞を伴うことが多い。

〈たり〉

「たり」の接続と活用

接続	未然形	連用形	終止形	連体形	已然形	命令形
連用形	たら	たり	たり	たる	たれ	たれ

① 完了＝～てしまった。～た。～てしまう。

② 存続＝～ている。～ていた。

〈り〉

「り」の接続と活用

接続	未然形	連用形	終止形	連体形	已然形	命令形
サ変の未然形 四段の已然形	ら	り	り	る	れ	れ

＊「り」の接続は、四段の命令形という説もある。
エ段音の動詞に接続すると覚えておくと便利である。

① 完了＝～てしまった。～た。～てしまう。

② 存続＝～ている。～ていた。

〈ず〉

「ず」の接続と活用

接続	未然形	連用形	終止形	連体形	已然形	命令形
未然形	（ず）	ず	ず	ぬ	ね	○
	ざら	ざり	○	ざる	ざれ	ざれ

＊ザリ系列の活用（ざら・ざり・ざる）は、下に助動詞が付くとき用いられる。

① 打消＝～ない。

＊「ずは」の形は、「～ないならば」の意味で仮定法を表す。
（ただし、「ずは」で「～ないで」の意味のときもある。）

〈じ〉

「じ」の接続と活用

接続	未然形	連用形	終止形	連体形	已然形	命令形
未然形	○	○	じ	じ	じ	○

① 打消推量＝～ないだろう。

② 打消意志＝～ないつもりだ。～まい。

〈む〉

「む」の接続と活用

接続	未然形	連用形	終止形	連体形	已然形	命令形
未然形	○	○	む〔ん〕	む〔ん〕	め	○

① **推量＝～だろう。**

○三人称の動作につきやすい。

＊疑問・反語文や上に仮定条件がある場合、可能推量で訳すとよい。

② **意志＝～よう。～たい。**

○一人称の動作につきやすい。

③ **適当・勧誘＝～のがよい。～てくれないか。**

○二人称の動作につきやすい。

○「こそ～め」「～なむ（や）」「～てむ（や）」の形となっていることが多い。

④ **仮定・婉曲＝～たら。～ような。**

○次のような形のとき、仮定・婉曲になる。

イ　**～む＋体言**　〈連体修飾の場合〉

ロ　**～む(＋体言)＋助詞**　〈体言の省略の場合〉

〈むず〉

「むず」の接続と活用

接続	未然形	連用形	終止形	連体形	已然形	命令形
未然形	○	○	むず〔んず〕	むずる〔んずる〕	むずれ〔んずれ〕	○

○「むとす」から生じた。

○意味は「む」と同じである。

① **推量＝～だろう。**

② **意志＝～しよう。～したい。**

③ **適当・勧誘＝～のがよい。～てくれないか。**

④ **婉曲＝～ような。**

＊現在推量の助動詞「らむ」の上について「むずらむ」の形で現れることがある。

「むずらむ」で**推量の意味**となる。

〈らむ〉

「らむ」の接続と活用

接続	未然形	連用形	終止形	連体形	已然形	命令形
終止形（ラ変型は連体形）	○	○	らむ〔らん〕	らむ〔らん〕	らめ	○

① 現在推量＝（今ごろ）～ているだろう。
　［現在の視界外の事柄についての推量］
② 現在の原因推量＝～（ている）のだろう。
○疑問の副詞や、原因・理由句（已然形＋ば）などと呼応する。
○疑問の副詞を補って訳す場合もある。
③ 現在の伝聞・婉曲＝～（ている）とかいう。～（ている）ような。
○「む」の仮定・婉曲の現れ方と同じである。

〈けむ〉

「けむ」の接続と活用

接続	未然形	連用形	終止形	連体形	已然形	命令形
連用形	○	○	けむ〔けん〕	けむ〔けん〕	けめ	○

○「らむ」が現在であるのに対して「けむ」は過去である。
○時制が違うだけで、用法は「らむ」と同じである。
① 過去推量＝～た（の）だろう。
② 過去の原因推量＝～たのだろう。
③ 過去の伝聞・婉曲＝～たとかいう。～たような。

〈べし〉

「べし」の接続と活用

接続	未然形	連用形	終止形	連体形	已然形	命令形
終止形 （ラ変型は連体形）	（べく） べから	べく べかり	べし ○	べき べかる	べけれ ○	○

① 当然＝〜はずだ。〜にちがいない。〜ねばならない。〜べきだ。

＊「〜ねばならない」と訳す時、「義務」とすることがある。

＊当然の意味の時、「〜べき＋体言」の形で、「予定」（〜ことになっている）の意味を表すことがある。

② 推量＝〜だろう。〜（し）そうだ。

③ 意志＝〜よう。

④ 可能＝〜ことができる。

⑤ 適当＝〜のがよい。

⑥ 命令＝〜せよ。

〈まじ〉

「まじ」の接続と活用

接続	未然形	連用形	終止形	連体形	已然形	命令形
終止形 （ラ変型は連体形）	（まじく） まじから	まじく まじかり	まじ ○	まじき まじかる	まじけれ ○	○

○「べし」の打消と考えればよい。

① 打消当然＝〜はずがない。

② 打消推量＝〜ないだろう。

③ 打消意志＝〜まい。〜ないつもりだ。

④ 不可能＝〜ことができない。

⑤ 不適当＝〜ないほうがよい。

⑥ 禁止＝〜てはならない。

＊「べし・まじ」は、なかなか一つの意味に決めにくいものである。

〈まし〉

「まし」の接続と活用

接続	未然形	連用形	終止形	連体形	已然形	命令形
未然形	ましか（ませ）	○	まし	まし	ましか	○

① **反実仮想＝～もし～たならば、……ただろうに。**

○次のような構文をとる。

ましかば
ませば
せば
未然形＋ば
——まし。

※「せば～まし」の「せ」は、過去の助動詞「き」の未然形である。

○現実はどうであったのかを、必ずつかむようにする。

② **ためらいの意志＝～ようかしら。**

○「いかに・なに・や・か・たれ・いつ」など**疑問語を伴う**ことが多い。

③ **願望＝～だったならばよかったのに。**

＊望んでもどうにもならないことを願望する。

〈なり〉

「なり」の接続と活用

接続	未然形	連用形	終止形	連体形	已然形	命令形
終止形（ラ変型は連体形）	○	（なり）	なり	なる	なれ	○

① **伝聞＝～という。～そうだ。**

② **推定＝～ようだ。～が聞こえる。**

＊視界外の出来事を音や声・雰囲気で推定する。（**＝聴覚推定**）

＊ラ変型活用語の連体形に接続する時、次のような形をとる。

あるなり→あんなり→あなり

（連体形語尾が撥音便化したり、その撥音便「ん」が表記されなかったりする）

〈なり〉

「なり」の接続と活用

接続	未然形	連用形	終止形	連体形	已然形	命令形
体言 連体形	なら	なり に	なり	なる	なれ	なれ

① **断定＝～である。**

② **存在＝～にある。～にいる。**

〈めり〉

「めり」の接続と活用

接続	未然形	連用形	終止形	連体形	已然形	命令形
終止形（ラ変型は連体形）	○	（めり）	めり	める	めれ	○

① **推定＝～ようだ。～のように見える。**

＊ラ変型活用語の連体形に接続する時、次のような形をとる。
なるめり→なんめり→なめり

＊視界内の出来事を視覚によって推定する。（＝**視覚推定**）

② **婉曲＝～ようだ。**

＊事態を断定せずに、婉曲に表現する。

〈らし〉

「らし」の接続と活用

接続	未然形	連用形	終止形	連体形	已然形	命令形
終止形（ラ変型は連体形）	○	○	らし	らし	らし	○

① **（根拠のある）推定＝～らしい。**

〈まほし〉

「まほし」の接続と活用

接続	未然形	連用形	終止形	連体形	已然形	命令形
未然形	（まほしく） まほしから	（まほしく） まほしかり	まほし ○	まほしき まほしかる	まほしけれ ○	○

① **希望＝～たい。**

助詞一覧表

(1) **格助詞**（接続は、「と」は言い切り、「に」は場合によって連用形につくが、他はすべて体言か連体形。）

助詞	意味用法	接続
が の	**主格**（が） **連体修飾格**（の） **同格**（で・である・という） **準体格**（のもの） **連用修飾格**（のように）	（覚えなくてもよい）
を	連用修飾格（を） 【対象・起点・相手・経由】	
に	連用修飾格（に） 【時・場所・帰着点・結果・相手・**目的**・**強意**・**状態**】 **敬主格**（におかれては）	
へ	連用修飾格（へ） 【目標・方向】	
と	連用修飾格（と） 【引用・共同・結果・比較の基準・並列・**強意**・**比喩**（のように）】	
より から	連用修飾格（より・から）【基準・起点・**経由**（通って）・**手段方法**（で）・**即時**（やいなや）・原因理由】 連体修飾格（より・から）	
して	連用修飾格 【**手段**（で）・**使役**（に命じて）・**共同の動作者**（と一緒に）】	
にて	連用修飾格 【場所・時（で）・手段・材料（で）・原因・理由（で）・資格・状態（として）】	

(2) **接続助詞**（「ながら」は体言につくこともあるが、他は活用のある語につく。）

ば	**順接仮定条件**（もし…ならば）	**未然形**
	順接確定条件 恒常・偶然（と・ところ） **原因・理由**（ので）	**已然形**
と とも	**逆接仮定条件**（もし…ても）	**終止形**・**形容詞型**のものには**連用形**
ど ども	**逆接確定条件**（けれども）	**已然形**
が に を	**順接確定条件** **偶然**（と・ところ） **原因**（ので） **逆接確定条件**（のに・けれども）	**連体形**
ものから ものの ものゆゑ ものを	**逆接確定条件**（のに・ものの）	**連体形**
て	**単純接続**（て）	**連用形**
して	**単純接続**（て）	**連用形**
で	**打消の接続**（ないで）	**未然形**
つつ	**反復**（…しては…してはして） **継続**（ずっと…し続ける・一面に…する） **同時**（ながら） **完了**（しおわって） **逆接**（のに）	**連用形**
ながら	**同時**（ままで） **逆接**（のに） **状態**（のまま）	**連用形・形容詞の語幹・体言**

(3) 係助詞（種々の語の下へ割り込んでくる性質をもつが、だいたい連体形か、体言の下にくる。）

は	区別（は） 強意	（覚えなくてもよい）
も	並列（も） 強意	
ぞ なむ	強意	
や か	疑問（か） 反語〔…か、いや、…ない〕	
こそ	強意	

(4) 副助詞（種々の語の下へ割り込んでくる性質をもつが、だいたい連体形か、体言の下にくる。）

し	強意	（覚えなくてもよい）
だに	類推（さえ） 限定（せめて…だけでも）	
すら	類推（さえ）	
さへ	添加（までも）	
のみ	限定（だけ） 強意	
ばかり まで	限定（だけ・まで） 程度（ぐらい）	
など	例示（なんか）	

(5) 終助詞（文末にのみ使用されるが、「を」「や」「よ」が文中に用いられる時には、間投助詞として区別する。願望の「こそ」「ね」は奈良時代の助詞である。）

かし	念を押す強意（よ）	文末・ぞ
な	禁止（な） 詠嘆（なあ）	文末
	希望（たい）	未然形
そ	禁止（な）	連用形・カ変サ変は未然形
ばや	希望（たい）	未然形
しが しがな にしが にしがな てしが てしがな		連用形
なむ	願望（ほしい）	未然形
こそ		連用形
ね		未然形
がな	願望（があればなあ・であればなあ）	体言・助詞
もがな		体言・連用形・助詞

か かな は よ	詠嘆（なあ）	連体形
な		終止形
や よ を	詠嘆（なあ） 整調 呼びかけ	文末。間に割り込むこともある。

主要な助詞の意味用法と注意点

格助詞

〈の・が〉

① 連体修飾格＝～の。
② 主格＝～が。
③ 同格＝～で。
　＊次のような形をとることが多い。

体言＋の、……連体形（＋体言）＋助詞
連体形（＋体言）＋が、……連体形（＋体言）＋助詞
［連体形の下に同一体言を補える］

④ 準体格＝～のもの。
⑤ 連用修飾格＝～のように。
　＊「例の」「比喩の（序詞の）末尾」の場合が多い。

〈に〉

① 連用修飾格＝～に。
○最も注意しなければならない用法をまとめておこう。
a 強意＝～に～する。ひたすら～する。
　＊同じ動詞を「に」を挟んでくり返す。
b 目的＝～（のため）に。
c 敬主格＝～におかれては（も）。

貴人を表す語＋に＋は（も）＋……尊敬表現
＝御前・内・殿・宮・上ナド

〈と〉

① 連用修飾格＝〜と。

○大部分は現代語の格助詞「と」の意味用法と同じである。最も注意しなければならない用法をまとめておこう。

a 引用＝〜と。

＊引用の「と」の前は文の終わる形である。

b 強意＝〜（するものは）すべて。すべての〜。

＊同じ動詞を「と」を挟んでくり返す。

c 比喩＝〜のように。

〈より〉

① 連用修飾格＝〜より

○大部分は現代語の格助詞「より」の意味用法と同じである。最も注意しなければならない用法をまとめておこう。

a 経由＝〜を通って。

b 手段・方法＝〜で。

c 即時＝〜やいなや。〜とすぐに。

〈して〉

① 連用修飾格＝〜で。〜を使って。

○最も注意しなければならない用法をまとめておこう。

a 使役の対象＝〜に命じて。〜を使って。

b 手段・方法＝〜で。〜でもって。

c 共同の動作者＝〜で。〜と一緒に。

〈にて〉

① 連用修飾格＝〜で。

○最も注意しなければならない用法をまとめておこう。

a 場所・時＝〜で。〜に。

b 手段・材料＝〜で。

c 原因・理由＝〜で。〜によって。

d 資格・状態＝〜で。〜として。

接続助詞

〈ば〉

① 未然形＋ば⇩順接の仮定条件＝もし〜ならば。

② 已然形＋ば⇩順接の確定条件

a 原因条件＝〜ので。〜から。

b 偶然条件＝〜と。〜ところ。

c 恒常条件＝〜（する）といつも。

〈とも〉

① 終止形（形容詞型活用語や「ず」は連用形も）＋とも
⇩逆接の仮定条件＝もし・たとえ〜（とし）ても。

〈ど・ども〉

① 已然形＋ど・ども⇩逆接の確定条件＝〜けれども。〜のに。
○時に、逆接の恒常条件（〜てもやはり。〜するときでも）を表すときもある。

〈に・を〉

① 順接の確定条件

a 偶然条件＝〜すると。〜したところ。〜が。

b 原因条件＝〜ので。〜から。

② 逆接の確定条件＝〜のに。〜けれども。

＊いずれも連体形に接続する。

＊接続助詞「に」「を」は同義語である。①a・①b・②の意味用法の区別は、あくまでも前後の内容的つながりから判断する。

〈て〉

① 単純接続＝〜て。

＊連用形に接続する。

＊下の文へのつながりかたによって、継続・並列・原因・逆接・状態などのニュアンスがあるが、基本的には「〜て」と訳しておけばよい。

〈で〉

① 打消の接続＝～ないで。～なくて。

＊未然形に接続する。

〈ながら〉

① 同時・状態＝～ままで。～ながら。

② 逆接＝～のに。～ものの。

＊連用形・形容詞と形容動詞の語幹・体言・副詞に接続する。

〈ものから・ものの・ものゆゑ・ものを〉

① 逆接の確定条件＝～のに。～ものの。

＊連体形に接続する。

係助詞

〈は〉

① 区別（指定）・強意＝～は。

〈も〉

① 並列＝～も

② 強意（訳出しない場合が多い。）

〈ぞ・なむ〉

① 強意（訳出しなくてよい）。

② 懸念＝～（する）と困る。～（する）と大変だ。～（する）といけない。

＊「～もぞ……連体形」の形となる。

〈や・か〉

① 疑問＝～か。

＊疑問語（副詞・代名詞）の直下には「や」でなく「か」がつくことが多い。

② 反語＝～か、いや、（そんなことは）ない。

＊「～やは」「～かは」の形の場合は、反語であることが多い。

〈こそ〉

① 強意（訳出しない場合が多い。）

② 強意逆接＝～が。～けれども。～のに。

＊「こそ……已然形」で文が終止せず、下に続く場合は、この用法である。

③ 懸念＝～（する）と困る。～（する）と大変だ。～（する）といけない。

＊「～もこそ……已然形」の形となる。

④ 否定＝～ならばともかく……（～ない）。

＊「～未然形＋ば＋こそ（……已然形）」の形となる。

○呼びかけに用いられる接尾語の「こそ」（～さん）に注意する。

付　係り結びの法則とその注意点

○文中に係助詞が入ることによって、本来終止形であるはずの文末が変化することがある。これを「係り結びの法則」という。

〈A　結びの完結〉

（係助詞）　（文末）

ぞ
なむ
や
か
——連体形。　＊「ぞ」「なむ」は、原則として訳出しなくてもよい。
＊「や」「か」は、疑問・反語で訳出する。

こそ——已然形。

＊係り結びの法則の典型である。

〈B　結びの省略〉

＊結びの語を含む文節が省略された場合である。

＊かならず省略された文節を補って解釈する。

（一般的に、「ある」「はべる」「あらむ（orあらめ）」「はべらむ（orはべらめ）」などが省略されている場合が多い。）

〈C　結びの消滅〉

＊本来、結びとなるべき語が、下に接続助詞や体言が付いたり、掛詞になったりして、結びとならない場合のことである。

＊「結びの流れ」「結びの消去」ともいう。

副助詞

〈し〉

① 強意（訳出しなくてもよい。）

＊「し〜ば」「しも」の形で使われることが多い。

〈だに〉

① 類推＝〜さえ。

＊程度の軽いものを示して、それより重い内容を類推させる。

＊「……だに……。まして（まいて）……。」と呼応するのが原則。

＊「まして」やそれ以降の内容が省略されていることもある。

② 限定＝せめて〜だけでも。

＊「最小限度の希望」とも言う。

＊「意志・希望・願望・命令・仮定」表現と呼応する場合である。

〈さへ〉

① 添加＝（その上）〜までも。

＊一つの事柄に同類の事柄をさらに付け加える。「……だけでなく（その上、……までも）」という内容をつかむ。

終助詞

〈かし〉

① 念を押す強意＝～よ。～ね。

＊文の終わる形に付く。（終止形・命令形・係り結びの結び・「ぞ」が多い。）

〈な〉

① 禁止＝～な。

＊動詞の終止形（ラ変型は連体形）・助動詞「す・さす・る・らる」の終止形に付くときが多い。

② 詠嘆＝～なあ。

＊種々の形に付く。（特に形容詞・形容動詞・助動詞が多い。）

〈そ〉

① 禁止＝～な。

＊副詞の「な」と呼応して、「な～そ」の形をとることが多い。

＊連用形（カ変・サ変は未然形）に接続する。

○「な～そ」の形をとらず、「～そ」のみで禁止を表すこともある。

〈ばや〉

① 希望＝～たい。

＊未然形に接続する。

〈にしがな・てしがな〉

① 希望＝～たい。

＊連用形に接続する。

〈なむ〉

① 願望（あつらえ）＝～てほしい。

＊未然形に接続する。

〈がな・もがな〉

① 願望＝〜が（で）あればなあ。
　＊種々の語に付く。

〈かな〉

① 詠嘆＝〜なあ。
　＊連体形や体言に付く。

〈は〉

① 詠嘆＝〜よ。〜ねえ。
　＊種々の語に付いて、文末に使われる。

〈か〉

① 詠嘆＝〜なあ。
　＊和歌の中で使われることが多い。
　＊終助詞「な」が下接して「かな」（詠嘆）になる。
　＊「〜も…か」の形となることが多い。

② 疑問・反語＝〜か。〜か、いや、（そんなことは）ない。
　＊体言・連体形に付いて文末に使われる。
　＊この場合は係助詞とする説もある。

〈や〉

① 詠嘆＝〜なあ。〜よ。
　＊体言・終止形・形容詞と形容動詞の語幹に付いて文末に使われる。

② 疑問・反語＝〜か。〜か、いや、（そんなことは）ない。
　＊終止形・已然形に付いて文末に使われる。
　＊②は係助詞とする説もある。

〈よ〉

① 詠嘆＝〜なあ。〜よ。

敬語法

1 主な敬語動詞一覧

◎敬語（本動詞）◎

	動詞	もとの動詞	訳
尊敬語	おはす〔サ変〕 おはします まします・ます・います いますかり（そ）（が）〔ラ変〕	あり 行く・来《く》	いらっしゃる
	宣《のたま》ふ のたまはす〔下二段〕 仰《おほ》す〔下二段〕	言ふ	おっしゃる
	給《たま》ふ たまはす〔下二段〕 たぶ（たうぶ）	与ふ	お与えになる
	思《おぼ》す おぼしめす	思ふ	お思いになる
	御覧《ごらん》ず〔サ変〕	見る	御覧になる
	きこしめす	聞く 食ふ・飲む	お聞きになる 召しあがる
	あそばす	す	なさる
	大殿籠《おほとのごも》る	寝《ぬ》	おやすみになる
	しろしめす	知る 知る（領る）	知っていらっしゃる お治めになる
	召《め》す	呼ぶ	お呼びになる
尊敬語	奉《たてまつ》る 召《め》す	着る 乗る 食ふ・飲む	お召しになる お乗りになる 召しあがる
	参《まゐ》る	食ふ・飲む	召しあがる
謙譲語	申す 聞こゆ〔下二段〕 聞こえさす〔下二段〕 奏《そう》す〔サ変〕 啓《けい》す〔サ変〕	言ふ	申し上げる （天皇に）申し上げる （中宮・東宮に）申し上げる
	奉《たてまつ》る 参《まゐ》る 参《まゐ》らす〔下二段〕	与ふ	さしあげる
	賜《たま》はる	受く	いただく
	参《まゐ》る まうづ〔下二段〕	行く 来《く》	参上する
	まかる まかづ〔下二段〕	行く 来《く》	退出する
	承《うけたまは》る	聞く 受く	お聞きする お受けする
	侍《はべ》り〔ラ変〕 候《さぶら》ふ（さうらふ）	あり	お仕え申し上げる
	つか（う）まつる	す	し申し上げる
丁寧語	侍り〔ラ変〕 候《さぶら》ふ（さうらふ）	あり	あります・います

㊟ 動詞の活用の種類が書いてないものはすべて〔四段活用〕である。

◎敬語（補助動詞）◎

尊敬語

- おはす
- おはします
- います
- います(そ)か(が)り
- ます
- まします

……（で）いらっしゃる

- 給ふ〔四段〕
- たぶ（たうぶ）

（以上すべて）……なさる

謙譲語

- 申す
- 聞こゆ
- 聞こえさす
- 参らす
- 奉る

……申し上げる

- 給ふ〔下二段〕……（ており）ます

丁寧語

- 侍り……ます……です
- 候ふ……（て）います

◎尊敬語と謙譲語の両方の意味を持つ敬語◎

たてまつる

- 本動詞
  - 尊敬語
    - お乗りになる（「乗る」の尊敬語）
    - お召しになる（「着る」の尊敬語）
    - 召しあがる（「食ふ・飲む」の尊敬語）
  - 謙譲語
    - さしあげる（「与ふ」の謙譲語）
- 補助動詞
  - 謙譲語
    - ～申し上げる（謙譲の補助動詞）

まゐる

- 本動詞
  - 尊敬語
    - 召しあがる（「食ふ・飲む」の尊敬語）
  - 謙譲語
    - 参上する（「行く・来」の謙譲語）
    - さしあげる（「与ふ」の謙譲語）

たまふ

- 本動詞
  - 尊敬語
    - 〈四段活用〉お与えになる（「与ふ」の尊敬語）
- 補助動詞
  - 尊敬語
    - 〈四段活用〉～なさる（尊敬の補助動詞）
  - 謙譲語
    - 〈下二段活用〉～（ており）ます（謙譲の補助動詞）

◎謙譲語と丁寧語の両方の意味を持つ敬語◎

はべり　さぶらふ（さうらふ）

- 本動詞
  - 謙譲語
    - お仕え（控え）申し上げる（「あり」の謙譲語）
  - 丁寧語
    - あります・います（「あり」の丁寧語）
- 補助動詞
  - 丁寧語
    - ～ます・～です（丁寧の補助動詞）

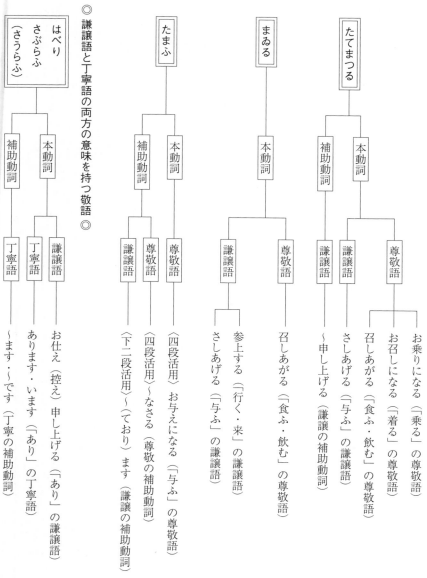

◎補助動詞「給ふ」の注意点◎

	尊敬の補助動詞	謙譲の補助動詞
活用の種類	四段（給は・給ひ・給ふ・給ふ・給へ・給へ）	下二段（給へ・給へ・（給ふ）・給ふる・給ふれ・〇）㊟
「給ふ」が使われる文	地の文・会話・手紙などすべて	会話・手紙の中でのみ
どんな動詞に付くか	あらゆる動詞に付く	自分の動作を表す「思ふ・見る・聞く・知る」などの動詞に付くことが多い
訳	～なさる・お～になる	～（ており）ます
複合動詞に付く場合	下に付く（思ひ知り給ふ）	間に割って入る（思ひ給へ知る）

㊟　下二段では終止形の例は極めてまれで、命令形は使われない。

2 補助動詞の判定

○敬語動詞には、補助動詞用法（直上の用言などに敬意だけを添える働き）を持つものがある。本動詞との区別が問われることが多いので、その識別のしかたをおさえておこう。

A
動詞
補助動詞
助動詞（れ・られ・せ・させ・しめ）
}＋補助動詞 →（補助動詞用法のあるもの）

＊たとえこの形になっていても、補助動詞用法のないものは本動詞である。

＊この形で補助動詞とならない例外は少ない。

B
形容詞（～く・～しく）
形容動詞（～に）
形容動詞型助動詞
（に［＝断定「なり」連用形］）
形容詞型助動詞
（ず・べく・まじく・たく・まほしく）
}＋（助詞＋）補助動詞 →（おはす／おはします／ます／まします／います／いますかり／はべり／さぶらふ　のみ）

3 敬意の方向とその注意点

○「誰が誰に敬意をはらっているか」という設問には、原則として次のように答える。

尊敬語＝話し手が為《な》し手（主体）に。
謙譲語＝話し手が受け手（客体）に。
丁寧語＝話し手が聞き手に。

話し手＝地の文では作者、会話部ではその会話の発言者。
為し手＝動作の主体。
受け手＝動作を受ける客体。
聞き手＝地の文では読者、会話部ではその会話の相手。

〈注意点〉
○敬語動詞を組み合わせて用いる場合には次のような順で並ぶ。

謙譲＋尊敬＋丁寧

○二方面に対する敬語表現
「謙譲語＋尊敬語」の形で、動作の受け手と為し手のそれぞれに敬意を示す。

○最高敬語（二重敬語）
「せ給ふ・させ給ふ」の形。地の文では、帝や皇族などの最高階級の人々に使われやすい。

ある。

＊助詞とは「係助詞・副助詞」「て（接続助詞）」のことで

＊たとえこの形になっていても、補助動詞にならない例外もあったり、また一見右の形のように見える場合でも違う場合があるので、文脈をしっかりと確認することが大切である。

○自敬表現

会話文において、みずからに敬意をはらう表現法である。

(イ) 帝など最高位の人がみずからの動作に尊敬語を用いる。

(ロ) 身分の上下が明らかなとき、みずからが受け手となる動作に謙譲語を用いる。

主な紛らわしい語の識別

る・れ

1 四段・ナ変・ラ変の未然形＋る・れ
＝自発・受身・可能・尊敬の助動詞「る」
〇ア段音の動詞に接続。
〇「る・れ」の四つの意味の判別は、助動詞「る・らる」の項を参照。

2 四段の已然形・サ変の未然形＋る・れ
＝完了・存続の助動詞「り」
〇エ段音の動詞に接続。

なむ

1 未然形＋なむ ＝願望の終助詞「なむ」
〇「～（して）ほしい」と訳す。

2 連用形＋なむ
＝完了（強意）の助動詞「ぬ」の未然形＋推量の助動詞「む」
〇「きっと～む」と訳す。
※「む」は、文脈でその意味を考える。

らむ

1 終止形（ラ変型は連体形）＋らむ
＝現在推量の助動詞「らむ」
〇ウ段音の活用語に接続。
〇「らむ」の三つの意味の判別は、助動詞「らむ」の項を参照。

2 四段の已然形・サ変の未然形＋らむ
＝完了・存続の助動詞「り」の未然形＋推量の助動詞「む」
〇エ段音の動詞に接続。

3 ラ行活用語の未然形活用語尾「ら」＋推量の助動詞「む」
〇ラ行四段・ラ変・ラ変型活用語・形容詞型・形容動詞型などである。

◎ただし、同じ連用形でも、次の場合についた「なむ」は係助詞である。

形容詞の「―く・しく」
形容動詞の「―に」
断定の助動詞「に」
打消の助動詞「ず」
「べく」・「まじく」
＋係助詞「なむ」

3 連体形・非活用語＋なむ ＝強意の係助詞

○結びのあり方（連体形）に注意する。訳出しなくてよいので、取り去っても意味に変化がない。

4 ナ変動詞の未然形活用語尾「な」＋推量の助動詞「む」

○ナ変動詞は「死ぬ・往ぬ（去ぬ）」のみである。

5 未然形と連用形が同形の語＋なむ

イ 文中にあるとき……完了（強意）の助動詞「ぬ」の未然形＋婉曲の助動詞「む」

○文中とは、「む」＋ 体言、格・副・係助詞 の場合である。

ロ 文末にあるとき……前後の文脈で判断する。

なり

1 終止形＋なり ＝伝聞・推定の助動詞「なり」

○伝聞（そうだ）と推定（ようだ）とを区別させることもある。

2 連体形・非活用語＋なり ＝断定・存在の助動詞「なり」

○存在用法は、次の形の時が多い。

体言（場所）＋なる＋体言

3 終止形・連体形が同形の語＋なり
ラ変型活用語の連体形＋なり

イ 前後の文脈から判定する

ロ ラ変型の連体形の撥音便＋なり
撥音便の無表記＋なり
＝伝聞・推定の助動詞

4 連用形・副詞・助詞「に・と」＋なる ＝ラ行四段動詞「なる」

5 形容動詞の活用語尾「なり」

○「なり」の上の部分が、物事の状態・性質を示す。

○「～げなり・～らかなり・～やかなり」などの形のものも多い。

に

1 〔連用形＋に＋助動詞〕＝完了の助動詞「ぬ」の連用形

○「に」の直下にある助動詞は「き・けり・たり・けむ」である。

※〔連用形＋に（＋助詞）＋動詞〕＝強意の格助詞「に」

2 〔連体形・非活用語＋に（＋助詞）＋補助動詞〕＝断定の助動詞「なり」の連用形

○「に」の直下の助詞は、「係助詞・副助詞・て」で、省略されることもある。

○補助動詞とは、次のものをいう。

〔あり・おはす・おはします・ます・まします・います・いますかり・いまそがり・はべり・さぶらふ・さうらふ・ものす〕

○「に」の直下に助詞が付いて、補助動詞が省略されることもある。

3イ 〔体言＋に〕＝2の形でない場合＝格助詞

ロ 〔連体形（＋体言）＋に〕＝2の形でなく、体言が補える場合＝格助詞

4 〔連体形＋に〕＝2・3でなく、「のに・と・ところ・ので」

ぬ

1 〔未然形＋ぬ〕＝打消の助動詞「ず」の連体形

2 〔連用形＋ぬ〕＝完了の助動詞「ぬ」の終止形

3 〔未然形と連用形が同形の語＋ぬ＋終止形に接続する語〕＝完了の助動詞「ぬ」の終止形

○「終止形に接続する語」＝助動詞「らむ・べし・まじ・めり・らし」・助詞「とも」ナド。

〔未然形と連用形が同形の語＋ぬ＋連体形に接続する語〕＝打消の助動詞「ず」の連体形

○「連体形に接続する語」＝格助詞・係助詞・副助詞・接続助詞の「ものから・ものを・ものの」ナド。

4 〔未然形と連用形が同形の語＋ぬ〕の場合

イ 〔「ぞ・なむ・や・か」の結びとなっている時〕＝打消の助動詞「ず」の連体形

ロ 〔疑問の副詞と呼応している時〕＝打消の助動詞「ず」の連体形

ハ 〔イ・ロ以外の時〕＝完了の助動詞「ぬ」の終止形

と訳せる場合＝接続助詞

5 **形容動詞の連用形活用語尾の「に」**

○「に」の上の部分が、物事の状態・性質を示す。

○「～げに・～やかに・～らかに」の形のものも多い。

6 **副詞の一部の「に」**

○「に」の上の部分と一つになって、下の用言を修飾し、活用しない語である。

7 **ナ変動詞連用形活用語尾「に」**

○ナ変動詞は、「死に・往《い》に（去に）」の二語のみである。

5 **ナ変動詞の終止形活用語尾**
ナ行下二段動詞の終止形
ナ行下二段動詞の終止形活用語尾

○ナ変動詞は、「死ぬ・往《い》ぬ（去ぬ）」のみ。

○ナ行下二段動詞は「寝《ぬ》・寝《い》ぬ」ナド。

ね

1 打消の助動詞「ず」の已然形
イ 未然形に接続している。
ロ 未然形と連用形が同形の語に接続している場合。
a 係助詞「こそ」の結びになっている。
b 接続助詞「ど・ども・ば」が接続している。

2 完了の助動詞「ぬ」の命令形
イ 連用形に接続している。
ロ 未然形と連用形が同形の語に接続している場合。
○係助詞「こそ」の結びになっていないで文が終わっている。

3 ナ変動詞「死ぬ・往ぬ（去ぬ）」の命令形活用語尾
ナ行下二段動詞の未然形・連用形
ナ行下二段動詞の未然形・連用形の活用語尾

主な修辞法と発見法

1　枕詞

1　ある特定の語句を導き出し、かかっていく固定的な修飾句。したがって慣用される。

2　通常は五音節である。

3　その語自体の意味を失っており、解釈する必要はない。

発見法

a　ある語句を修飾している、あまり意味のなさそうな語をさがす。

b　和歌の初句、次いで第三句に注意する。

c　慣用されるのだから、かかる語と組みにして主なものを覚えておく。

〔主な枕詞〕

あかねさす（日・昼・紫・君）
あきつしま（大和《やまと》）
あしひきの（山・峰・岩・風）
あづさゆみ（はる・ひく・いる）
あまざかる（鄙《ひな》）
あらたまの（年）
あをによし（奈良）
いさなとり（海）
いそのかみ（ふる）
いはばしる（垂水《たるみ》・滝）
うつせみの（世・命・人）
からころも（きる・たつ）
くさまくら（旅・結ぶ・露）
くれたけの（よ・ふし）
しきしまの（大和）
しろたへの（衣《ころも》・袖・雪・雲）
たまきはる（命・いく世）
たまぼこの（道）
たらちねの（母・親）
ちはやぶる（神）
とりがなく（東《あづま》）
ぬばたまの（夜・黒・闇・月・夢）
ひさかたの（天・雲・日・光・月）
ふゆごもり（春）
みづぐきの（岡）
むらぎもの（心）
もののふの（八十《やそ》）
ももしきの（大宮）

2　序詞

1　ある語句を導き出し、かかっていく修飾句。

2　**地の文で六音節以上、歌の中では七音節以上**（十二音、十七音が多い）である。

3　かかっていく語との関係は流動的で、そのつど作られ、即興性を持つ。

4　序詞の部分は叙事的な自然現象、導かれる部分は心情的な人事であることが多い。

5　**比喩、説明として間接的にかかわっていく。**可能な限り解釈する。

発見法

a　和歌の場合は、**初句の最初から始まるものが多いので、**終わりを見きわめる。

b　**「の（比喩。～のように・～のような）」で終わるものが**多い。

c　**序詞の直下の語が、「掛詞」**となるものも多い。

d　**同音、類音の反復に着目する。**反復の現れる直前の部分までが序詞である。

---

3 掛詞

1 同音意義を利用して一語、あるいは語の一部を二通りの意味に働かせる技巧である。修辞法中最も重要で、入試における頻度も最も高い。

2 二通りの意味は、

(イ) 二通りの漢字で示すとわかりよいが、(イ) おく＝起く・置く

(ロ) 一方の語が一部であったり、(ロ) たつ＝立つ・龍(田山)

(ハ) 一方を書き表せない場合もある。(ハ) ひ＝火・(思)ひ・(恋)ひ

3 同じ漢字を当てても内容的に異義である場合もある。

4 意味に関係のない縁語の連鎖との掛詞の場合を除いて、解釈を二重に示すのが原則である。

5 そのつど創作されるものだが、主なものは慣用される。

発見法

a 地名と掛けられる例は多いので、地名があったらまず確認する。

b 縁語との相関性が高いので、縁語があれば必ず確認する。

c 序詞があったら、その直下の語に注意する。

d 歌の直前の文や詞書《ことばがき》にカギがあることも多い。

e 二義のポイント切りかえの位置にあるので、流れがぎくしゃくすることから気付くことがある。

f 慣用される主なものを覚えておく。

〔主な掛詞〕

○あかし（明かし・明石）
○あき（秋・飽き）
○あふ（逢ふ・逢坂・葵《あふひ》）
○う（憂し・浮く・宇佐・宇治）
○うら（浦・裏・心《うら》）
○おく（置く・起く）
○かた（潟・形・難し）
○かり（狩・借り）
○かる（枯る・刈る・離る）
○きく（菊・聞く）
○しか（鹿・然《し》か）
○すみ（住み・住江・澄み）
○ながめ（眺め・長雨）
○なかる（泣かる・流る）
○なみ（波・無み）
○はる（春・張る）
○ひ（火・思ひ・恋ひ）
○ふみ（文・踏み）
○ふる（降る・経る・古る・振る・故郷）
○まつ（松・待つ）
○みるめ（海松布・見る目）
○みをつくし（澪標・身を尽くし）
○もる（漏る・守る）
○いる（入る・射る）
○ゆふ（言《ゆ》ふ・夕《ゆふ》・結《ゆ》ふ）
○よ（世・夜・節）

4 縁語

1 一首の和歌（時には文）の中で、ある語に関係のある語を意識的に用いて、飾りとする技巧である。

2 掛詞の一方が縁語となっていることが多い。

3 解釈に縁語であることを表せないのがふつうである。

4 主なものは慣用される。

〔主な縁語〕

○葦《あし》（竹）――節《ふし》（よ）――根

○糸――縒《よ》る――張る――乱る――貫《ぬ》く――ほころぶ――
細し――柳

○浦――波――寄る――返《かへ》る――渚《なぎさ》――海人《あま》――海松《みる》

○玉の緒――絶ゆ――ながらふ――弱る

○露――置く――結ぶ――玉――葉――消ゆ

○弓――張る――引く――射る――かへる（そる）